PRENTICE HALL

# EXPLORADOR DE CIENCIAS

## Sonido y luz

**PRENTICE HALL**
Needham, Massachusetts
Upper Saddle River, New Jersey

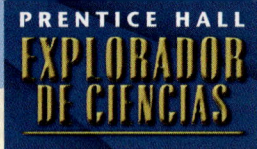

# Sonido y luz

## Recursos del programa
Student Edition
Annotated Teacher's Edition
Teaching Resources Book with Color Transparencies
*Sound and Light* Materials Kits

## Componentes del programa
Integrated Science Laboratory Manual
Integrated Science Laboratory Manual, Teacher's Edition
Inquiry Skills Activity Book
Student-Centered Science Activity Books
Program Planning Guide
Guided Reading English Audiotapes
Guided Reading Spanish Audiotapes and Summaries
*Product Testing Activities* by Consumer Reports™
*Event-Based Science* Series (NSF funded)
Prentice Hall Interdisciplinary Explorations
*Cobblestone, Odyssey, Calliope,* and *Faces* Magazines

## Medios/Tecnología
*Science Explorer* Interactive Student Tutorial CD-ROMs
*Odyssey of Discovery* CD-ROMs
Resource Pro® (Teaching Resources on CD-ROM)
Assessment Resources CD-ROM with Dial-A-Test®
Internet site at www.science-explorer.phschool.com
Life, Earth, and Physical Science Videodiscs
Life, Earth, and Physical Science Videotapes

## Explorador de ciencias Libros del estudiante

*De las bacterias a las plantas*

*Animales*

*Células y herencia*

*Biología humana y salud*

*Ciencias del medio ambiente*

*El interior de la Tierra*

*Cambios en la superficie terrestre*

*El agua de la Tierra*

*Meteorología y clima*

*Astronomía*

*Elementos químicos básicos*

*Interacciones químicas*

*Movimiento, fuerza y energía*

*Electricidad y magnetismo*

*Sonido y luz*

## Créditos

El personal que conforma el equipo *Explorador de ciencias*: representantes editoriales, editores, diseñadores, representantes de mercadeo, investigadores, encargados de servicios en línea/multimedia, representantes de ventas y publicadores, se lista a continuación. Los nombres en negritas indican los encargados en sección.

Kristen E. Ball, **Barbara A. Bertell,** Peter W. Brooks, **Christopher R. Brown, Greg Cantone,** Jonathan Cheney, **Patrick Finbarr Connolly,** Loree Franz, Donald P. Gagnon, Jr., **Paul J. Gagnon, Joel Gendler,** Elizabeth Good, Kerri Hoar, **Linda D. Johnson,** Katherine M. Kotik, Russ Lappa, Marilyn Leitao, David Lippman, **Eve Melnechuk, Natania Mlawer,** Paul W. Murphy, **Cindy A. Noftle,** Julia F. Osborne, Caroline M. Power, Suzanne J. Schineller, **Susan W. Tafler,** Kira Thaler-Marbit, Robin L. Santel, Ronald Schachter, **Mark Tricca,** Diane Walsh, Pearl B. Weinstein, Beth Norman Winickoff

Copyright ©2000 by Prentice-Hall, Inc., Upper Saddle River, New Jersey 07458. All rights reserved. No part of this book may be reproduced or transmitted in any form or by any means, electronic or mechanical, including photocopying, recording, or by any information storage and retrieval system, without permission in writing from the publisher. Printed in the United States of America.

ISBN 0-13-436605-0
1 2 3 4 5 6 7 8 9 10   05 04 03 02 01 00 99

Este corno francés se muestra sobre un fondo del espectro visible.

## Autores del programa

**Michael J. Padilla, Ph.D.**
Professor
Department of Science Education
University of Georgia
Athens, Georgia

Michael Padilla es líder en la enseñanza de Ciencias en secundaria. Ha trabajado como editor y funcionario de la Asociación Nacional de Profesores de Ciencias. Ha sido miembro investigador en diversas premiaciones de la Fundación Nacional de Ciencias y la Fundación Eisenhower, además de participar en la redacción de los Estándares Nacionales de Enseñanza de Ciencias.

En *Explorador de ciencias*, Mike coordina un equipo de desarrollo de programas de enseñanza que promueven la participación de estudiantes y profesores en el campo de las ciencias con base en los Estándares Nacionales de la Enseñanza de Ciencias.

**Ioannis Miaoulis, Ph.D.**
Dean of Engineering
College of Engineering
Tufts University
Medford, Massachusetts

**Martha Cyr, Ph.D.**
Director, Engineering
 Educational Outreach
College of Engineering
Tufts University
Medford, Massachusetts

*Explorador de ciencias* es un proyecto creado con la colaboración del Colegio de Ingeniería de la Universidad Tufts. Dicha institución cuenta con un extenso programa de investigación sobre ingeniería que fomenta la participación de estudiantes y profesores en las áreas de ciencia y tecnología.

Además de participar en la creación del proyecto *Explorador de ciencias*, la facultad de la Universidad Tufts también colaboró en la revisión del contenido de los libros del estudiante y la coordinación de las pruebas de campo.

## Autor

**Jay M. Pasachoff, Ph.D.**
Professor of Astronomy
Williams College
Williamstown, Massachusetts

## Colaboradores

**Rose-Marie Botting**
Science Teacher
Broward County School District
Fort Lauderdale, Florida

**John Coffey**
Science/Mathematics Teacher
Venice Area Middle School
Venice, Florida

**Edward Evans**
Former Science Teacher
Hilton Central School
Hilton, New York

**Peter Kahan**
Former Science Teacher
Dwight-Englewood School
Englewood, New Jersey

## Asesor de lecturas

**Bonnie B. Armbruster, Ph.D.**
Department of Curriculum
 and Instruction
University of Illinois
Champaign, Illinois

## Asesor interdisciplinario

**Heidi Hayes Jacobs, Ed.D.**
Teacher's College
Columbia University
New York, New York

## Asesores de seguridad

**W. H. Breazeale, Ph.D.**
Department of Chemistry
College of Charleston
Charleston, South Carolina

**Ruth Hathaway, Ph.D.**
Hathaway Consulting
Cape Girardeau, Missouri

## Revisores del programa de la Universidad Tufts

**Behrouz Abedian, Ph.D.**
Department of Mechanical
　Engineering

**Wayne Chudyk, Ph.D.**
Department of Civil and
　Environmental Engineering

**Eliana De Bernardez-Clark, Ph.D.**
Department of Chemical Engineering

**Anne Marie Desmarais, Ph.D.**
Department of Civil and
　Environmental Engineering

**David L. Kaplan, Ph.D.**
Department of Chemical Engineering

**Paul Kelley, Ph.D.**
Department of Electro-Optics

**George S. Mumford, Ph.D.**
Professor of Astronomy, Emeritus

**Jan A. Pechenik, Ph.D.**
Department of Biology

**Livia Racz, Ph.D.**
Department of Mechanical Engineering

**Robert Rifkin, M.D.**
School of Medicine

**Jack Ridge, Ph.D.**
Department of Geology

**Chris Swan, Ph.D.**
Department of Civil and
　Environmental Engineering

**Peter Y. Wong, Ph.D.**
Department of Mechanical Engineering

## Revisores del contenido

**Jack W. Beal, Ph.D.**
Department of Physics
Fairfield University
Fairfield, Connecticut

**W. Russell Blake, Ph.D.**
Planetarium Director
Plymouth Community
　Intermediate School
Plymouth, Massachusetts

**Howard E. Buhse, Jr., Ph.D.**
Department of Biological Sciences
University of Illinois
Chicago, Illinois

**Dawn Smith Burgess, Ph.D.**
Department of Geophysics
Stanford University
Stanford, California

**A. Malcolm Campbell, Ph.D.**
Assistant Professor
Davidson College
Davidson, North Carolina

**Elizabeth A. De Stasio, Ph.D.**
Associate Professor of Biology
Lawrence University
Appleton, Wisconsin

**John M. Fowler, Ph.D.**
Former Director of Special Projects National
Science Teacher's Association
Arlington, Virginia

**Jonathan Gitlin, M.D.**
School of Medicine
Washington University
St. Louis, Missouri

**Dawn Graff-Haight, Ph.D., CHES**
Department of Health, Human
　Performance, and Athletics
Linfield College
McMinnville, Oregon

**Deborah L. Gumucio, Ph.D.**
Associate Professor
Department of Anatomy and Cell Biology
University of Michigan
Ann Arbor, Michigan

**William S. Harwood, Ph.D.**
Dean of University Division and Associate
　Professor of Education
Indiana University
Bloomington, Indiana

**Cyndy Henzel, Ph.D.**
Department of Geography
　and Regional Development
University of Arizona
Tucson, Arizona

**Greg Hutton**
Science and Health
　Curriculum Coordinator
School Board of Sarasota County
Sarasota, Florida

**Susan K. Jacobson, Ph.D.**
Department of Wildlife Ecology
　and Conservation
University of Florida
Gainesville, Florida

**Judy Jernstedt, Ph.D.**
Department of Agronomy and Range Science
University of California, Davis
Davis, California

**John L. Kermond, Ph.D.**
Office of Global Programs
National Oceanographic and
　Atmospheric Administration
Silver Spring, Maryland

**David E. LaHart, Ph.D.**
Institute of Science and Public Affairs
Florida State University
Tallahassee, Florida

**Joe Leverich, Ph.D.**
Department of Biology
St. Louis University
St. Louis, Missouri

**Dennis K. Lieu, Ph.D.**
Department of Mechanical Engineering
University of California
Berkeley, California

**Cynthia J. Moore, Ph.D.**
Science Outreach Coordinator
Washington University
St. Louis, Missouri

**Joseph M. Moran, Ph.D.**
Department of Earth Science
University of Wisconsin–Green Bay
Green Bay, Wisconsin

**Joseph Stukey, Ph.D.**
Department of Biology
Hope College
Holland, Michigan

**Seetha Subramanian**
Lexington Community College
University of Kentucky
Lexington, Kentucky

**Carl L. Thurman, Ph.D.**
Department of Biology
University of Northern Iowa
Cedar Falls, Iowa

**Edward D. Walton, Ph.D.**
Department of Chemistry
California State Polytechnic University
Pomona, California

**Robert S. Young, Ph.D.**
Department of Geosciences and
　Natural Resource Management
Western Carolina University
Cullowhee, North Carolina

**Edward J. Zalisko, Ph.D.**
Department of Biology
Blackburn College
Carlinville, Illinois

## Revisores de pedagogía

**Stephanie Anderson**
Sierra Vista Junior
  High School
Canyon Country, California

**John W. Anson**
Mesa Intermediate School
Palmdale, California

**Pamela Arline**
Lake Taylor Middle School
Norfolk, Virginia

**Lynn Beason**
College Station Jr. High School
College Station, Texas

**Richard Bothmer**
Hollis School District
Hollis, New Hampshire

**Jeffrey C. Callister**
Newburgh Free Academy
Newburgh, New York

**Judy D'Albert**
Harvard Day School
Corona Del Mar, California

**Betty Scott Dean**
Guilford County Schools
McLeansville, North Carolina

**Sarah C. Duff**
Baltimore City Public Schools
Baltimore, Maryland

**Melody Law Ewey**
Holmes Junior High School
Davis, California

**Sherry L. Fisher**
Lake Zurich Middle
  School North
Lake Zurich, Illinois

**Melissa Gibbons**
Fort Worth ISD
Fort Worth, Texas

**Debra J. Goodding**
Kraemer Middle School
Placentia, California

**Jack Grande**
Weber Middle School
Port Washington, New York

**Steve Hills**
Riverside Middle School
Grand Rapids, Michigan

**Carol Ann Lionello**
Kraemer Middle School
Placentia, California

**Jaime A. Morales**
Henry T. Gage Middle School
Huntington Park, California

**Patsy Partin**
Cameron Middle School
Nashville, Tennessee

**Deedra H. Robinson**
Newport News Public Schools
Newport News, Virginia

**Bonnie Scott**
Clack Middle School
Abilene, Texas

**Charles M. Sears**
Belzer Middle School
Indianapolis, Indiana

**Barbara M. Strange**
Ferndale Middle School
High Point, North Carolina

**Jackie Louise Ulfig**
Ford Middle School
Allen, Texas

**Kathy Usina**
Belzer Middle School
Indianapolis, Indiana

**Heidi M. von Oetinger**
L'Anse Creuse Public School
Harrison Township, Michigan

**Pam Watson**
Hill Country Middle School
Austin, Texas

## Revisores de actividades de campo

**Nicki Bibbo**
Russell Street School
Littleton, Massachusetts

**Connie Boone**
Fletcher Middle School
Jacksonville Beach, Florida

**Rose-Marie Botting**
Broward County
  School District
Fort Lauderdale, Florida

**Colleen Campos**
Laredo Middle School
Aurora, Colorado

**Elizabeth Chait**
W. L. Chenery Middle School
Belmont, Massachusetts

**Holly Estes**
Hale Middle School
Stow, Massachusetts

**Laura Hapgood**
Plymouth Community
  Intermediate School
Plymouth, Massachusetts

**Sandra M. Harris**
Winman Junior High School
Warwick, Rhode Island

**Jason Ho**
Walter Reed Middle School
Los Angeles, California

**Joanne Jackson**
Winman Junior High School
Warwick, Rhode Island

**Mary F. Lavin**
Plymouth Community
  Intermediate School
Plymouth, Massachusetts

**James MacNeil, Ph.D.**
Concord Public Schools
Concord, Massachusetts

**Lauren Magruder**
St. Michael's Country
  Day School
Newport, Rhode Island

**Jeanne Maurand**
Glen Urquhart School
Beverly Farms, Massachusetts

**Warren Phillips**
Plymouth Community
  Intermediate School
Plymouth, Massachusetts

**Carol Pirtle**
Hale Middle School
Stow, Massachusetts

**Kathleen M. Poe**
Kirby-Smith Middle School
Jacksonville, Florida

**Cynthia B. Pope**
Ruffner Middle School
Norfolk, Virginia

**Anne Scammell**
Geneva Middle School
Geneva, New York

**Karen Riley Sievers**
Callanan Middle School
Des Moines, Iowa

**David M. Smith**
Howard A. Eyer Middle School
Macungie, Pennsylvania

**Derek Strohschneider**
Plymouth Community
  Intermediate School
Plymouth, Massachusetts

**Sallie Teames**
Rosemont Middle School
Fort Worth, Texas

**Gene Vitale**
Parkland Middle School
McHenry, Illinois

**Zenovia Young**
Meyer Levin Junior
  High School (IS 285)
Brooklyn, New York

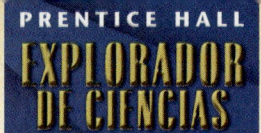

# Contenido

## Sonido y luz

**Naturaleza de las ciencias: Estallidos sónicos** .................. **8**

### *Capítulo 1* Características de las ondas ................ **12**
   1   ¿Qué son las ondas? .................................................. 14
   2   Propiedades de las ondas ........................................... 18
   3   Interacciones de las ondas ......................................... 24
   🌀 4   Integrar las ciencias de la Tierra: Ondas sísmicas ......... 32

### *Capítulo 2* Sonido .......................................................... **38**
   1   La naturaleza del sonido ............................................ 40
   2   Propiedades del sonido .............................................. 46
   3   Combinación de ondas sonoras ................................. 52
   🌀 4   Integrar las ciencias de la vida: Cómo escuchas
         el sonido ................................................................ 62
   5   Aplicaciones del sonido ............................................. 66

### *Capítulo 3* El espectro electromagnético ................ **74**
   1   Naturaleza de las ondas electromagnéticas ................. 76
   2   Ondas del espectro electromagnético ......................... 80
   3   Producir luz visible .................................................... 90
   🌀 4   Integrar la tecnología: Comunicación inalámbrica ........ 96

### *Capítulo 4* Luz .............................................................. **110**
   1   Reflejos y espejos .................................................... 112
   2   Refracción y lentes ................................................... 117
   3   El color ................................................................... 123
   🌀 4   Integrar las ciencias de la vida: Ver la luz ................... 129
   5   Usar la luz .............................................................. 133

**Exploración interdisciplinaria: La magia del cine** ............. **146**

### Sección de referencia
**Manual de destrezas** ........................................... **152**
   Piensa como científico .................................................. 152
   Hacer mediciones ........................................................ 154
   Realizar una investigación científica ............................... 156
   Razonamiento crítico .................................................... 158
   Organizar la información ............................................... 160
   Crear tablas de datos y gráficas ..................................... 162
Apéndice A: Seguridad en el laboratorio ............................ 165
Glosario ........................................................................ 168
Índice ........................................................................... 172
Reconocimientos ............................................................ 176

# Actividades

## Actividades de investigación

### PROYECTO DEL CAPÍTULO
#### Investigación de largo plazo
Capítulo 1: Una y otra y otra vez ..............13
Capítulo 2: Música para tus oídos ..............39
Capítulo 3: ¡Estás en el aire! ..................75
Capítulo 4: ¡Qué vista! ......................111

### DESCUBRE
#### Exploración e investigación antes de leer
¿Cómo viajan las ondas? ....................14
¿Cómo puedes cambiar una onda? ............18
¿Por qué rebota una pelota? ..................24
¿Puedes encontrar la arena? ..................32
¿Qué es el sonido? ..........................40
¿Cómo afecta la amplitud al volumen? ..........46
¿Cómo se producen patrones de sonido? ........52
¿De dónde proviene el sonido? ................62
¿Cómo puedes usar el tiempo para medir distancias? ..66
¿Cómo viaja un rayo de luz? ..................76
¿Qué es la luz blanca? ......................80
¿En qué se diferencian las bombillas? ..........90
¿Cómo pueden cambiarse las ondas de radio? ....96
¿Cómo te hace guiños tu imagen en el espejo? ...112
¿Cómo hacer que aparezca una imagen en un papel? ..............................117
¿Cómo se mezclan los colores? ................123
¿Puedes ver todo con un solo ojo? ............129
¿Cómo un agujero hecho con un alfiler hace funciones de visor? ......................133

### Mejora tus destrezas
#### Práctica de destrezas específicas de la investigación científica
Observar ..................................25
Graficar ..................................43
Diseñar experimentos ........................67
Observar ..................................91
Clasificar ................................114
Desarrollar hipótesis ......................125

### INTÉNTALO
#### Refuerzo de conceptos clave
Ondas estacionarias ..........................27
El popote corto ..............................48
Sonidos tubulares ............................50
A tono con bandas elásticas ....................54
Escucha los sonidos ..........................63
¿Cómo se comportan los rayos de luz? ..........78
¿Cómo ven las abejas? ........................87
Genera interferencia electromagnética ..........98
El cristal que desaparece ......................118
Colores verdaderos ..........................131
¡Qué vista! ................................134

### Laboratorio de destrezas
#### Práctica detallada de las destrezas de investigación
Movimientos ondulatorios ....................20
Hacer ondas ................................30
La velocidad del sonido ......................45
Mirar imágenes ............................122

### Laboratorio real
#### Aplicación diaria de conceptos científicos
Notas musicales ..............................60
Comparar bombillas ..........................94
Construir un radio de cristal ..................104
Cambiar colores ............................128

## Actividades interdisciplinarias

### Ciencias e historia
Comunicación inalámbrica ..................100
Instrumentos ópticos ........................138

### Ciencias y sociedad
Silencio, por favor ..........................65
Alimentos irradiados ........................89

### Conexión
Herramientas matemáticas ....................22
Música ....................................55
Estudios sociales ............................81
Artes visuales ..............................126

0 ◆ 7

## NATURALEZA DE LAS CIENCIAS

## Bajar el volumen
# ESTALLIDOS SÓNICOS

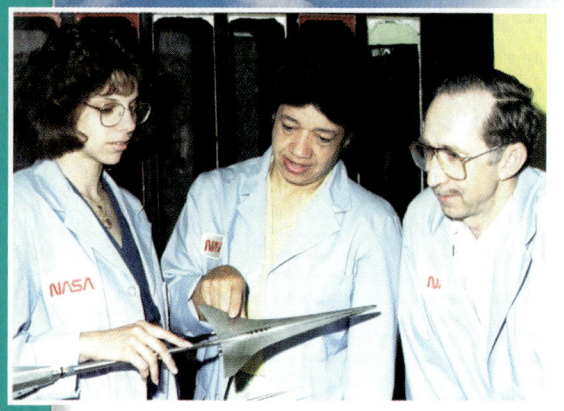

**La Dra. Christine Mann Darden** creció en Monroe, Carolina del Norte. Recibió su título en ingeniería mecánica en la Universidad George Washington, en Washington, D.C. Actualmente trabaja en la NASA, el Centro de Investigación Langley, en Hampton, Virginia, como experta en estallidos sónicos. Dirige un grupo de científicos que desarrolla investigaciones sobre aviones supersónicos. La Dra. Darden (centro) aparece aquí con otros miembros del Grupo de Estallido Sónico, Kathy Needleman (izquierda) y Robert Mack (derecha).

Sucede cada vez que un transbordador espacial regresa a la Tierra. La nave espacial desciende de la órbita y se dirige a su lugar de aterrizaje en Florida o California. Unos segundos después de que pasa sobre la cabeza… ¡BOOM! Se escucha un retumbo, como el del disparo de un gran cañón. Muchos científicos en el centro espacial monitorean al transbordador cuando desciende de su misión, pero a la Dra. Christine Darden le interesa más el enorme estruendo que produce.

Ella es una ingeniera investigadora en la NASA (National Aeronautics and Space Administration). Está a cargo del Grupo de Estallido Sónico de la NASA. Su equipo de científicos investiga la "huella sonora" distintiva que produce una aeronave cuando viaja más rápido que la velocidad del sonido. La Dra. Darden y sus colaboradores investigan las maneras de reducir los estallidos sónicos Esperan hacer de los viajes supersónicos, viajes a velocidades mayores que la del sonido, cosa común en el futuro.

# Entrevista con la Dra. Christine Darden

## Romper la barrera del sonido

La barrera del sonido se rompió por vez primera en 1947. Desde entonces la gente se queja tanto de los estallidos sónicos que el gobierno tuvo que establecer reglamentaciones. Ahora es contra la ley volar aeronaves a velocidades supersónicas sobre Estados Unidos.

"Si es lo suficientemente fuerte, un estallido sónico puede romper ventanas y dañar edificios", dice la Dra. Darden. "Es muy molesto para las personas. En la actualidad el estallido es uno de los mayores obstáculos para el servicio comercial de aviones supersónicos."

Las aeronaves supersónicas como el Concorde vuelan principalmente sobre el océano, pero ¿qué pasaría si los científicos encontraran la manera de reducir el volumen del estallido sónico? Entonces algún día los jets supersónicos tendrán permiso para volar sobre el país.

## ¿Qué es un estallido sónico?

Probablemente has escuchado el sonido que se produce cuando un avión rompe la barrera del sonido. Un estallido sónico se escucha como el ruido de un trueno o como una violenta explosión muy arriba en el cielo. Pero ¿qué escuchas en realidad?

"Un estallido sónico es una onda presionada o comprimida", explica la Dra. Darden. "Un avión empuja las moléculas del aire hacia el frente conforme avanza, justo como la proa de un barco empuja al oleaje cuando se desplaza por el agua. Estas compresiones viajan hacia afuera del avión como una onda de choque de alta presión. Cuando esa onda de choque llega hasta nuestros oídos, la escuchamos como un estruendo."

El Mirlo SR-71 (arriba) y el F-16 (en la página de enfrente) son aviones militares supersónicos.

"Piensen en inflar un globo", dice la Dra. Darden. "Cuando se infla un globo, el aire en su interior está mucho más comprimido que el aire de afuera. Cuando el globo revienta, la compresión inmediatamente va hacia afuera en forma de una onda de choque."

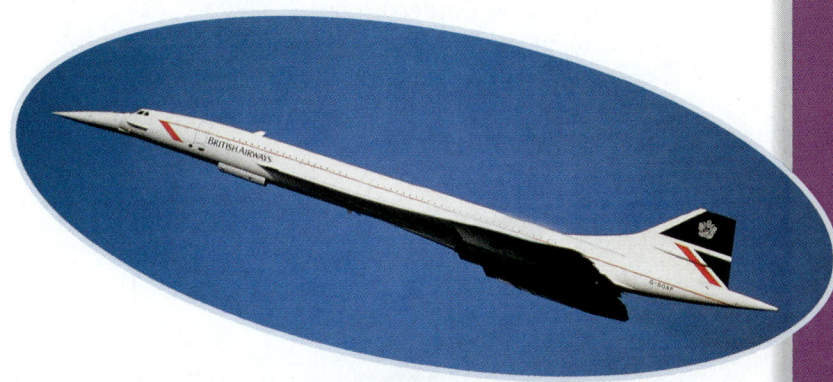

Los vuelos del Concorde, un avión supersónico comercial, sólo se realizan entre Nueva York y Londres o París.

## ¿Cómo se investiga lo que no puede verse?

"Parte de nuestro trabajo es proponer nuevas formas de observar y medir el fenómeno que estudiamos", manifiesta la Dra. Darden. "Sabemos que todas las ondas tienen propiedades similares. Entonces observamos cómo se comportan las ondas en el agua para conocer cómo se comportan en el aire."

## Elegir ingeniería

Los estudios sobre las ondas en el agua y el aire de la Dra. Darden están lejos de su primera profesión como maestra de matemáticas. Al final de la década de los sesenta, enseñaba en una escuela en Hampton, Virginia. Por aquel tiempo, los laboratorios de la NASA Trabajaban en el programa para enviar astronautas a la Luna. La Dra. Darden ingresó en la NASA como matemática.

Rápidamente le fascinó el trabajo de investigación de los ingenieros de la NASA. "Eran los únicos que trabajaban en los retos más difíciles del programa", señala. "Ellos hacían el trabajo práctico interesante." Como resultado de su experiencia, decidió graduarse en ingeniería.

## ¿Cómo se prueba una aeronave supersónica?

Trabajando en la práctica es como la Dra. Darden y su equipo estudian cómo los aviones producen estallidos sónicos. Ellos "vuelan" una aeronave modelo en un túnel

① **Un estallido sónico se produce cuando una aeronave se mueve a una velocidad supersónica. El aire se comprime enfrente del avión y crea ondas de choque.**

② **Las ondas de choque se mueven atrás del avión en forma de cono.**

③ **Cuando las ondas de choque llegan a tierra, se escuchan como un estallido sónico.**

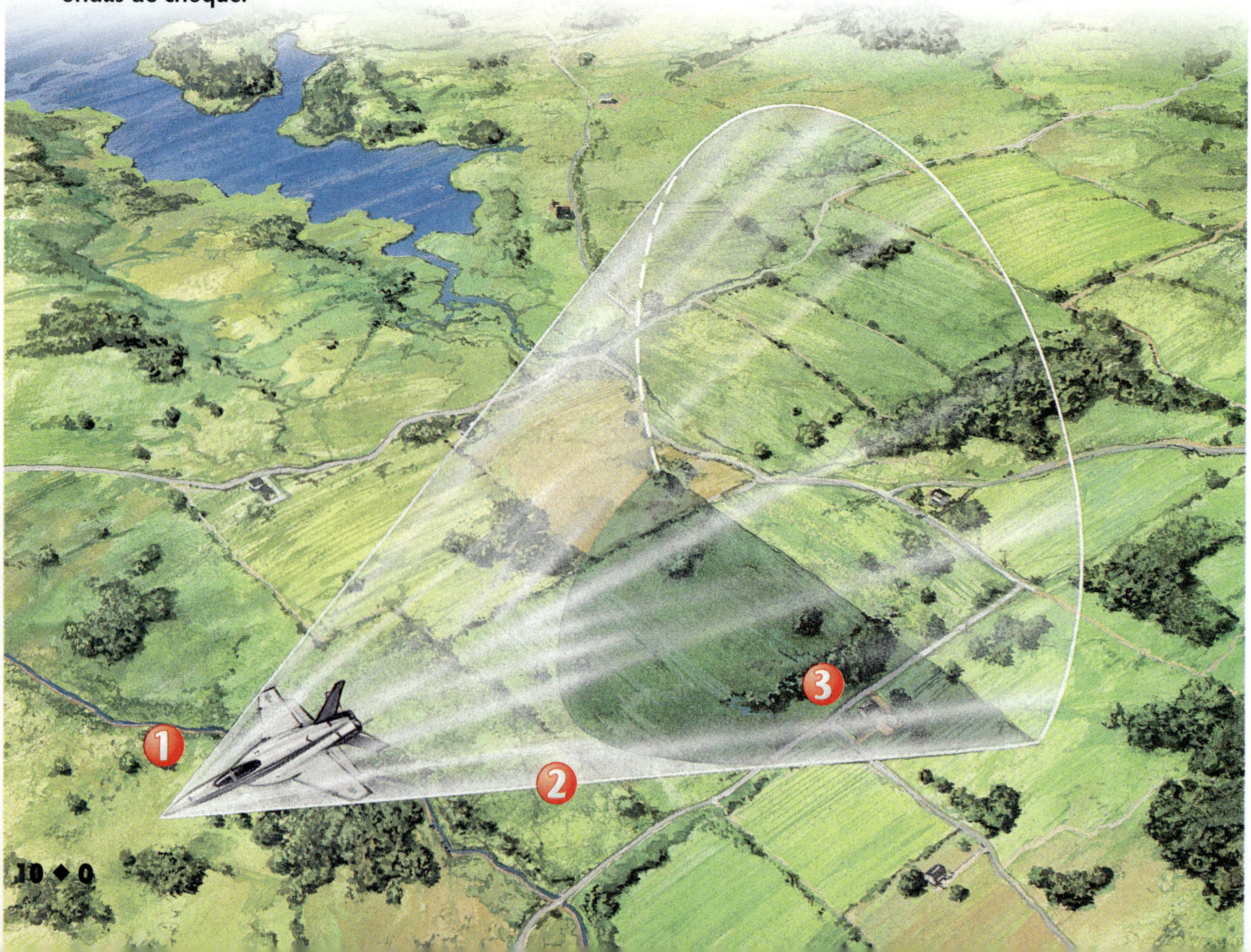

**La Dra. Darden sujeta un modelo de estallido bajo (derecha). Un modelo similar se prueba en el túnel de viento del Centro de Investigaciones de Langley (izquierda).**

de viento. Los científicos ponen los modelos de acero en el túnel y observan cómo se comportan con vientos que se mueven más allá de tres veces la velocidad del sonido. (La velocidad del sonido varía con la altitud y la presión del aire. Al nivel del mar a 16° C, la velocidad del sonido es de 1,207 kilómetros por hora.)

Instrumentos a ambos lados del túnel permiten a la Dra. Darden "escuchar" el estallido sónico creado por el modelo. Añadiendo un humo muy tenue, ella también puede observar cómo se mueve el aire sobre el avión. "En verdad podemos ver las ondas de choque", dice la doctora.

## ¿Puede reducirse el efecto del estallido sónico?

La Dra. Darden y su grupo en la NASA descubrieron que la forma de una aeronave determina el tamaño del estallido que se crea. Ellos han realizado pruebas con programas de computadora, en verdaderos jets supersónicos y en túneles de viento. Sus experimentos muestran que angulando marcadamente las alas traseras se reduce el tamaño de la onda de choque y la intensidad del estallido sónico. Pero las mismas características que harían a los aviones más silenciosos, también dificultarían el vuelo.

"Podrías poner una aguja a velocidades supersónicas y no tendrías un estallido sónico", explica la Dra. Darden. "Pero también no tendrías un avión."

### En tu diario

En su investigación, la Dra. Darden hace predicciones sobre cómo el ángulo de las alas de un avión afecta el estallido sónico. Entonces su equipo prepara una serie de experimentos para probar estas predicciones.

Ahora piensa en botes de diferente forma que se mueven por el agua: un kayac, un remolcador y un bote de remos. Predice el tipo de onda que cada bote hará. ¿Cómo podrías usar modelos para probar tus predicciones?

# CAPÍTULO 1
# Características de las ondas

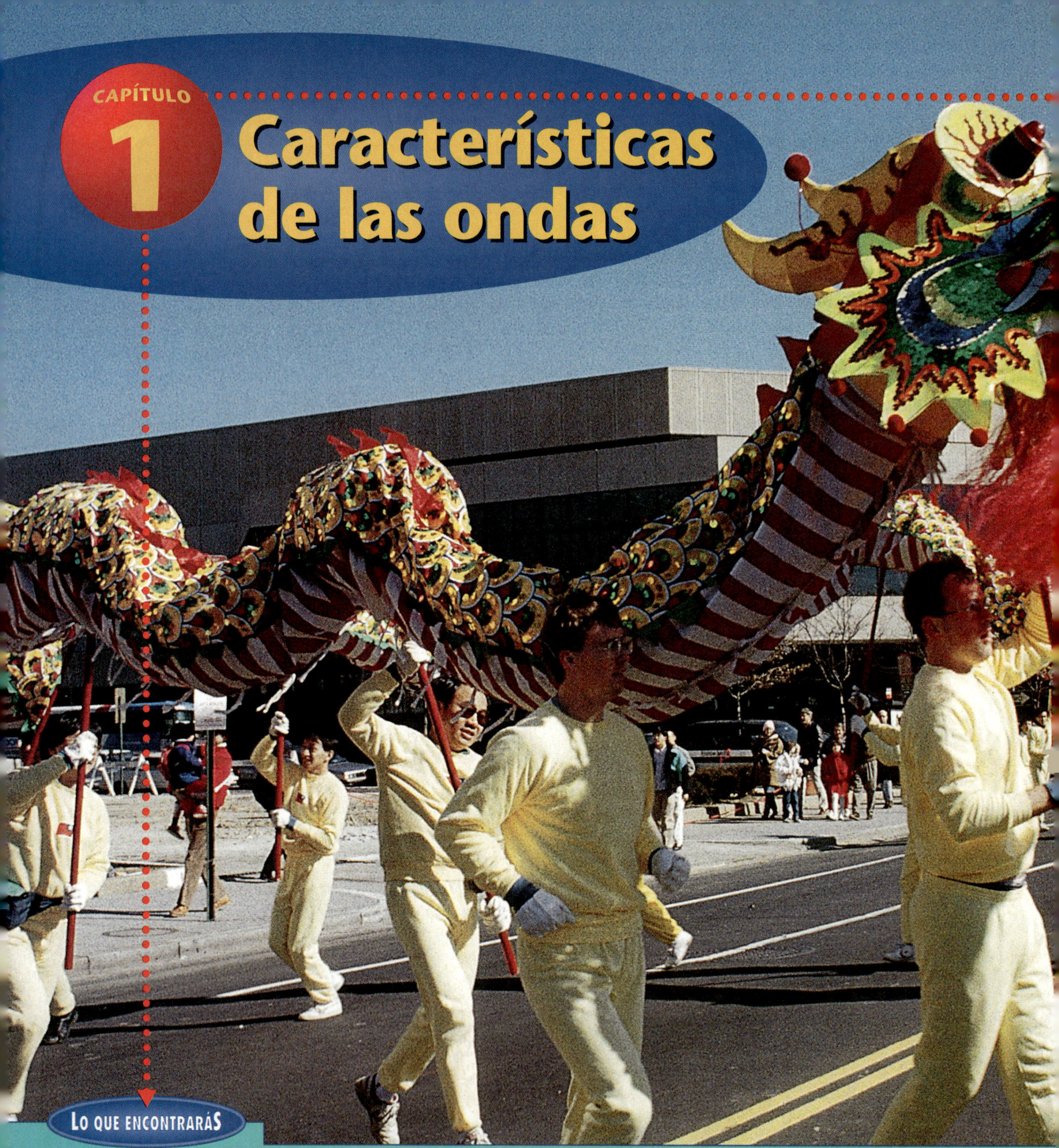

## LO QUE ENCONTRARÁS

 **¿Qué son las ondas?**
**Descubre** ¿Cómo viajan las ondas?

 **Propiedades de las ondas**
**Descubre** ¿Cómo puedes cambiar una onda?
**Laboratorio de destrezas** Movimientos ondulatorios

 **Interacciones de las ondas**
**Descubre** ¿Por qué rebota una pelota?
**Mejora tus destrezas** Observar
**Inténtalo** Ondas estacionarias
**Laboratorio de destrezas** Hacer ondas

12 ◆ O

# PROYECTO 1

## Una y otra y otra vez

**¡E**s tiempo de festejar el año nuevo chino! El desfile pasa por las calles para deleitar a la gente. Los bailarines del dragón usan pértigas para moverlo arriba y abajo. El dragón se mueve como una onda.

En este capítulo, descubrirás cómo viajan las ondas, algunas de las cuales repiten patrones o ciclos. Cualquier movimiento que se repite en intervalos regulares se llama movimiento periódico, por ejemplo, el movimiento de las manecillas de un reloj, el de un niño en un columpio, la rueda de un transbordador y el latido de tu corazón. Conforme trabajes en el proyecto, descubrirás las propiedades del movimiento periódico.

**Tu objetivo** Hallar y describir ejemplos de movimiento periódico.

Para completar este proyecto con éxito, tendrás que:
◆ identificar varios ejemplos de movimiento periódico y de otros hechos con características periódicas
◆ reunir y organizar información sobre la duración y la frecuencia de cada movimiento
◆ presentar tus hallazgos en un cartel o en una exposición

**Para empezar** Indica patrones de movimiento que hayas observado. Piensa en objetos o hechos que van de atrás hacia adelante o alternadamente de arriba abajo, de lo oscuro a lo luminoso, de lo sonoro a lo callado, de lo lleno a lo vacío.

**Comprueba tu aprendizaje** Trabajarás en este proyecto mientras estudias el capítulo. Para mantener tu proyecto en marcha, revisa los cuadros de Comprueba tu aprendizaje en los puntos siguientes:

**Repaso de la Sección 1,** página 17: Haz una lista de los movimientos periódicos que te gustaría estudiar.
**Repaso de la Sección 2,** página 23: Anota tus observaciones de frecuencia, longitud y amplitud de los movimientos periódicos.

**Para terminar** Al final del proyecto (página 37), presentarás tus descubrimientos a la clase.

Los paseantes observan cómo este dragón chino se mueve al compás de la música.

---

*Integrar las ciencias de la Tierra*

### SECCIÓN 4 Ondas sísmicas

**Descubre** ¿Puedes encontrar la arena?

O ◆ 13

# SECCIÓN 1 ¿Qué son las ondas?

## DESCUBRE ACTIVIDAD

### ¿Cómo viajan las ondas?

1. Llena un recipiente con unos 3 centímetros de agua.
2. Con un lápiz, toca la superficie del agua en una orilla del recipiente dos veces cada segundo durante un minuto.
3. Describe el patrón de ondas que se producen.
4. Pon un corcho en el agua. ¿Cómo crees que el corcho se moverá si hay ondas? Repite el Paso 2 para descubrirlo.

**Reflexiona sobre**

*Observar* ¿Qué pasó con el corcho en el Paso 4? ¿En qué se parece el movimiento del corcho con el movimiento de las ondas? ¿En qué son diferentes? Dibuja un diagrama de lo que viste. Con flechas, indica el movimiento del corcho.

### GUÍA DE LECTURA

◆ ¿Qué produce ondas?
◆ ¿Cuáles son los tres tipos principales de ondas?

*Sugerencia de lectura* Antes de leer, piensa en lo que viene a tu mente cuando escuchas la palabra *onda*. Conforme leas, escribe una definición de onda.

Hacia mar adentro, el viento altera o deforma la superficie tranquila del agua. Se forma una ondulación. Si el viento sigue soplando, la ondulación crece hasta convertirse en una ola poderosa que puede viajar grandes distancias. Cerca de la costa, los surfeadores la esperan ansiosos. Rápidamente nadan hacia aguas profundas para atrapar esa ola gigantesca. Cuando van montados sobre la ola rumbo a la costa, los surfeadores disfrutan la fuerza de la naturaleza.

¿Qué son las olas? ¿Por qué pueden viajar tan lejos? ¿Por qué unas olas son más grandes que otras? En esta sección explorarás cómo nace una ola y cómo se mueve.

## Ondas y energía

Las olas que se estrellan en la playa muestran la energía tremenda que tienen. Una **onda** es una perturbación que transfiere energía de un sitio a otro. En ciencias, **energía** se define como la capacidad para hacer trabajo. Para entender las olas, piensa en un bote en el océano. Si una ola altera la superficie del agua, también hará que cualquier cosa que flote en el agua se altere. La energía que transporta una ola puede elevar incluso un barco grande que llegara a pasar.

La alteración provocada por la ola es temporal. Después de que la ola pasa, el agua se calma otra vez.

◀ Un surfeador viajando sobre una ola

**¿Qué mueve a las ondas?** Las ondas necesitan de algo para poder viajar. Las olas viajan por la superficie del agua y las ondas sonoras viajan en el aire. Incluso tú puedes hacer que una onda viaje por una cuerda. El material a través del cual una onda viaja se llama **medio.** Los gases (como el aire), los líquidos (como el agua) y los sólidos (como las cuerdas) todos actúan como medios. Se llaman **ondas mecánicas** las ondas que necesitan un medio para viajar.

Aunque las ondas viajen por un medio, no lo llevan consigo. Mira el pato en la Figura 1. Cuando una ola se mueve abajo del pato, éste se balancea de arriba abajo. Eso no hace que se mueva por la superficie del agua. Después de que la ola pasa, el agua y el pato regresan al punto donde comenzaron.

Las olas que rompen en una playa se comportan ligeramente distinto. Cuando las olas rompen contra la costa, el agua en realidad se mueve con la onda. Esto pasa porque el agua cercana a la playa es poco profunda. Mientras la ola choca contra la orilla, el fondo de la ola se arrastra por el fondo del mar. La cresta de la ola continúa su movimiento hacia adelante. Finalmente, la ola cae y se vuelve blanca y espumosa cuando rompe.

No todas las ondas requieren de un medio que las transporte. La luz solar, por ejemplo, puede viajar en el vacío. La luz es un ejemplo de onda electromagnética. Aprenderás más sobre este tipo de ondas en el Capítulo 3.

**¿Qué produce las ondas?** Tú puedes producir olas sumergiendo tu dedo en el agua. **Las ondas se crean cuando una fuente de energía produce vibración en un medio.** Una **vibración** es un movimiento que se repite de atrás adelante, o de arriba abajo. Este movimiento es el origen de las ondas.

Un objeto en movimiento tiene energía, que puede ser transferida a un medio y, de este modo, crear una onda. Por ejemplo, cuando las hélices de un bote de motor giran, alteran la tranquila superficie del agua. Las hélices del bote transfieren energía al agua. Las hélices producen ondas que viajan por el agua. Al desplazarse el bote por el agua, también produce ondas.

☑ *Punto clave* ¿Qué son las ondas mecánicas?

**Figura 1** Las olas viajan en el agua, pero no se llevan el agua con ellas. El pato sube y baja cuando una ola pasa debajo de él. El pato no viaja con la onda.
*Interpretar diagramas* Si añadieras un sexto bosquejo al diagrama, ¿a qué etapa se parecería?

Capítulo 1 ◆ 15

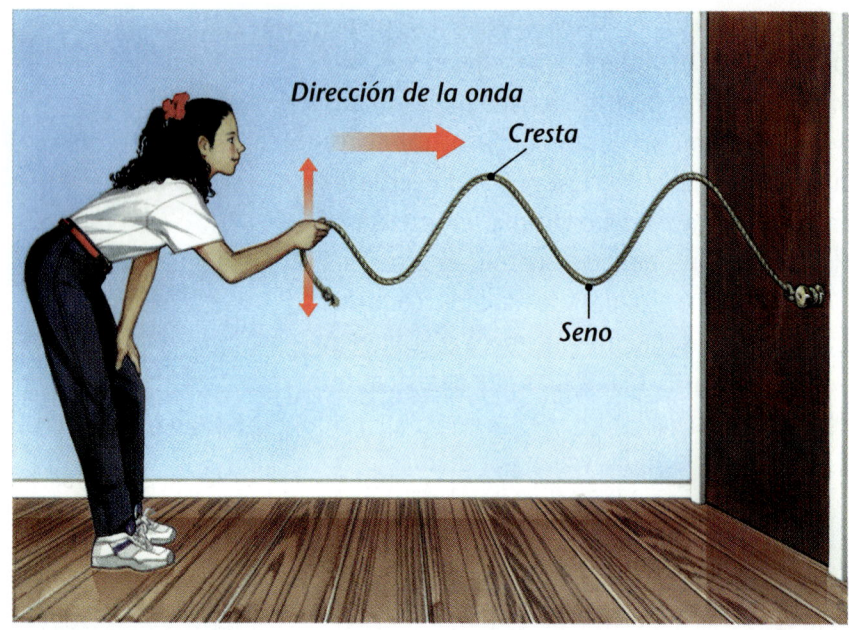

**Figura 2** Mientras ella se mueve y transfiere energía a la soga, el extremo libre sube y baja. La energía viaja a lo largo de la soga y produce una onda transversal.

**Figura 3** Los muelles de un resorte de juguete se mueven de atrás hacia adelante en la misma dirección que el movimiento de una onda. *Comparar y contrastar* ¿Cómo se compara esta onda con las ondas en una soga?

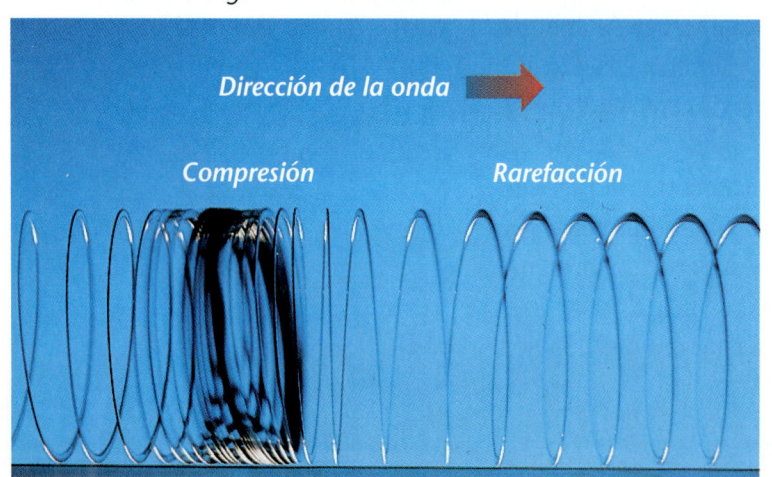

## Tipos de ondas

Los diferentes tipos de ondas viajan también de diferente forma por los medios. **Las ondas se clasifican de acuerdo como se desplacen. Los tres tipos de ondas son ondas transversas, longitudinales y superficiales.**

**Ondas transversas** Cuando haces una onda en una soga, la onda se mueve de un extremo a otro de la soga. La soga misma, sin embargo, sube y baja o se mueve de un lado a otro. Las ondas que mueven el medio en ángulos rectos con respecto a la dirección del movimiento de las ondas se llaman **ondas transversas**. Transversa significa "a través". Cuando una onda transversa se mueve en una dirección, las partículas del medio se mueven a través de la dirección de la onda. La Figura 2 muestra que algunas partes de la cuerda están muy altas mientras que otras están muy bajas. Las partes más altas se llaman **crestas**, y las más bajas **senos**.

**Ondas longitudinales** La Figura 3 muestra otra clase de ondas. Si extiendes un resorte de juguete y si empujas y tiras de un extremo, puedes producir una onda longitudinal. Las **ondas longitudinales** mueven las partículas del medio paralelamente a la dirección en que las ondas están viajando. Los muelles en espiral se mueven de atrás hacia adelante en la misma dirección que las ondas.

Fíjate en la Figura 3 que algunas partes del resorte las vueltas están muy juntas. En otras partes, los muelles en espiral están más abiertos. La parte donde los muelles están muy

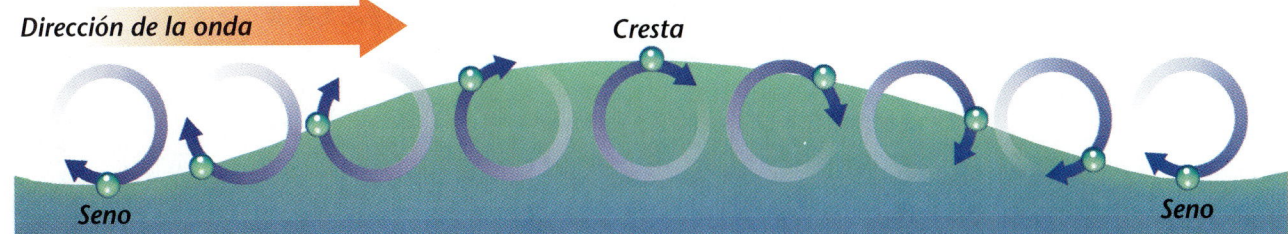

**Figura 4** En una onda superficial, el movimiento hacia arriba y abajo se combina con el movimiento hacia atrás y adelante. Esto genera un movimiento circular.

juntos se llama **compresión**. La parte donde los muelles están más abiertos se le llama **rarefacción**.

Cuando la compresión y la rarefacción viajan a lo largo de un resorte de juguete, cada muelle se mueve ligeramente adelante y luego atrás. La energía viaja de un extremo a otro de la cuerda y crea una onda. Después de que la onda pasa, cada parte del resorte vuelve a su posición inicial.

**Combinaciones de ondas** Las **ondas superficiales** son ondas transversas y longitudinales combinadas. Estas ondas ocurren en una superficie entre dos medios, por ejemplo el agua y el aire. Cuando una onda pasa por el agua, el agua (y cualquier cosa sobre ella) se mueve de arriba abajo, como una onda transversa en una soga. El agua también se mueve de atrás hacia adelante ligeramente en dirección del movimiento de la onda, como los muelles de un resorte. Pero a diferencia de éstos, el agua no se comprime. Los movimientos hacia arriba y abajo, y hacia adelante y atrás se combinan y hacen que las partículas del agua se muevan en círculos. La Figura 4 muestra el movimiento circular de las ondas superficiales.

## Repaso de la sección 1

1. ¿De dónde obtienen energía las ondas?
2. Nombra los tres tipos de ondas y da un ejemplo de cada una de ellas.
3. Cuando una ola pasa bajo un barco, ¿cómo lo afecta?
4. **Razonamiento crítico Aplicar los conceptos** Las vibraciones que produce una perforadora se usan para romper el pavimento. ¿Qué tipo de ondas crees que se producen en el suelo? Explica tu respuesta.

### Comprueba tu aprendizaje

**PROYECTO DEL CAPÍTULO 1**

Identifica y haz una lista de ejemplos de movimientos periódicos. Busca ciclos y patrones que se repitan en segundos y otros que tarden horas o días en repetirse. Trata de hallar ejemplos que ocurran un día tras otro, como la salida y la puesta del sol. No limites tu investigación a tu casa y escuela. Mira todo lo que te rodea, incluso al sistema solar, para obtener ideas. Describe y dibuja cada ejemplo que encuentres.

Capítulo 1  O ◆ 17

# SECCIÓN 2 Propiedades de las ondas

### DESCUBRE ACTIVIDAD

#### ¿Cómo puedes cambiar una onda?

1. Tiende una soga de tres metros de largo en un piso plano. Sostén un extremo y pide a un compañero sostenga el otro.
2. Mueve el final de la soga ligeramente de izquierda a derecha, una vez por segundo para hacer que una serie de ondas viajen por ella. Observa las ondas mientras viajan hacia tu compañero.
3. Ahora sacude la cuerda con mayor frecuencia, como dos veces por segundo. Observa las ondas otra vez.
4. Intercambia posiciones con tu compañero y repite los Pasos 2 y 3.

**Reflexiona sobre**
*Predecir* ¿Qué pasó con las ondas cuando moviste la soga más seguido? ¿Cómo cambiará la onda si mueves la soga menos de una vez por segundo? Inténtalo.

### GUÍA DE LECTURA

◆ ¿Cuáles son las propiedades fundamentales de las ondas?

◆ ¿Cómo se relaciona la velocidad de una onda con su longitud y su frecuencia?

*Sugerencia de lectura* A medida que lees, haz una lista de las propiedades de las ondas. Escribe una oración que describa cada propiedad.

Gimnasia rítmica ▶

Uno de los deportes olímpicos más elegantes y graciosos es la gimnasia rítmica. Una bailarina mueve un bastón sujeto a un listón, haciendo ondas que viajan a lo largo del listón. Algunas ondas son largas, mientras que otras son cortas. La velocidad con que la gimnasta mueve sus manos afecta la longitud y la forma de las ondas en el listón.

Hay muchas clases de ondas. Éstas pueden transportar mucha o poca energía. Pueden ser escasas o frecuentes, o viajar rápido o lento. Sin embargo, todas las ondas comparten ciertas características. **Las propiedades básicas de las ondas son: la amplitud, la longitud de onda, la frecuencia y la velocidad.**

## Diagramas de onda

Para entender las propiedades de las ondas, conviene representarlas en un diagrama. Las ondas transversas, como las de la soga, son fáciles de dibujar. Puedes dibujar las ondas transversas como se muestra en la Figura 5. Piensa que la línea horizontal es la posición de la cuerda antes de ser sacudida. Ésta es la posición de reposo. Conforme las ondas pasan, la cuerda va arriba y abajo de la posición inicial. Recuerda que las crestas y los senos son los puntos más altos y más bajos en una onda.

Para dibujar las ondas longitudinales, piensa que la compresión de un resorte de juguete es semejante a las crestas de una onda transversa. Las rarefacciones del resorte son como los senos de las ondas transversas. Tratando las compresiones como las crestas y las rarefacciones como los senos, puedes dibujar las ondas longitudinales de la misma forma que las ondas transversas.

**Punto clave** ¿Qué parte de la onda longitudinal es semejante a la cresta de una onda transversa?

## Amplitud

Algunas ondas son muy altas, mientras que otras son apenas perceptibles. La distancia que el agua se eleva depende de la amplitud de la onda que pasa por ella. La **amplitud** es la máxima distancia a que el medio lleva la onda, lejos de su posición de reposo. La amplitud es la medida de cuánto se mueve una partícula del medio cuando una onda la mueve. La amplitud de una ola es la distancia máxima en que una partícula de agua se mueve encima y debajo del nivel superficial del agua en reposo.

Ya sabes que las ondas se producen cuando algo vibra. Mientras más lejos se mueva un medio cuando vibre se producirá una mayor amplitud de las ondas resultantes. Puedes aumentar la amplitud de las ondas en una soga moviendo tu mano arriba y abajo en una distancia mayor. Para hacerlo, debes usar más energía. Esta mayor cantidad de energía se transfiere a la soga. Entonces, la amplitud de una onda es una medida directa de esa energía.

**Amplitud de las ondas transversas** Compara las dos ondas transversas de la Figura 6. Verás que la onda A recorre hacia arriba y hacia abajo una distancia mayor que la onda B. La amplitud de una onda transversa es la distancia máxima que un medio se mueve arriba y abajo de su posición de reposo. Puedes encontrar la amplitud de una onda transversa midiendo la distancia de la posición de reposo a la cresta o al seno.

**Figura 5** Las crestas y los senos de una onda transversa son los puntos en los que el medio está en su posición más alejada del punto de reposo. Las compresiones de una onda longitudinal corresponden a las crestas de una onda transversa.

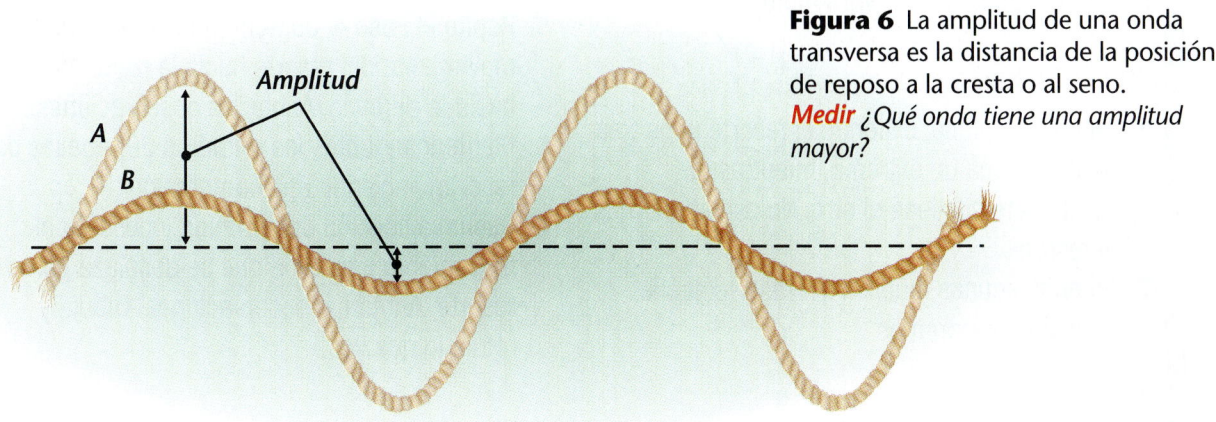

**Figura 6** La amplitud de una onda transversa es la distancia de la posición de reposo a la cresta o al seno.
*Medir* ¿Qué onda tiene una amplitud mayor?

**Figura 7** Si las compresiones de una onda longitudinal están atestadas, la onda tiene una mayor amplitud. *Interpretar diagramas* ¿Cuál de las ondas longitudinales mostradas tiene la mayor amplitud?

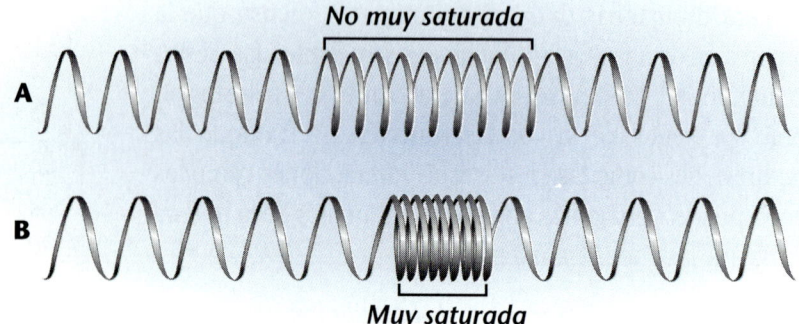

**Amplitud de las ondas longitudinales** La amplitud de una onda longitudinal es una medida de cómo el medio llega a comprimirse o rarificarse. Vibraciones con mucha energía provocan que las compresiones estén saturadas. Esto hace que las rarefacciones se separen. Compresiones muy llenas y rarefacciones separadas son como las crestas altas y los senos bajos. Esto significa que la onda longitudinal tiene una amplitud grande.

## Laboratorio de destrezas

### Observar

# Movimientos ondulatorios

Ahora harás ondas en un resorte de juguete. En este experimento, observarás algunas propiedades de las ondas.

### Problema
¿Cómo viajan las ondas en resorte de juguete?

### Materiales (por grupo)
resorte de juguete     vara métrica

### Procedimiento
1. En un piso plano, extiende el resorte unos tres metros. Toma un extremo, mientras tu compañero sostiene el otro. No estires de más el resorte.
2. Empuja algunos muelles del resorte hacia unos de los extremos.
3. Suelta los muelles y observa el movimiento del resorte. ¿Qué pasa cuando el movimiento llega hasta tu compañero? Dibuja lo que observes.
4. Pide a tu compañero que mueva el extremo del resorte a la izquierda y luego a la derecha en el piso. Asegúrate de que ambas terminaciones del resorte estén sujetas con firmeza. Dibuja un diagrama de la onda que observes.
5. Repite el Paso 4, aumentando la velocidad del movimiento del resorte hacia la izquierda y hacia la derecha. Anota tus observaciones.
6. Mantengan juntos los primeros 20 muelles del resorte, haciendo una compresión.
7. Suelta la sección comprimida y observa el movimiento a medida que se desplaza por el resorte. Anota tus observaciones. Dibuja y rotula lo que ves.

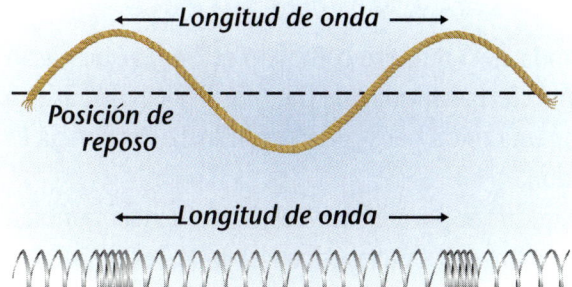

**Figura 8** La longitud de onda de una onda transversa es la distancia de cresta a cresta. La longitud de onda de una onda longitudinal es la distancia de compresión a compresión.

## Longitud de onda

Una onda viaja cierta distancia antes de empezar a repetirse. La distancia entre las dos partes correspondientes de una onda es su **longitud de onda.** Para determinar la longitud de una onda transversa, mide la distancia de cresta a cresta o de seno a seno. Para determinar la longitud de una onda longitudinal, mide la distancia de una compresión a la siguiente.

### Analizar y concluir

1. Compara las ondas producidas en los Pasos 1-5 con las ondas producidas en los Pasos 6-7.
2. ¿Las ondas generadas en los pasos 1 al 5 son transversas o longitudinales? Explica tu respuesta.
3. En el Paso 3 del procedimiento, compara la onda original con la onda que regresa.
4. ¿Las ondas generadas en los Pasos 6 y 7 son transversas o longitudinales? Explica tu respuesta.
5. ¿Qué pasó con la longitud y con la frecuencia de onda cuando aumentaste la velocidad con la que se movía el resorte de izquierda a derecha?
6. ¿Cómo cambiaste la amplitud de las ondas que hiciste?
7. **Piensa en esto** Con base en tus observaciones, describe dos maneras en que las ondas se movían a través del resorte. Usa dibujos y explicaciones escritas.

### Explorar más

Consigue una gran variedad de juguetes de resorte. Busca tamaños y materiales diferentes, como metal y plástico. Explora las diferencias entre las ondas producidas en cada resorte. ¿A qué se deben estas diferencias?

## Frecuencia

La **frecuencia** de una onda es el número completo de ondas que pasan por un punto dado en una cierta cantidad de tiempo. Si haces ondas con una soga de manera que una onda pase cada segundo, la frecuencia es de una onda por segundo.

Como las ondas se producen por vibraciones, la frecuencia también puede definirse como el número de vibraciones por segundo. Para aumentar la frecuencia de ondas en una soga, mueve tu mano de arriba abajo más seguido, unas dos o tres veces por segundo. Para disminuir la frecuencia, agita tu mano con menos frecuencia, una vez cada dos o tres segundos.

La frecuencia se mide en unidades llamadas **hertz (Hz)**. Una onda o vibración que ocurre cada segundo tiene 1 Hz de frecuencia. Si dos ondas pasan cada segundo, entonces la frecuencia es 2 por segundo, o 2 hertz. Los hertz recibieron ese nombre al científico alemán Heinrich Hertz, quien produjo por primera vez ondas de radio.

☑ *Punto clave* ¿Cómo puedes aumentar la frecuencia de las ondas en una soga?

## Velocidad

Imagínate que observas una tormenta lejana en un caluroso día de verano. Primero ves la luz de los relámpagos. Unos segundos después, oyes el estruendo del trueno. Sin embargo, el relámpago y el trueno ocurren en el mismo instante, aunque tú los percibas separados por segundos. Esto ocurre porque la luz y el sonido viajan a velocidades diferentes. La luz viaja más rápido que el sonido. Ondas diferentes viajan a velocidades diferentes. La velocidad de una onda es la distancia que recorre esa onda en una unidad de tiempo, o distancia dividida entre tiempo.

**La velocidad, la longitud y la frecuencia de una onda se relacionan en una fórmula matemática.**

$$velocidad = longitud\ de\ onda \times frecuencia$$

Si conoces dos cantidades cualesquiera de la fórmula de la velocidad —velocidad, longitud y frecuencia de onda—, puedes calcular la tercera cantidad. Por ejemplo, si sabes la velocidad y la longitud de una onda, puedes calcular la frecuencia. Si sabes la velocidad y la frecuencia, puedes despejar la longitud de onda.

$$frecuencia = \frac{velocidad}{longitud\ de\ onda} \qquad longitud\ de\ onda = \frac{velocidad}{frecuencia}$$

Ondas en diferentes medios viajan a velocidades distintas. En un medio dado y bajo las mismas condiciones, la velocidad de una onda es constante. Por ejemplo, todas las ondas sonoras que viajan en el aire a la misma presión y temperatura se desplazan a la misma velocidad. Si la temperatura o la presión cambian, las ondas sonoras se desplazan a diferente velocidad.

---

### Herramientas MATEMÁTICAS

**Calcular con unidades**

Cuando calcules con cantidades que incluyan unidades, trata las unidades como si fueran números.

Por ejemplo, si un objeto viaja 6 m en 2 s, la fórmula para hallar la velocidad es:

$$velocidad = \frac{distancia}{tiempo}$$

$$= \frac{6\ m}{2\ s}$$

$$= 3\ m/s$$

Una onda en un lago tiene una longitud de onda de 0.5 m y una frecuencia de 2 Hz (2 Hz = 2 por segundo o 2/s). Para determinar la velocidad de una onda, usa esta fórmula:

velocidad = longitud de onda × frecuencia

Sustituye y simplifica:

velocidad = 0.5 m × 2 Hz
= 0.5 m × 2 /s
= 1 m/s

La velocidad de una onda es 1 m/s. Nota que la respuesta es en metros sobre segundo, que es una unidad correcta para la velocidad.

Si el mismo tipo de ondas viaja a igual velocidad en el mismo medio, ¿qué crees que pasaría si la frecuencia cambia? Cuando multiplicas la longitud de onda y la frecuencia después del cambio, debes obtener la misma velocidad que antes del cambio. Por lo tanto, si aumentas la frecuencia de una onda, la longitud de onda debe disminuir.

## Problema de muestra

La velocidad de una onda en una soga es de 50 cm/s y su longitud de onda es 10 cm. ¿Cuál es la frecuencia?

*Analiza.* Conoces la velocidad y la longitud de onda, y quieres encontrar la frecuencia.

*Escribe la fórmula.*
$$frecuencia = \frac{velocidad}{longitud\ de\ onda}$$

*Sustituye y resuelve.*
$$frecuencia = \frac{50\ cm/s}{10\ cm}$$

$$frecuencia = \frac{50\ /s}{10}$$

$$frecuencia = 5\ /s\ (5\ por\ segundo)\ o\ 5\ Hz.$$

*Piensa en esto.* Si mueves tu mano 5 veces por segundo, entonces se moverán ondas no tan largas, de sólo unos 10 cm de largo, a lo largo de la soga.

**Problemas prácticos**

1. Una onda tiene una longitud de onda de 5 mm y una frecuencia de 2 Hz. ¿A qué velocidad viaja la onda?

2. La velocidad de una onda en una cuerda de una guitarra es de 100 m/s y la frecuencia es de 1,000 Hz. ¿Cuál es su longitud de onda?

### Repaso de la sección 2

1. Haz una lista con las cuatro propiedades de las ondas. Describe cada propiedad.
2. ¿Cómo se relacionan velocidad, longitud de onda y frecuencia?
3. ¿Dos ondas pueden tener la misma longitud pero diferente amplitud? Explica tu respuesta.
4. **Razonamiento crítico Inferir** Cuando aumentas la tensión en un trozo de alambre, la velocidad de las ondas aumenta, pero la longitud de onda permanece constante. ¿Qué pasa con la frecuencia de las ondas al aumentar la tensión del alambre?

**Comprueba tu aprendizaje**

PROYECTO DEL CAPÍTULO 1

Observa la amplitud, la longitud de onda, la frecuencia y la velocidad de uno de los movimientos periódicos de tu lista. ¿Cuántas repeticiones completas de cada movimiento periódico ocurren en un lapso determinado? ¿Cuánto le lleva a un movimiento periódico terminar y comenzar otra vez? Compara la posición más alta y más baja o la más cercana y la más lejana de un objeto que tenga un movimiento periódico. Anota tus observaciones en tu cuaderno.

## SECCIÓN 3 Interacciones de las ondas

### DESCUBRE

#### ¿Por qué rebota una pelota?

1. Escoge un punto en la base de una pared. A una distancia de un metro, haz rodar por el piso una pelota mojada, en línea recta, hacia el punto que escogiste. Observa el ángulo en que la pelota rebota de regreso mirando el rastro de humedad.

2. Moja otra vez la pelota. Desde una posición diferente, en ángulo con la pared, haz que la pelota ruede otra vez hacia el mismo punto. Observa el ángulo en que rebotó la pelota.

**Reflexiona sobre**
*Desarrollar hipótesis* ¿Cómo crees que se relacionen el ángulo en que la pelota golpea la pared con el ángulo de rebote? Para probar tu hipótesis, rueda la pelota desde diferentes posiciones hacia el mismo punto en la pared.

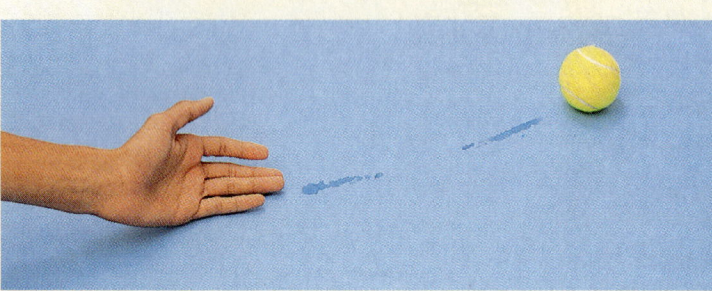

### GUÍA DE LECTURA

◆ ¿Por qué se curvan las ondas?

◆ ¿Cómo interactúan las ondas?

*Sugerencia de lectura* Antes de leer, da un vistazo a *Explorar las interacciones de las ondas* en las páginas 28–29. Enlista las palabras que desconozcas. Mientras lees, escribe una definición para cada palabra listada.

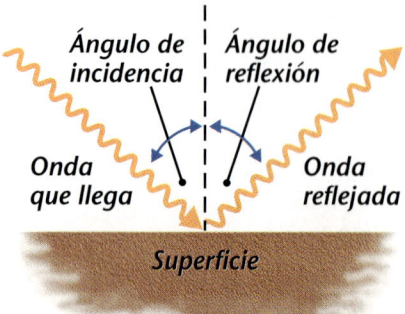

**Figura 9** El ángulo de reflexión es igual al ángulo de incidencia.

Es un día soleado y caluroso. Eres la primera persona en llegar a la piscina. Para probar la temperatura del agua, sumerges primero un pie. Tu pie provoca una serie de ondulaciones que viajan por el agua hasta la pared más lejana de la piscina. Cuando cada ondulación golpea la pared, rebota y viaja de regreso hacia ti.

### Reflexión

Cuando las ondas en el agua chocan contra un lado de la piscina, rebotan de regreso. **Cuando un objeto o una onda choca contra una superficie por la cual no puede pasar, rebota de regreso.** Esto se llama **reflexión**.

Para mostrar la reflexión de una onda, dibuja una línea en la dirección del movimiento de la onda. Ahora imagina una línea perpendicular hacia la pared o superficie. El **ángulo de incidencia** es el ángulo entre la onda que llega y la línea imaginaria perpendicular. El **ángulo de reflexión** es el ángulo entre la onda reflejada y la línea imaginaria. La ley de reflexión establece que el ángulo de reflexión es igual al ángulo de incidencia. Todas las ondas obedecen la ley de reflexión.

Hay muchos ejemplos de reflexión en la vida cotidiana. Una pelota que choca con una pared rebota o es reflejada. Cuando ves un espejo, usas la luz reflejada para verte. El eco es un ejemplo de sonido reflejado.

## Refracción

¿Alguna vez has empujado un carrito de supermercado con una rueda que se atora? Si lo has hecho, sabes que es difícil controlar la dirección del carrito. Esto ocurre porque la rueda que se atora no puede girar tan rápido como las otras ruedas. Cuando empujas el carro, tiende a virar hacia el lado de la rueda descompuesta, y eso cambia la dirección. Las ondas a veces cambian de dirección cuando entran en un medio nuevo. Si la onda entra en ángulo en el medio nuevo, un lado cambia de velocidad antes que el otro lado. **Cuando una onda se mueve en ángulo de un medio a otro diferente, cambia su velocidad al entrar en el segundo medio, el cual la hace desviarse**. La desviación de las ondas debido al cambio en la velocidad se llama **refracción**.

Aun cuando todas las ondas cambian su velocidad al entrar en un e desvían. La flexión ocurre cuando un lado de la onda entra en un medio distinto antes que el otro lado. El lado de la onda que entra primero cambia su velocidad, mientras el otro lado de la onda aún viaja a su velocidad original. La flexión ocurre porque los dos lados de la onda viajan a velocidades diferentes.

✓ *Punto clave* ¿Qué es la refracción?

## Difracción

Algunas veces las ondas se curvan alrededor de un obstáculo en su camino. Por ejemplo, las olas que pasan por una entrada angosta hacia un puerto y luego se extienden dentro del mismo. La Figura 10 muestra la difracción de ondas de agua cuando entran en una bahía. **Cuando una onda pasa una barrera o se mueve hacia un agujero en un obstáculo, se curva y se esparce**. La curvatura de las ondas en torno al borde de una barrera se conoce como **difracción**.

### Observar ACTIVIDAD

Aquí puedes simular qué pasa cuando las ondas se mueven de un medio a otro.

1. Rueda un popote de una cubierta de masa plana a un trozo de felpa o toalla de papel. Describe qué pasa con el movimiento del popote cuando deja la superficie plana.
2. Repite el Paso 1, pero rueda el popote en ángulo hacia la felpa o toalla de papel. Describe qué pasa cuando el popote toca la tela o el papel. ¿En qué se parecen tus resultados a cuando las ondas se refractan?

**Figura 10** Las olas llegan al puerto y se dispersan. Éste es un ejemplo de difracción. *Predecir* ¿Qué crees que pasaría con las olas si la bahía fuera más amplia?

Capítulo 1　**O ◆ 25**

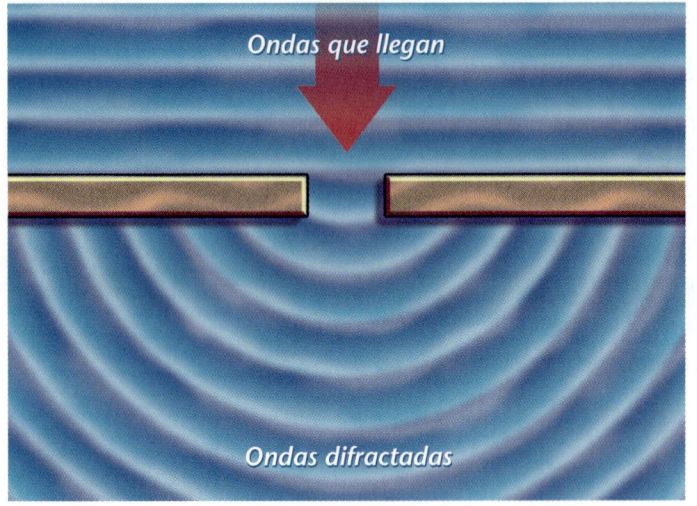
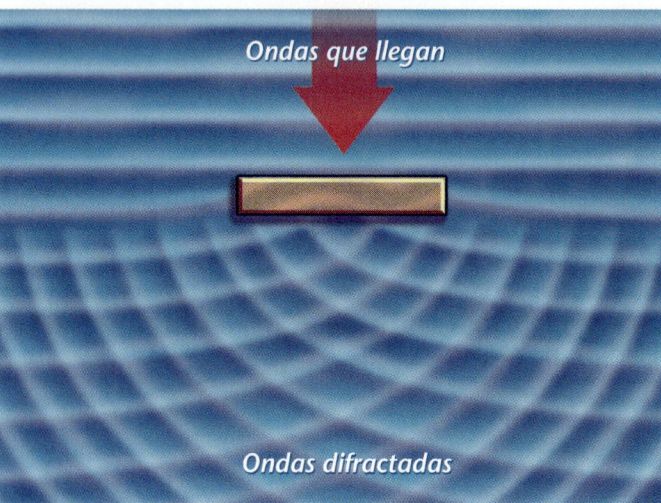

**Figura 11** El diagrama muestra la difracción de las ondas. Una onda puede pasar por el orificio de una barrera y luego extenderse (izquierda). O puede curvarse frente a la barrera (derecha).

La Figura 11 muestra una onda de agua pasando a través del orificio de una barrera y a otra curvándose en torno a una barrera. En cada caso, puedes ver la difracción de la onda en el otro lado de la barrera.

**Punto clave** ¿Qué es la difracción?

## Interferencia

Supón que un amigo y tú sostienen los extremos de una soga. Si ambos sacuden los extremos al mismo tiempo, se enviarán ondas entre sí. ¿Qué pasará cuando esas dos ondas se encuentren?

Cuando dos o más ondas se encuentran, tienen efecto entre sí. Esta interacción se llama **interferencia**. Hay dos tipos de interferencia: la constructiva y la destructiva.

**Interferencia constructiva** La **interferencia constructiva** ocurre cuando dos ondas se combinan para hacer una con mayor amplitud. Puede pensarse en la interferencia constructiva como ondas que "se ayudan mutuamente" para dar un resultado más fuerte, o para añadir energía.

La Figura 12 muestra dos ondas idénticas (misma amplitud, misma longitud) que se mueven en la misma dirección y al mismo tiempo. Si las ondas se mueven por el mismo camino y al mismo tiempo, se comportarán como si fueran una sola. ¿Cómo se verá la onda combinada? Las crestas de la primera onda coincidirán en el mismo lugar que las crestas de la segunda onda. La energía de las dos ondas se combinará. Entonces la amplitud de la nueva onda será el doble de la amplitud de las ondas originales.

Si las ondas tienen la misma longitud pero distinta amplitud, las crestas coincidirán en el mismo lugar y se sumarán. La amplitud resultante será la suma de las dos amplitudes originales. De manera semejante, los senos coincidirán haciendo un seno más profundo que el de cualquiera de las dos ondas solas.

**Figura 12** Los diagramas muestran cómo pueden combinarse ondas idénticas.

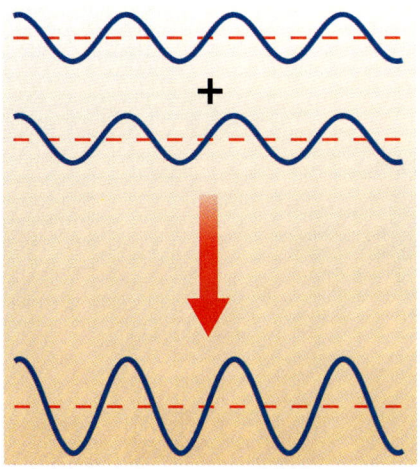

**A.** Cuando las crestas se alinean, las ondas se juntan y se produce una onda con el doble de la amplitud original.

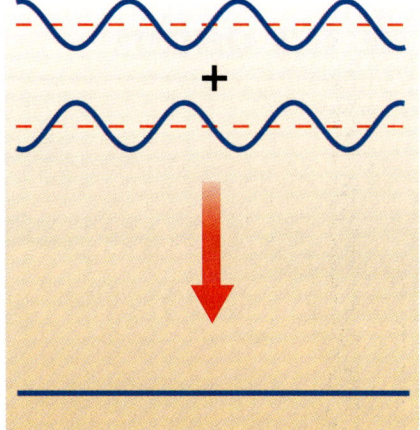

**B.** Cuando las crestas de una onda se alinean con los senos de otra, se anulan entre sí.

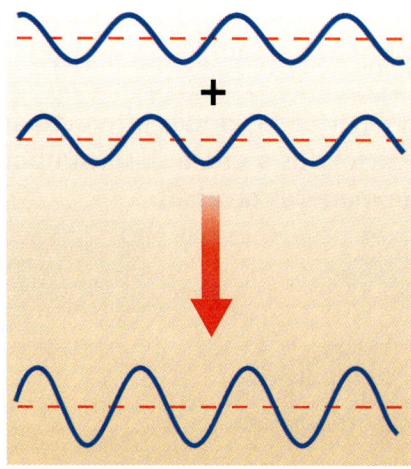

**C.** Si una de las ondas viaja un poco detrás de la otra, se combinan de manera constructiva y destructiva en distintos lugares.

**Interferencia destructiva** Cuando la amplitud de dos ondas se combina y produce una de menor amplitud, al resultado se le llama **interferencia destructiva**. ¿Qué pasa si las crestas no coinciden? En ese caso, una onda viene después de la otra. La Figura 12B muestra qué ocurre cuando las crestas de una primera onda presentan en el mismo lugar que los senos de la segunda onda. La amplitud de la primera onda cancela la amplitud de la segunda. Este tipo de interferencia produce una onda de amplitud cero. Las ondas originales parecen destruirse. Si las dos ondas tienen diferentes amplitudes, no se nulifican, sólo se combinan para producir una onda de amplitud menor.

Dos ondas idénticas pueden viajar por el mismo camino, una un poco detrás de la otra. Cuando esto pasa, las ondas se combinan constructivamente en ciertos lugares y destructivamente en otros.

## Ondas estacionarias

Si atas una cuerda a la perilla de una puerta y continuamente sacudes la terminación suelta, las ondas viajarán por la cuerda, se reflejarán al final y regresarán. Las ondas reflejadas chocarán con las ondas que llegan. Cuando las ondas se encuentran, ocurre la interferencia. Después de que se pasan unas a otras, prosiguen como si la interferencia nunca hubiera ocurrido.

Si la onda que llega y la onda reflejada se combinan en el lugar preciso, la onda combinada parece que estuviera estacionada. Una **onda estacionaria** es una onda que parece detenida en un lugar, aunque en realidad son dos ondas que se interfieren cuando una pasa a través de la otra. Si haces una onda estacionaria con una cuerda, la cuerda parece como si estuviera detenida. Pero en realidad, las ondas viajan a lo largo de una cuerda en ambas direcciones.

### INTÉNTALO

**Ondas estacionarias**

He aquí cómo puedes hacer una onda estacionaria.

1. Anuda un trozo de cordón elástico de unos tres metros a un objeto sólido y fijo. Asegura el cordón con firmeza.
2. Lentamente mueve el final del cordón de arriba abajo hasta que se produzca una onda estacionaria.
3. Ahora mueve el cordón de arriba abajo dos veces tan rápido que duplique la frecuencia. ¿Qué pasa?

**Predecir** ¿Qué crees que pasaría si triplicas la frecuencia original? Inténtalo. Procura mantener un buen control del cordón.

# EXPLORAR *las interacciones de las ondas*

**Cuando las ondas interactúan con objetos sólidos o entre sí, se comportan de maneras diversas.**

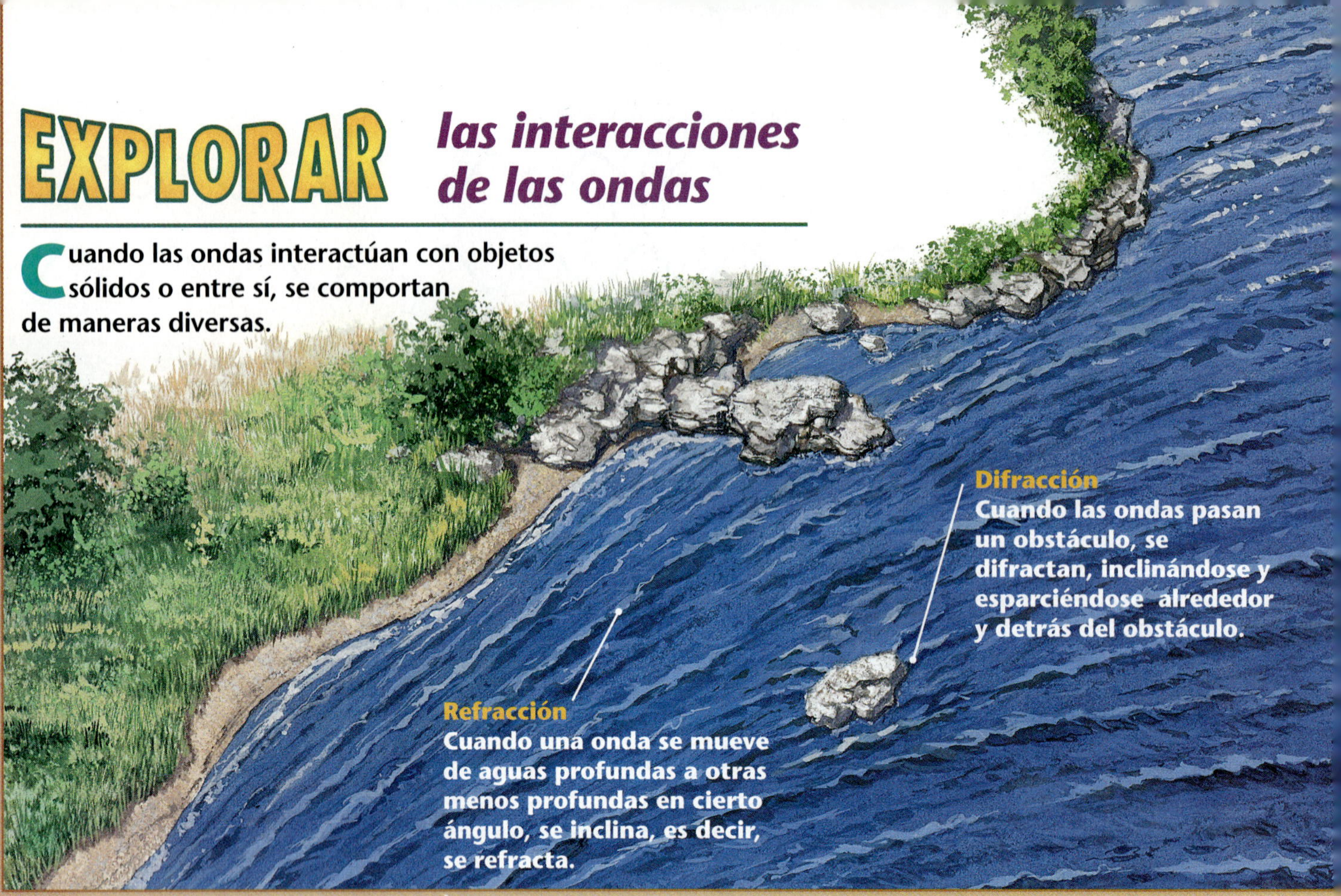

Difracción
Cuando las ondas pasan un obstáculo, se difractan, inclinándose y esparciéndose alrededor y detrás del obstáculo.
Refracción
Cuando una onda se mueve de aguas profundas a otras menos profundas en cierto ángulo, se inclina, es decir, se refracta.

**Nodos y antinodos** En ciertos puntos, la interferencia destructiva causa que dos ondas se combinen para producir una amplitud cero, como en la Figura 13. Estos puntos se llaman **nodos**. Los nodos se presentan siempre en el mismo lugar en la cuerda. El diagrama también muestra cómo se combina la amplitud de dos ondas para producir una amplitud mayor a cero. Las crestas y los senos de una onda estacionaria se llaman **antinodos**. Estos son los puntos de mayor energía.

**Figura 13** Una onda estacionaria surge cuando una onda reflejada interactúa con una onda que llega. Los nodos son los puntos de amplitud cero. Los antinodos son los puntos de máxima amplitud.

Antinodo
Onda que llega
Onda reflejada
Nodo

**Resonancia** ¿Alguna vez has empujado a un niño en un columpio? Primero es difícil empujar el columpio. Pero una vez que logras que se mueva, sólo necesitas empujar suavemente para que se mantenga en movimiento. Cuando un objeto vibra a cierta frecuencia, requiere muy poca energía mantener o aumentar su amplitud de onda.

La mayoría de objetos tienen una frecuencia natural de vibración. Sus partículas vibran naturalmente a determinada frecuencia. La **resonancia** ocurre cuando las vibraciones que viajan por un objeto se emparejan con la vibración natural del objeto. Si se agregan vibraciones de la misma frecuencia, la amplitud de las vibraciones del objeto aumentan.

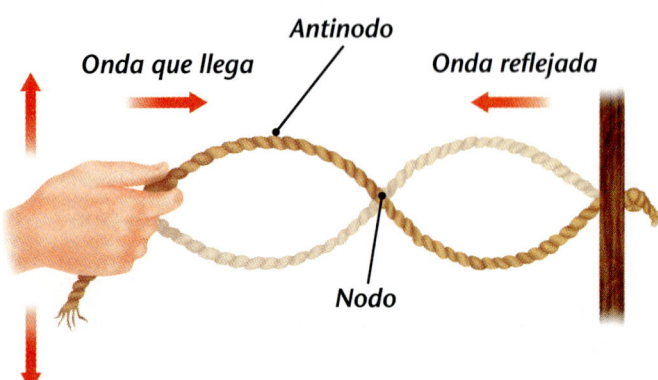

**Interferencia constructiva**
Cuando dos ondas se combinan para formar una onda de mayor amplitud, se produce una interferencia constructiva.

**Interferencia destructiva**
Cuando dos ondas se combinan para formar una onda de menor amplitud, se produce una interferencia destructiva.

**Reflexión**
Cuando una onda golpea una barrera, se refleja en el mismo ángulo con el que chocó contra la barrera.

Un objeto que vibra a su frecuencia natural absorbe energía de objetos que vibran en la misma frecuencia. La resonancia se presenta en la música y agrega una cualidad diferente al sonido.

Si un objeto no es muy flexible, la resonancia puede causar que se haga añicos. Por esta razón, a las tropas se les pide que rompan el paso al cruzar un puente. Si todos marcharan con un paso perfecto al cruzar el puente, es posible que el golpeteo se igualará con la frecuencia natural del puente. La vibración aumentada podría hacer que el puente se derrumbara.

### Repaso de la sección 3

1. ¿Cuál es la ley de reflexión?
2. ¿Qué causa la refracción?
3. Describe la diferencia entre interferencia constructiva e interferencia destructiva.
4. ¿Qué causa una onda estacionaria?
5. **Razonamiento crítico Predecir** Dos ondas de agua tienen la misma longitud. Las crestas de una se presentan en el mismo lugar que las crestas de la segunda. Si la primera onda tiene el doble de amplitud que la otra, ¿las ondas se interferirán constructiva o destructivamente? Explica tu respuesta.

### Las ciencias en casa

Con el permiso de tus padres, llena el fregadero con unos 10 cm de agua. Sumerge tu dedo repetidas veces para hacer ondas. Demuestra a los miembros de tu familia la reflexión y la interferencia. Trata de pensar en formas de demostrar la refracción, lo mismo que la difracción.

Capítulo 1　0 ◆ 29

## Laboratorio de destrezas

### Hacer modelos

# Hacer ondas

En este experimento usarás un modelo para investigar el comportamiento de las ondas.

## Problema

¿Cómo interactúan las ondas de agua entre sí y con objetos sólidos en sus recorridos?

## Materiales

agua
gotero de plástico
regla métrica
toalla de papel
plastilina
corcho u otro objeto pequeño que flote
tanque de ondas (bandeja de aluminio para hornear con un espejo en el fondo)

## Procedimiento

### Parte 1 Gotas de agua

1. Llena la bandeja con agua a una profundidad de 1.5 cm. Deja que el agua repose.
2. Levanta un extremo del tanque unos 4 cm y rápidamente bájalo. Observa el movimiento del agua hasta que se asiente. Anota tus observaciones en una tabla como la de abajo.
3. Llena un gotero con agua. De una altura de unos 10 cm, suelta una gota de agua en el centro del tanque y observa las ondas. Después suelta gotas de agua desde la misma altura en varios lugares alejados del centro del tanque.
4. Continúa soltando gotas de agua en el tanque.
   a. ¿Qué pasa cuando las ondas golpean un lado del tanque?
   b. ¿Cómo cambias la amplitud? ¿Cómo la longitud de onda? ¿Y la frecuencia?
   c. ¿Qué variables puedes cambiar para observar un comportamiento diferente en las ondas?
5. Predice qué pasaría a la amplitud de las ondas si cambias la altura a la cual sueltas las gotas.
6. Suelta otra gota desde una altura de 20 cm y otra más desde unos 5 cm. Anota tus observaciones.
7. Predice cómo afectaría a las ondas colocar una toalla de papel en un extremo del tanque.
8. Coloca una toalla de papel cruzando un extremo del tanque de ondas de modo que cuelgue en el agua. Repite los pasos 3 al 6 y anota tus observaciones.

### TABLA DE DATOS

| Altura del gotero (cm) | Distancia horizontal desde el centro del tanque (cm) | Observaciones ||
|---|---|---|---|
| | | Sin barrera | Con barrera |

### Parte 2 Barreras

9. Quita la toalla de papel y pon una barra de plastilina en el agua, cerca del centro del tanque. Haz algunas ondas más con el gotero. Observa qué pasa cuando las ondas viajan desde un extremo del tanque y chocan contra la plastilina.
10. Pon la plastilina en posiciones diferentes para que las ondas choquen desde distintos ángulos.
11. Con dos barras de plastilina haz una barrera de lado a lado en un extremo del tanque de ondas, con una hendidura de 2 cm en el centro. Observa y anota qué pasa cuando las ondas chocan contra la barrera y la hendidura. Cambia la posición de la barrera en el tanque. Observa cualquier diferencia.
12. Ahora haz una barrera con dos hendiduras de 2 cm separadas por unos 5 cm. Observa y anota qué pasa cuando las ondas chocan contra la barrera y las aberturas en la barrera.
13. Pon en el agua un pequeño objeto flotante, como un corcho, y repite los Pasos 9 al 12. Observa y anota qué pasa con el corcho en cada paso.
14. Asegúrate de secar el agua escurrida una vez que termines.

### Analizar y concluir

1. ¿En qué se distingue la onda que se produce al levantar un lado del tanque de las ondas hechas con el gotero?
2. ¿Cómo afecta la altura desde donde caen las gotas a las ondas que producen?
3. ¿Cómo afecta a las ondas la toalla de papel sumergida en el agua?
4. ¿Qué pasa cuando las ondas chocan de frente con una barrera? ¿Qué pasa cuando la golpean en ángulo?
5. ¿Qué pasa cuando las ondas chocan con una barrera con una hendidura? ¿Con dos hendiduras?
6. **Piensa en esto** ¿Cómo se compara el comportamiento de las ondas en tu modelo con las ondas en una bahía?

### Crear un experimento

Predice qué pasaría si pudieras enviar una procesión estable de ondas uniformes a lo largo del tanque durante un periodo de tiempo extendido. Usa una botella de plástico con un agujerito en el fondo para hacer un modelo que te ayude a probar tu predicción. Pide permiso a tu maestro para someter a prueba tu dispositivo de goteo.

INTEGRAR LAS CIENCIAS DE LA TIERRA

# SECCIÓN 4 Ondas sísmicas

## DESCUBRE ACTIVIDAD

### ¿Puedes encontrar la arena?

1. Llena un envase de rollo de película con arena y ponle la tapa con firmeza.
2. Pon el envase en una mesa con otros cuatro envases idénticos, pero vacíos. Revuélvelos para que un compañero tuyo no sepa cuál es cuál.
3. Con tu puño golpea la mesa varias veces. Pide a tu compañero que infiera qué envase contiene la arena.
4. Pega con plastilina cada envase a la mesa. Golpea la mesa otra vez. ¿Pudo ahora tu compañero inferir en dónde estaba el envase con la arena?

#### Reflexiona sobre
**Inferir** Golpear la mesa produce ondas. ¿Por qué podría el envase con arena responder de manera diferente de los envases vacíos?

---

### GUÍA DE LECTURA

◆ ¿Qué pasa cuando la roca debajo de la superficie terrestre se mueve?
◆ ¿Cuáles son los diferentes tipos de ondas sísmicas?
◆ ¿Cómo funciona un sismógrafo?

*Sugerencia de lectura*
Conforme leas, haz una tabla donde compares las ondas primarias, las secundarias y las superficiales.

A lgunas de las olas más impresionantes se originan en las profundidades de la Tierra. El 27 de agosto de 1883, la erupción del volcán Krakatau, en Indonesia, causó una serie de terremotos. Las vibraciones de los sismos formaron ondas que se propagaron desde la isla por el agua que la rodeaba. En mar abierto, las ondas eran de sólo un metro de altura. Conforme entraban a aguas poco profundas cercanas a la Tierra, las ondas viajaban más lentamente. Esto provocó que las olas se alcanzaran unas a otras y se unieran. La primera ola llegó a hacerse una pared de agua de más de 35 metros de altura. La gente que navegaba por la zona no podría decir cuándo pasaban las olas. Pero en las islas de Java y Sumatra miles de personas murieron por las olas enormes que tocaron tierra.

**Figura 14** Esta ilustración muestra una ola gigante que llegó a la costa de Java. La ola se produjo por un terremoto relacionado con la erupción del volcán Krakatau a 40 km de distancia.

## Tipos de ondas sísmicas

Un terremoto ocurre cuando la roca bajo la superficie de la Tierra se mueve. El movimiento de plataformas terrestres crea una tensión en las rocas. **Cuando la tensión crece lo suficiente, las rocas se fracturan o cambian de forma, liberando energía en forma de ondas o vibraciones.** Las ondas que producen los terremotos se conocen como **ondas sísmicas.** (La palabra sísmica se deriva de la palabra griega *seismos*, que significa "terremoto.")

Las ondas sísmicas se propagan en todas direcciones desde el punto donde ocurre el temblor. Conforme las ondas se mueven, transportan la energía a través de la Tierra. Las ondas pueden viajar de un lado a otro de la Tierra. **Las ondas sísmicas incluyen las ondas primarias, las secundarias y las superficiales.**

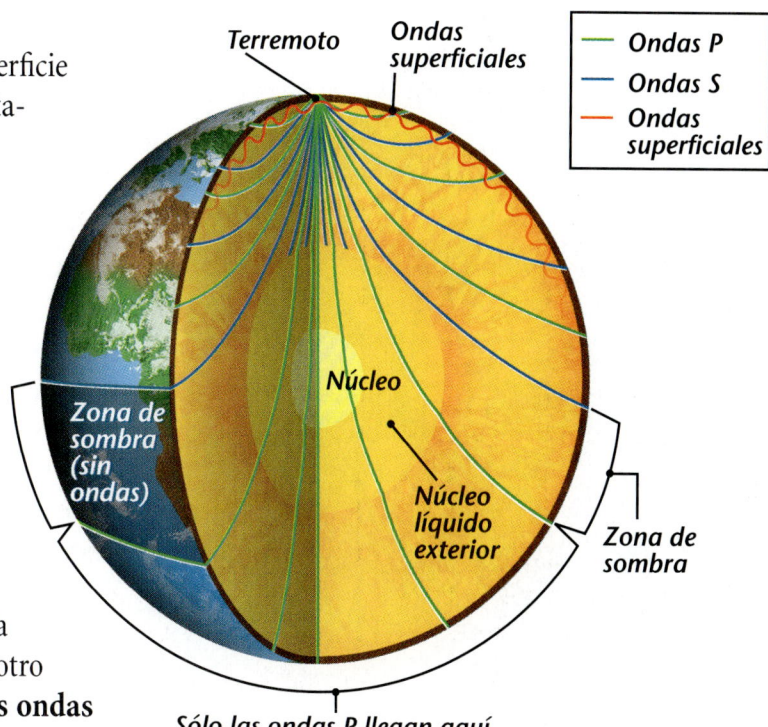

**Figura 15** Las ondas P se propagan por todas partes de la Tierra. Las ondas S no se propagan a través del núcleo de la Tierra. Las ondas superficiales sólo viajan por la superficie terrestre. La zona sombreada es donde no ocurren ondas sísmicas.
*Aplicar los conceptos* ¿Por qué las ondas S no se propagan a través del núcleo de la Tierra?

**Ondas primarias** Algunas ondas sísmicas son ondas longitudinales. Las ondas longitudinales se conocen como **ondas primarias,** u ondas P. Se llaman primarias porque se mueven más rápido que otras ondas sísmicas y llegan a puntos distantes antes que ellas. Las ondas primarias se componen de compresiones y rarefacciones de rocas en el interior de la Tierra.

**Ondas secundarias** Otras ondas sísmicas son ondas transversas con crestas y senos. Las ondas sísmicas transversas se conocen como **ondas secundarias,** u ondas S. Las ondas secundarias no viajan a través de líquidos. Como parte del núcleo terrestre es líquido, las ondas S no viajan directamente a través de la Tierra y no pueden detectarse en el lugar opuesto donde ocurre un terremoto. Por esto, los científicos en el sitio opuesto adonde ocurre un temblor sólo pueden detectar fundamentalmente ondas P.

**Ondas superficiales** Cuando las ondas P y las ondas S alcanzan la superficie terrestre, algunas de ellas se transforman en ondas superficiales similares a las ondas del agua. Recuerda que las ondas superficiales son una combinación de ondas transversas y longitudinales. Aunque las ondas superficiales viajan más lento que las ondas P o las ondas S, provocan movimientos de suelo más severos.

Los terremotos que ocurren bajo el agua causan enormes olas tsunamis. Los **tsunamis** causan muchos daños cuando llegan a tierra firme.

✓ *Punto clave* ¿En qué se diferencian las ondas P de las ondas S?

## Detectar ondas sísmicas

Si realizaste la actividad de Descubre, viste que las ondas afectan masas distintas en cantidades distintas. Para detectar y medir las ondas sísmicas, los científicos usan instrumentos llamados **sismógrafos. Un sismógrafo registra los movimientos causados por las ondas sísmicas al moverse a través de la Tierra.**

La estructura del sismógrafo se fija al suelo, para que se sacuda cuando las ondas sísmicas lleguen al sitio del sismógrafo. Los sismógrafos solían tener plumas fijadas a su estructura que trazaban líneas ondulantes en cilindros de papel cuando el suelo se estremecía. En la actualidad, los científicos usan sismógrafos electrónicos que utilizan computadoras para anotar los datos.

Como las ondas P se propagan por la Tierra más rápido que las ondas S, las ondas P llegan a los sismógrafos antes que las ondas S. Midiendo el tiempo entre la llegada de las ondas P y las ondas S, los científicos pueden determinar qué tan lejos estuvo el temblor. También pueden determinar dónde ocurrió, al comparar las lecturas de al menos tres sismógrafos de tres lugares diferentes.

 **INTEGRAR LA TECNOLOGÍA** Petróleo, agua, minerales y otras sustancias valiosas están ocultos bajo la superficie terrestre. Para descubrir qué hay debajo del suelo, los geólogos usan explosivos para producir pequeños temblores. Las ondas sísmicas de la explosión se reflejan en las formaciones profundas, y van a los sismógrafos localizados en torno al sitio de la explosión. Las lecturas ayudan a los geólogos a localizar fuentes de recursos minerales en el subsuelo.

**Figura 16** Un científico estudia la impresión de un sismógrafo.

---

### Repaso de la sección 4

1. ¿Qué causa las ondas sísmicas?
2. Describe los diferentes tipos de ondas sísmicas.
3. ¿Cómo ayudan los sismógrafos a los científicos a determinar dónde ocurre un terremoto?
4. **Razonamiento crítico  Inferir** Las ondas S pueden viajar de un lado a otro de la Luna, a través de su núcleo. ¿Qué revela esto sobre el centro de la Luna? Explica tu respuesta.

### Las ciencias en casa

Descubre cómo viajan las ondulaciones a través de sólidos diferentes. Pide a un miembro de tu familia o a un amigo que toquen en un lado de una mesa con una cuchara. Ahora pon tu oreja del otro lado de la mesa y escucha el golpeteo otra vez. ¿Qué diferencia percibiste? Repite esos golpes ligeros en la superficie de distintos objetos de tu casa. ¿Qué observaciones has hecho?

# GUÍA DE ESTUDIO

## SECCIÓN 1 ¿Qué son las ondas?

### Ideas clave
- Una onda es una perturbación que transfiere energía de un sitio a otro.
- Las ondas transversas tienen crestas y senos. Las ondas longitudinales tienen compresiones y rarefacciones.
- Las ondas se crean cuando una fuente de energía hace que un medio vibre.
- Las ondas se clasifican de acuerdo con su movimiento. Los tres tipos de ondas son ondas transversas, ondas longitudinales y ondas superficiales.

### Términos clave
onda
energía
medio
onda mecánica
vibración
onda transversa
cresta
seno
onda longitudinal
compresión
rarefacción
onda superficial

## SECCIÓN 2 Propiedades de las ondas

### Ideas clave
- Las propiedades fundamentales de las ondas son: amplitud, longitud de onda, frecuencia y velocidad.
- La amplitud de una onda es la distancia máxima a la que las partículas de un medio se alejan de la posición de reposo.
- La velocidad, la frecuencia y la longitud de una onda se relacionan en una fórmula matemática.

**velocidad = longitud de onda × frecuencia**

### Términos clave
amplitud
longitud de onda
frecuencia
hertz (Hz)

## SECCIÓN 3 Interacciones de las ondas

### Ideas clave
- Cuando un objeto o una onda chocan con una superficie por la que no pueden pasar, se curvan. La ley de reflexión establece que el ángulo de reflexión de una onda es igual al ángulo de incidencia.
- Cuando una onda se mueve de un medio a otro en ángulo, cambia su velocidad en el segundo medio y se flexiona.
- Cuando una onda pasa una barrera o se mueve por un orificio en una barrera, se flexiona y luego se esparce.
- Cuando dos o más ondas se encuentran, se pueden combinar constructiva o destructivamente.

### Términos clave
reflexión
ángulo de incidencia
ángulo de reflexión
refracción
difracción
interferencia
interferencia constructiva
interferencia destructiva
onda estacionaria
nodo
antinodo
resonancia

## SECCIÓN 4 Ondas sísmicas

*INTEGRAR LAS CIENCIAS DE LA TIERRA*

### Ideas clave
- Cuando la presión en las rocas debajo de la superficie terrestre aumentan lo suficiente, las rocas se fracturan o cambian de forma, liberando energía en forma de ondas sísmicas.
- Las ondas sísmicas incluyen las ondas primarias, las secundarias y las superficiales.
- Un sismógrafo registra los movimientos del suelo causados por ondas sísmicas conforme se desplazan por la Tierra.

### Términos clave
onda sísmica
onda primaria
onda secundaria
tsunami
sismógrafo

**CAPÍTULO 1 REPASO**

**ACTIVIDAD USAR LA INTERNET**
www.science-explorer.phschool.com

# CAPÍTULO 1 REPASO

## Repaso del contenido

*Para repasar los conceptos clave, consulta el Interactive Student Tutorial CD-ROM.*

### Opción múltiple

*Elige la letra de la respuesta correcta.*

1. Una onda transporta
    a. energía.
    b. materia.
    c. agua.
    d. aire.
2. La distancia entre una cresta y la siguiente cresta es de la onda su
    a. amplitud.
    b. longitud de onda.
    c. frecuencia.
    d. velocidad.
3. En un medio determinado, si la frecuencia de una onda se incrementa, su
    a. longitud de onda se incrementa.
    b. velocidad se incrementa.
    c. amplitud disminuye.
    d. longitud de onda disminuye.
4. La flexión de una onda debida al cambio en su velocidad es
    a. interferencia.
    b. difracción.
    c. reflexión.
    d. refracción.
5. Las ondas sísmicas que no viajan a través de líquidos son
    a. ondas P.
    b. ondas S.
    c. ondas superficiales.
    d. tsunamis.

### Falso o verdadero

*Si el enunciado es verdadero, escribe verdadero. Si es falso, cambia la palabra o palabras subrayadas para hacer verdadero el enunciado.*

6. Las <u>ondas transversas</u> tienen compresiones y rarefacciones.
7. Cuando las partículas de un medio se mueven una gran distancia cuando pasa una onda, la onda tiene una gran <u>amplitud</u>.
8. Cuando una onda cambia su velocidad conforme entra a un medio nuevo, sufre la <u>difracción</u>.
9. Los nodos y los antinodos ocurren en las ondas <u>longitudinales</u>.
10. Las ondas <u>secundarias</u> llegan a puntos distantes antes que las otras ondas sísmicas.

## Revisar los conceptos

11. Explica la diferencia entre las ondas transversas y las ondas longitudinales. Usa diagramas para ilustrar tu explicación.
12. ¿Cómo puedes determinar la amplitud de una onda longitudinal?
13. ¿Cómo se relacionan la velocidad de una onda con su longitud y su frecuencia?
14. Describe la diferencia entre interferencia constructiva e interferencia destructiva.
15. Explica cómo trabaja un sismógrafo.
16. **Escribir para aprender** Supón que eres un escritor de deportes con conocimientos básicos de ciencias. En un juego de béisbol, notas que varias veces secciones completas de público se paran y se sientan otra vez. Esta "onda" viaja alrededor del estadio. Escribe un pequeño artículo periodístico que describa lo que la multitud está haciendo. Asegúrate de usar términos como amplitud, frecuencia, longitud de onda y velocidad en tu descripción. Ponle un título a tu artículo.

## Razonamiento gráfico

17. **Red de conceptos** En una hoja de papel, copia la red de conceptos acerca de las ondas. Después complétala y ponle un título. (Para más información acerca de las redes de conceptos, consulta el Manual de destrezas.)

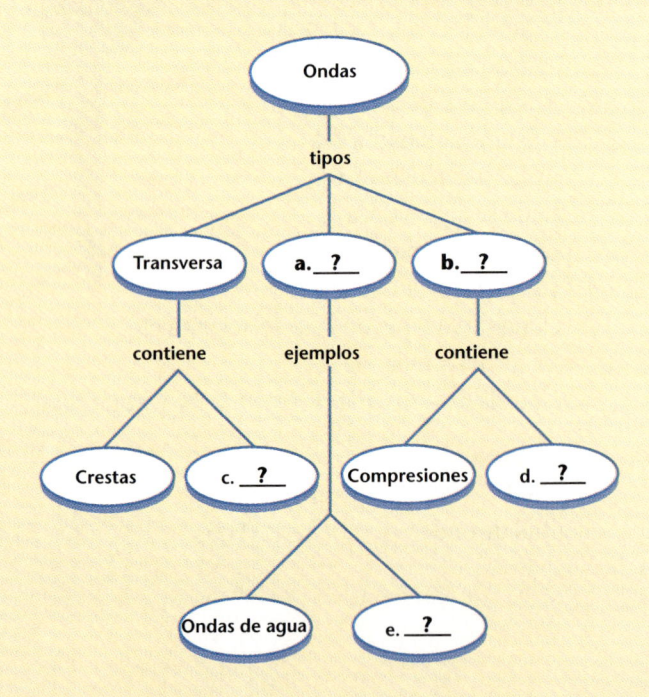

## Aplicar las destrezas

La onda de la ilustración es una ola gigantesca producida por un terremoto. Usa la ilustración para responder las Preguntas 18–21.

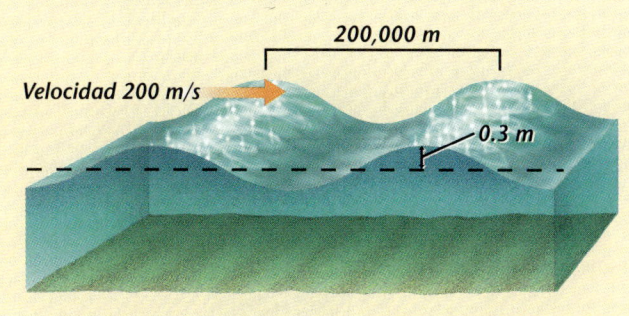

**Velocidad 200 m/s** — 200,000 m — 0,3 m

18. **Clasificar** ¿Qué clase de onda es?
19. **Interpretar diagramas** ¿Cuál es la amplitud de la onda mostrada? ¿Cuál es su velocidad? Determina su frecuencia. Muestra tu trabajo.
20. **Predecir** ¿Qué pasaría si esta onda chocara con una ciudad costera? ¿Qué propiedad de las ondas determina qué tanto daño puede hacer?
21. **Calcular** ¿Qué tanto tiempo le llevaría a esta onda viajar 5 000 km?

## Razonamiento crítico

22. **Comparar y contrastar** Una onda tiene la mitad de amplitud que una segunda onda. Las dos se interfieren constructivamente. Dibuja un diagrama y describe la onda resultante. Describe la onda resultante si dos ondas de igual amplitud se interfieren destructivamente.
23. **Calcular** Una onda viaja a 10 m/s y tiene una longitud de onda de 2 m. ¿Cuál es la frecuencia de la onda? Si la velocidad de la onda se duplica pero la longitud se mantiene igual, ¿cuál es la frecuencia? Muestra tu trabajo.
24. **Hacer modelos** Describe una manera de modelar la refracción de una onda cuando entra a un medio nuevo.
25. **Aplicar los conceptos** Supón que una onda se mueve de un lado a otro de un lago. ¿Se mueve el agua a través del lago? Explica tu respuesta.

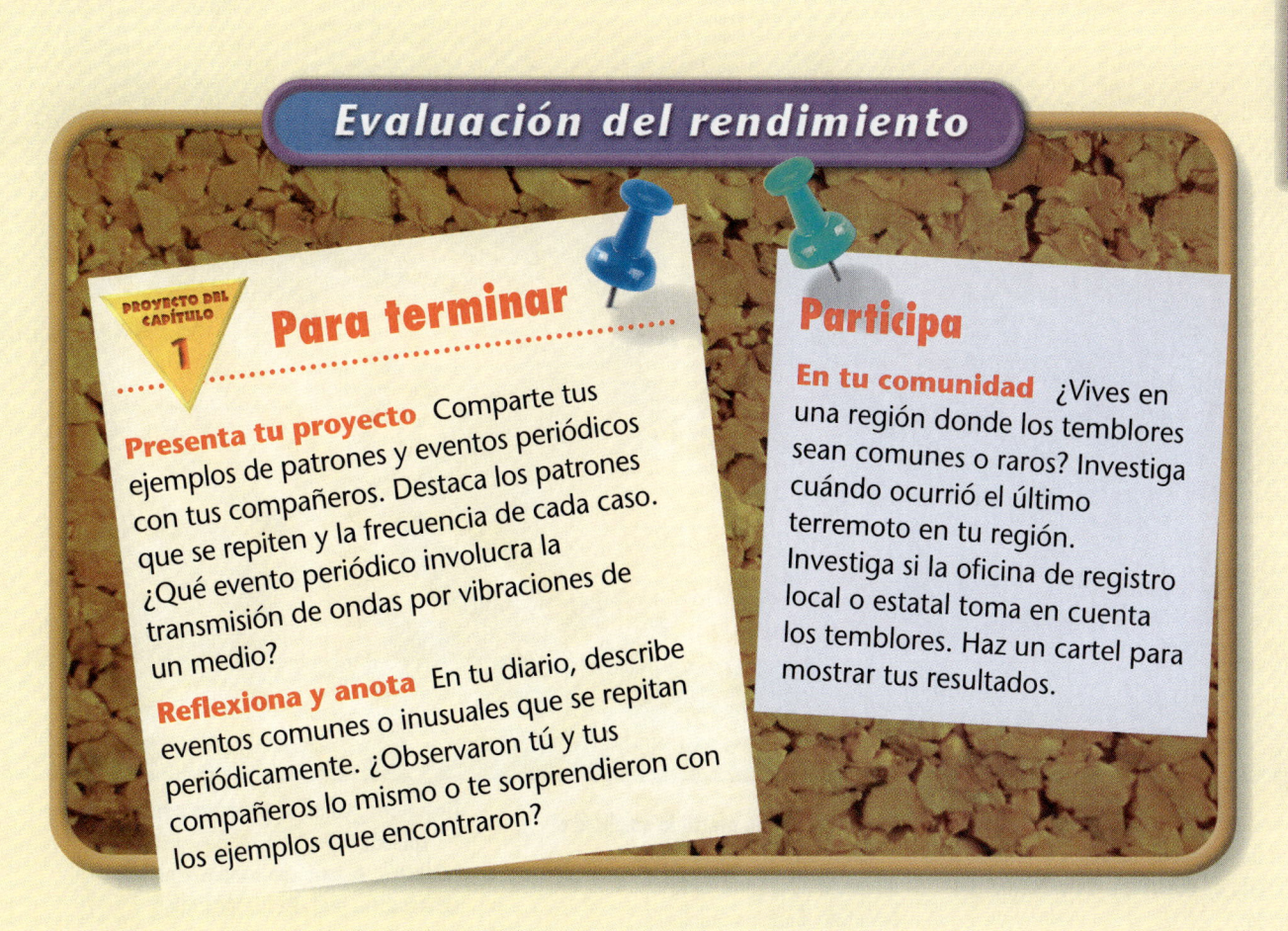

## Evaluación del rendimiento

### Para terminar

**PROYECTO DEL CAPÍTULO 1**

**Presenta tu proyecto** Comparte tus ejemplos de patrones y eventos periódicos con tus compañeros. Destaca los patrones que se repiten y la frecuencia de cada caso. ¿Qué evento periódico involucra la transmisión de ondas por vibraciones de un medio?

**Reflexiona y anota** En tu diario, describe eventos comunes o inusuales que se repitan periódicamente. ¿Observaron tú y tus compañeros lo mismo o te sorprendieron con los ejemplos que encontraron?

### Participa

**En tu comunidad** ¿Vives en una región donde los temblores sean comunes o raros? Investiga cuándo ocurrió el último terremoto en tu región. Investiga si la oficina de registro local o estatal toma en cuenta los temblores. Haz un cartel para mostrar tus resultados.

# CAPÍTULO 2 Sonido

LO QUE ENCONTRARÁS

**SECCIÓN 1 La naturaleza del sonido**
Descubre ¿Qué es el sonido?
Mejora tus destrezas Graficar
Laboratorio de destrezas La velocidad del sonido

**SECCIÓN 2 Propiedades del sonido**
Descubre ¿Cómo afecta la amplitud al volumen?
Inténtalo El popote corto
Inténtalo Sonidos tubulares

**SECCIÓN 3 Combinación de ondas sonoras**
Descubre ¿Cómo se producen patrones de sonidos?
Inténtalo A tono con bandas elásticas
Laboratorio real Notas musicales

38 ◆ O

**PROYECTO 2**

# Música para tus oídos

La música, una de las artes más antiguas, es parte importante de muchas ocasiones. Los antiguos chinos, egipcios y babilonios hicieron con pelo animal instrumentos de cuerda; con huesos, silbatos; y de cuernos, trompetas. Hoy día, los instrumentos musicales son de madera, metales, plata y nylon.

En este capítulo, vas a investigar las propiedades del sonido. Aprenderás cómo se produce a partir de diferentes objetos, incluidos los instrumentos musicales. A medida que trabajes en el capítulo, obtendrás conocimientos útiles para completar el proyecto.

**Tu objetivo** Diseñar, construir y tocar un instrumento musical sencillo.

Para completar este proyecto con éxito, tendrás que:
◆ diseñar un instrumento musical sencillo
◆ construir y modificar tu instrumento
◆ tocar una melodía sencilla con tu instrumento

**Para empezar** Comienza por comentar con tus compañeros sobre las distintas clases de instrumentos. ¿Qué tipo de música te gusta? ¿Qué instrumentos son comunes en tu música favorita? ¿Tú o alguno de tus compañeros toca algún instrumento musical? ¿Qué clase de instrumento te gustaría hacer?

**Comprueba tu aprendizaje** Trabajarás en este proyecto mientras estudias el capítulo. Para mantener tu proyecto en marcha, revisa los cuadros de Comprueba tu aprendizaje en los puntos siguientes:

**Repaso de la Sección 2,** página 51: Haz una lista de materiales que podrías usar para hacer tu instrumento.
**Repaso de la Sección 3,** página 59: Diseña y construye tu instrumento.
**Repaso de la Sección 5,** página 70: Prueba tu instrumento. Modifícalo y pruébalo otra vez.

**Para terminar** Al final del capítulo (página 73), mostrarás cómo puedes variar el volumen y el tono del sonido de tu instrumento, y tocarás una melodía sencilla.

*Estos instrumentos musicales juegan un papel importante en las prácticas ceremoniales de África.*

---

*Integrar las ciencias de la vida*

**SECCIÓN 4** Cómo escuchas el sonido

**Descubre** ¿De dónde proviene el sonido?
**Inténtalo** Escucha los sonidos

**SECCIÓN 5** Aplicaciones del sonido

**Descubre** ¿Cómo puedes usar el tiempo para medir distancias?
**Mejora tus destrezas** Diseñar experimentos

# SECCIÓN 1: La naturaleza del sonido

## DESCUBRE

### ¿Qué es el sonido?

1. Llena un recipiente con agua.
2. Golpea un diapasón contra la suela de tu zapato. Coloca el extremo de una de sus puntas en el agua. ¿Qué observas?
3. Golpea el diapasón otra vez. Predice qué pasará cuando lo sostengas cerca de tu oído. ¿Qué escuchas?

**Reflexiona sobre**

**Observar** ¿Cómo se relacionan tus observaciones con lo que escuchas? ¿Qué es posible que cambie si usas un diapasón de diferente tamaño? ¿Qué cambiaría en el sonido que escuchas?

---

### GUÍA DE LECTURA

◆ ¿Qué es el sonido?
◆ ¿Qué factores afectan la velocidad del sonido?

*Sugerencia de lectura* Antes de leer, mira los títulos de la sección. Anótalos en un esquema, dejando espacio para agregar anotaciones.

---

He aquí un viejo acertijo: Si un árbol cae en el bosque y no hay nadie para escucharlo, ¿el árbol produce un sonido? Para responder la pregunta, debes decidir cómo definir la palabra "sonido". Si sonido es lo que una persona escucha, entonces es posible que digas que el árbol no produce sonido.

Cuando un árbol cae, la energía con que golpea se transmite por el suelo y el aire a su alrededor. Esta energía causa que suelo y aire vibren. Si el sonido es una alteración que se desplaza a través del suelo y el aire, entonces el sonido se crea aunque no haya nadie alrededor para escucharlo. Entonces el árbol sí produce un sonido.

## El sonido y las ondas longitudinales

Igual a las ondas que estudiaste en el Capítulo 1, el sonido empieza con una vibración. Cuando un árbol golpea contra el suelo, las partículas del aire alrededor se alteran. La alteración provoca otras vibraciones en las partículas cercanas.

**Cómo viaja el sonido** Las ondas sonoras, como todas las ondas, llevan energía a través de un medio sin que las partículas del medio tengan que moverse. El medio común del sonido es el aire. Cada molécula en el aire se mueve de atrás hacia adelante conforme la alteración pasa. **El sonido es la alteración que viaja por un medio como una onda longitudinal.** Cuando la alteración llega cerca de tus oídos, escuchas el sonido.

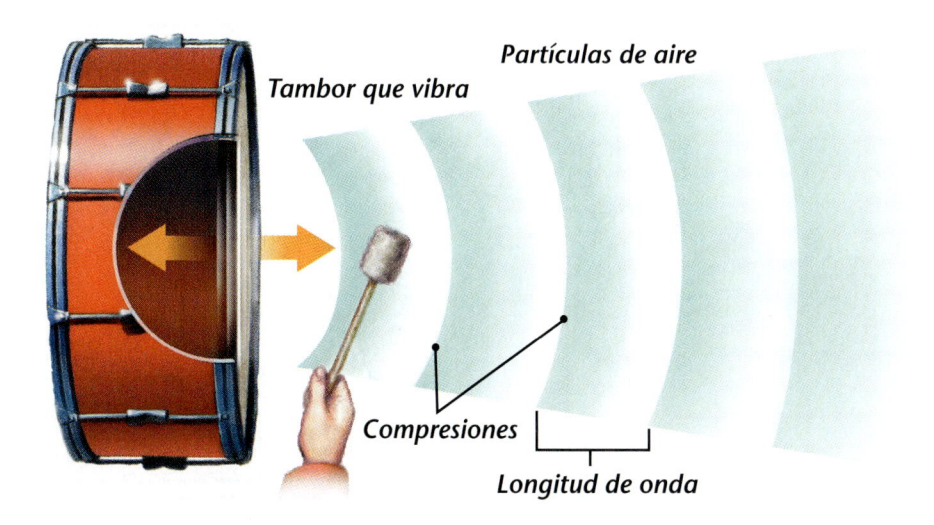

*Tambor que vibra*
*Partículas de aire*
Compresiones
Longitud de onda

**Figura 1** Cuando el tambor vibra hacia atrás y hacia adelante, crea compresiones y rarefacciones en el aire. *Clasificar* ¿Qué tipo de ondas genera un tambor?

**Cómo se producen los sonidos** Un tambor también hace sonidos mediante vibraciones. Cuando golpeas un tambor, su superficie empieza a vibrar tan rápido que no ves que se mueva. El aire se compone principalmente de diminutas partículas, o moléculas, de gases. La Figura 1 muestra cómo la vibración de un tambor crea una alteración en las moléculas del aire cercano. Cuando el parche se mueve a la derecha, empuja juntas las moléculas y crea una compresión. Cuando el parche se mueve a la izquierda, las moléculas se apartan y crean una rarefacción.

Cuando tañes la cuerda de una guitarra, vibra atrás y adelante, y crea compresiones y rarefacciones que viajan por el aire como las ondas longitudinales a lo largo de una soga.

**INTEGRAR LAS CIENCIAS DE LA VIDA** Tus cuerdas vocales actúan como las cuerdas de una guitarra. Cada vez que hablas o cantas, la fuerza del aire que sale de los pulmones sube a tu aparato fonador, o **laringe**. La laringe consta de dos pliegues de tejido llamados cuerdas vocales, como se muestra en la Figura 2. El aire corre por tus cuerdas vocales y las hace vibrar. Cuando una cuerda vocal se mueve hacia la otra, el aire entre ellas se comprime. Cuando se separan, el aire se esparce o rarifica. Como las cuerdas de una guitarra, las cuerdas vocales producen compresiones y rarefacciones en el aire. El aire lleva estas ondas longitudinales a los oídos de otras personas, lo mismo que a los tuyos.

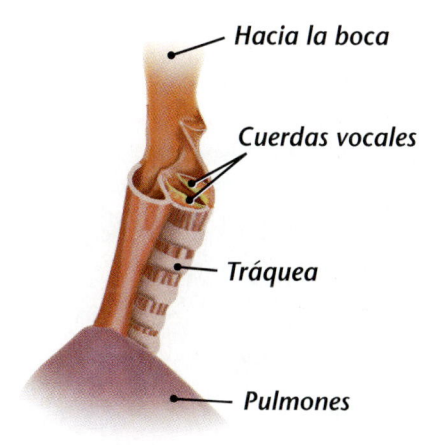

*Hacia la boca*
*Cuerdas vocales*
*Tráquea*
*Pulmones*

**Figura 2** Cuando una persona habla o canta, las cuerdas vocales vibran. Las vibraciones producen en el aire ondas sonoras longitudinales.

**El sonido a través de líquidos y sólidos** El sonido puede viajar a través de sólidos y líquidos. Cuando llamas a la puerta, las partículas de la puerta vibran. La vibración crea ondas sonoras que viajan por la puerta. Cuando las ondas sonoras alcanzan el otro lado de la puerta, crean ondas sonoras en el aire. En las viejas películas del oeste, quizá hayas visto a alguien poner una oreja sobre la vía para

0 ◆ 41

**Figura 3** Cuando las ondas sonoras entran en un cuarto por la puerta abierta, se esparcen. Esto se llama difracción.

**Figura 4** La velocidad del sonido depende del medio por el que se desplace.
*Hacer generalizaciones* En general, ¿el sonido viaja más rápido en sólidos, líquidos o gases?

| Velocidad del sonido | |
|---|---|
| **Medio** | **Velocidad (m/s)** |
| **Gases** | |
| Aire (0° C) | 331 |
| Aire (20° C) | 340 |
| **Líquidos** | |
| Agua dulce | 1,490 |
| Agua salada | 1,531 |
| **Sólidos (25° C)** | |
| Grafito | 1,210 |
| Plástico | 1,800 |
| Plata | 2,680 |
| Cobre | 3,100 |
| Oro | 3,240 |
| Ladrillo | 3,650 |
| Madera gruesa | 4,000 |
| Vidrio | 4,540 |
| Plomo | 5,000 |
| Acero | 5,200 |

escuchar si venía en camino algún tren. El sonido del tren viaja fácilmente por las vías de acero. Si pones tu oído en el suelo, quizá escuches el tránsito distante. Las ondas sonoras del tránsito viajan por el suelo lo mismo que por el aire.

El sonido sólo puede viajar si hay un medio que transmita las compresiones y las rarefacciones. En el espacio exterior, no hay moléculas que se compriman o rarifiquen. La energía de las vibraciones originales no tiene un medio por el cual moverse, por lo que el sonido no viaja.

**Cómo se curvan las ondas** Cuando las ondas sonoras chocan contra una barrera con un pequeño hoyo en ella, algunas ondas pasan por el hoyo. Igual a la difracción que hace que las ondas se dispersen en la bahía, las ondas sonoras se dispersan, o difractan, mientras atraviesan el hoyo. Cuando las ondas sonoras pasan por una entrada, se dispersan. Aun cuando estés en un extremo del cuarto, podrías escuchar sonidos de fuera. Si estás afuera del cuarto y no muy cerca de la entrada, puedes escuchar el sonido proveniente del interior del cuarto.

Debido a la difracción, también puedes escuchar sonidos de las esquinas. Las ondas se esparcen cuando pasan por una esquina.

## La velocidad del sonido

Si alguna vez has escuchado la actuación en vivo de una banda, habrás notado que los sonidos que producen los distintos instrumentos y cantantes llegan a tus oídos al mismo tiempo. Si no viajaran a la misma velocidad, los sonidos que se tocan al mismo tiempo te llegarían en diferentes momentos y no sonarían muy agradable.

La velocidad del sonido depende de las propiedades del medio por el que viaja. A la temperatura ambiente, los 20° C, el sonido viaja a unos 340 m/s. Esto es casi el doble de rápido de lo que vuela la mayoría. La Figura 4 muestra la velocidad del sonido a través de algunos materiales comunes.

Como las propiedades del medio varían, así también la velocidad del sonido que viaja por él. **La velocidad del sonido depende de la elasticidad, la densidad y la temperatura del medio.**

**Elasticidad** Como el sonido es una transferencia de energía, su velocidad depende de qué tan rápido se recuperan las partículas de un medio después de ser alteradas. Si extiendes una banda de goma y luego la sueltas, regresa a su forma original. Sin embargo, cuando extiendes plastilina y la sueltas, permanece extendida. Las bandas de goma son más elásticas que la plastilina. La **elasticidad** es la facultad de volver un material a su condición original después de haber sido deformado. Si un medio es muy elástico, sus partículas fácilmente regresan a su posición inicial. El sonido viaja más rápido en un medio con alto grado de elasticidad porque cuando las partículas se comprimen, rápidamente se dispersan otra vez.

Los materiales sólidos por lo general son más elásticos que los líquidos o los gases, por lo que las compresiones y las rarefacciones viajan mejor por los sólidos. Las partículas de un sólido no se mueven mucho, por lo que se recuperan rápidamente cuando las compresiones y las rarefacciones de las ondas sonoras pasan. La mayoría de los líquidos no son muy elásticos. El sonido no se transmite tan bien en los líquidos como en los sólidos. Los gases por lo general son muy poco elásticos y son pobres transmisores del sonido.

**Densidad** La velocidad del sonido depende de qué tan cerca están las partículas de una sustancia. La **densidad** es qué tanta materia, o masa, hay en un espacio determinado, o en un volumen dado.

En materiales con el mismo estado físico (sólido, líquido o gaseoso), el sonido viaja más lento cuando el medio es más denso. A mayor densidad, mayor es la masa en un volumen dado. Las partículas de un material denso no se mueven tan rápido como las de los materiales menos densos. Por eso el sonido viaja más lento en metales densos como el plomo y la plata, que en el hierro o el acero.

**Temperatura** En un medio dado, el sonido viaja más lento a menor temperatura y más rápido a mayor temperatura. Cuando la temperatura es baja, las partículas se mueven con mayor dificultad y regresan a su posición original más lentamente.

A 20° C, la velocidad del sonido en el aire es de unos 340 m/s. A 0° C, es de 331 m/s. En altitudes mayores, el aire es más frío, así que el sonido viaja más lento.

☑ *Punto clave* *¿Cómo afecta la elasticidad a la velocidad del sonido?*

**Figura 5** Algunas sustancias son más elásticas que otra. Las esponjas y las bandas de goma son más elásticas que la plastilina. *Predecir ¿En cuál de estos tres material el sonido viaja más rápido?*

## Mejora tus destrezas

### Graficar ACTIVIDAD

Haz una gráfica con los datos siguientes para mostrar cómo la velocidad del sonido a través del aire cambia con la temperatura. Muestra la temperatura de 20° C a 30° C en el eje horizontal. (*Nota:* Los números negativos son menores a cero.) Traza la velocidad de 300 m/s a 400 m/s en el eje vertical.

| Temperatura del aire (°C) | Velocidad (m/s) |
|---|---|
| −20 | 318 |
| −10 | 324 |
| 0 | 330 |
| 10 | 336 |
| 20 | 342 |
| 30 | 348 |

¿Cómo afecta la temperatura del aire la velocidad del sonido?

## Moverse más rápido que el sonido

La era supersónica empezó con un estampido el 14 de octubre de 1947. En el cielo del desierto de California, el capitán Chuck Yeager de la Fuerza Aérea de Estados Unidos, "rompió la barrera del sonido". El capitán Yeager estaba a una altitud de 12 000 metros y, prácticamente, sin combustible. Había usado mucho del combustible para ganar altura, y no para ir más rápido, porque la velocidad del sonido es menor a mayor altura. Unas amplias válvulas de admisión aceleraban su avión a más de 293 metros por segundo, la velocidad del sonido a esa altura. Entonces, cuando alcanzó los 294 metros por segundo, rebasó la velocidad del sonido a esa altitud. A una altitud menor, la velocidad del sonido es mayor y él no habría tenido la potencia o la velocidad para rebasarla. El equipo de Yeager escogió ir más arriba porque allá la temperatura es más baja y la velocidad del sonido es menor. En estos días cada piloto que "va supersónico" tiene con Chuck Yeager una deuda de gratitud.

Cincuenta años más tarde, Andy Green se preparaba para una prueba en el desierto Black Rock de Nevada. Había viajado desde Gran Bretaña para hacer un viaje supersónico ¡por tierra! Escogió el desierto porque es plano, espacioso y frío por la mañana. Todos estos factores eran importantes para el intento. El 15 de octubre de 1997, en el momento más frío del día, Green despegó en un vehículo de propulsión a chorro, el *Thrust*. Recorrió una distancia medida a una velocidad promedio de 339 metros por segundo, 7 metros por segundo más rápido que la velocidad del sonido en esa altitud. Andy Green fue el primero en romper la barrera del sonido en la tierra.

**Figura 6** El 14 de octubre de 1947, el capitán Chuck Yeager se convirtió en la primera persona en volar un avión a una velocidad mayor que la del sonido (arriba). El 15 de octubre de 1997, Andy Green oficialmente se convirtió en la primera persona en conducir un vehículo terrestre a una velocidad mayor que la del sonido (abajo).

### Repaso de la sección 1

1. ¿Cómo viaja el sonido a través de un medio?
2. ¿Cómo afectan la elasticidad, la densidad y la temperatura a la velocidad del sonido al pasar por un medio?
3. Explica por qué el sonido no puede desplazarse en el espacio exterior.
4. **Razonamiento crítico  Aplicar los conceptos** El sonido viaja más rápido por el vidrio que por el oro. ¿Cuál material es más denso? Explícalo.

### Las ciencias en casa

Busca una barandilla larga de metal o una cañería. **PRECAUCIÓN:** *Cuídate de bordes cortantes y de la herrumbre.* Coloca tu oreja en la cañería mientras un miembro de tu familia la golpea a cierta distancia de ti. ¿Escuchas el sonido primero con la oreja que está pegada a la cañería o con la otra oreja? Compara el sonido que escuchas a través del metal con el sonido proveniente del aire. ¿Qué explica la diferencia?

## Medir

# La velocidad del sonido

*Laboratorio de destrezas*

El sonido viaja a diferentes velocidades por diferentes materiales. Medirás la velocidad del sonido en el aire.

## Problema

¿Qué tan rápido viaja el sonido en el aire?

## Materiales (por grupos de 3)

cinta métrica
tambor y baqueta (o lata vacía de café y cuchara)
cronómetro digital
termómetro

## Procedimiento

1. Con la supervisión de tu maestro, busca una área al aire libre, como un campo de fútbol.
2. Anota en °C la temperatura del aire en el exterior.
3. Mide una distancia de 100 metros en línea recta. ¿Cuánto tiempo crees que le tome al sonido viajar 100 m?
4. Párate en uno de los extremos de esta distancia con el tambor. Pide a dos compañeros que vayan al otro extremo con el cronómetro. Uno de ellos debe mirarte a ti y al tambor. El otro debe oír el sonido sin ver el tambor.
5. Golpea el tambor de manera que produzca un sonido corto pero fuerte.
6. Cuando golpees el tambor, el cronometrista debe poner en marcha el cronómetro. Cuando el escucha oiga el sonido, inmediatamente debe decir "alto". El cronometrista debe parar el cronómetro. Anota el tiempo incluyendo décimas de segundo.
7. Repite 5 veces los Pasos 1 al 6. ¿Son consistentes los tiempos? ¿Cuál es la explicación de las diferencias?
8. Repitan los Pasos 1 al 6 con otros estudiantes que toquen el tambor, tomen el tiempo y escuchen.

## Analizar y concluir

1. ¿Qué tan lejos viajó el sonido? ¿Cuánto tiempo le tomó? (Calcula el promedio de las cinco mediciones.)
2. Calcula la velocidad del sonido con esta fórmula:

$$Velocidad = \frac{Distancia}{Tiempo}$$

3. ¿Cómo se comparan los resultados con tu predicción del paso 3? Haz una lista de las razones de las diferencias. ¿Qué puedes hacer para mejorar la exactitud de tus mediciones?
4. **Piensa en esto** Otra manera de medir la velocidad del sonido sería pararse cerca de un edificio alto, gritar y esperar a que se oiga el eco. Para usar el método del eco, ¿qué cambios harías al procedimiento usado en este experimento?

## Crear un experimento

¿Cómo demostrarías el efecto que tiene el cambio en la temperatura del aire en la velocidad del sonido? Escribe el procedimiento que usarías para realizarlo como un experimento.

# SECCIÓN 2 Propiedades del sonido

## DESCUBRE ACTIVIDAD

### ¿Cómo afecta la amplitud al volumen?

1. Tu maestra te dará una tabla de madera con dos clavos en ella. Ata una cuerda de guitarra a la tabla enrollando cada extremo en un clavo.

2. Sujeta la cuerda por la mitad. Tira de ella hacia un lado cerca de 1 cm. Esa distancia es la amplitud de la vibración. Suéltala. ¿Qué tan lejos se mueve la cuerda hacia el otro lado?

3. Repite el Paso 2 cuatro veces más. Cada vez, tira de la cuerda a una distancia mayor. Describe cómo cambia el sonido en cada ocasión.

**Reflexiona sobre**
*Formular definiciones operativas* ¿Cómo definirías la amplitud de una vibración? ¿Cómo cambiaste la amplitud en cada ocasión? ¿Qué efecto produjo en el sonido cambiar la amplitud?

---

### GUÍA DE LECTURA

- ¿Cómo se relacionan la intensidad del sonido con el volumen?
- ¿Cómo se relacionan la frecuencia y el tono?
- ¿Qué causa el efecto Doppler?

*Sugerencia de lectura*
**Conforme leas, usa tus propias palabras para escribir una frase o una oración que describa cada palabra en negritas.**

Supón que un amigo y tú están parados uno junto al otro. Hablan con voz normal. Después de decir adiós y de que tu amigo se aleje, te das cuenta que has olvidado decirle algo importante. ¿Cómo consigues la atención de tu amigo? Necesitas gritar para ser escuchado. Cuando gritas, tomas una respiración profunda y exhalas muy rápido, y tu voz suena más fuerte.

## Intensidad y volumen

Compara el sonido de un murmullo con el de un grito franco. Los sonidos son diferentes puesto que la cantidad de energía que transportan las ondas sonoras es diferente. Las ondas sonoras que produce un grito llevan mucho más energía que las ondas de un murmullo.

**Intensidad** Has visto cómo cambiar la amplitud de onda a lo largo de una soga. Si mueves la soga una distancia mayor, le das más energía cuando la sacudes. Cuando una onda sonora transporta una gran cantidad de energía, las moléculas del medio se desplazan una distancia mayor cuando pasan las ondas, y la onda sonora tiene una mayor amplitud. La **intensidad** de una onda sonora es la cantidad de energía que transporta la onda por segundo a lo largo de una unidad de área. La intensidad se mide en vatios por metro cuadrado ($V/m^2$).

**Volumen** Si hiciste la actividad Descubre con la cuerda de guitarra, notaste que retirando la cuerda a diferentes distancias se afecta el volumen del sonido que escuchas. Cambiaste la amplitud de la vibración de la cuerda. Las ondas sonoras con mayor amplitud tienen mayor intensidad porque transportan más energía por segundo a través de una área determinada. Aunque, la intensidad y el volumen no son exactamente lo mismo, a mayor intensidad de una onda sonora, el volumen es más fuerte. El **volumen** se refiere a lo que en realidad escuchas. **Una onda sonora de mayor intensidad suena más fuerte.**

Para aumentar el volumen de la música de un reproductor de discos compactos, ajustas el control del volumen. Los altavoces o audífonos emiten sonidos al hacer vibrar un cono oscilante. La Figura 7 muestra como las vibraciones hacen compresiones y rarefacciones en el aire, justo como el cuero de tambor. Conforme aumentas el volumen, el cono vibra con mayor amplitud y el sonido se escucha más fuerte.

El volumen, o nivel del sonido, se mide en **decibeles (dB)**. La Figura 8 muestra el volumen de algunos sonidos familiares. El volumen de sonido que difícilmente puedes escuchar es de 0 dB. Cada incremento de 10 dB en el nivel del sonido representa un incremento diez veces mayor en la intensidad. Por ejemplo, un sonido de 30 dB es diez veces más intenso que uno de 20 dB. Los sonidos superiores a 100 dB pueden dañar los oídos, especialmente si los escuchas por tiempo prolongado. Los sonidos superiores a los 120 dB pueden dañar y, en ocasiones, causar la pérdida permanente del oído.

**Figura 7** Un altavoz emite sonido al hacer vibrar conos oscilantes. A mayor amplitud de la vibración, mayor volumen, o intensidad, del sonido.

✓ *Punto clave* ¿Cómo afecta la amplitud el volumen de un sonido?

### Intensidad de los sonidos

| Sonido | Intensidad (dB) | Daño auditivo |
|---|---|---|
| Umbral auditivo humano | 0 | Ninguno |
| Hojas arrastradas por el viento | 10 | |
| Murmullo | 20 | |
| Música suave | 30 | |
| Salón de clases | 35 | |
| Hogar promedio | 40–50 | |
| Conversación intensa | 60–70 | |
| Tráfico pesado | 70 | |
| Música fuerte | 90–100 | Con exposición prolongada |
| Tren subterráneo | 100 | |
| Concierto de Rock | 115–120 | Progresivo |
| Martillo neumático | 120 | Umbral del dolor |
| Turbina de avión | 120–170 | |
| Turbina de nave espacial | 200 | Inmediato e irreversible |

**Figura 8** Algunos sonidos son tan suaves que difícilmente puedes escucharlos. Otros son tan fuertes que pueden dañar tus oídos. *Aplicar los conceptos* ¿En qué se diferencian el sonido del motor de un transbordador espacial de un murmullo?

## INTÉNTALO

### El popote corto

Haz esta actividad para ver cómo el largo de un popote afecta el sonido que produce cuando soplas por él.

1. Aplana un extremo de un popote y corta el extremo para formar una punta.
2. Sopla por el popote. Describe lo que escuches.

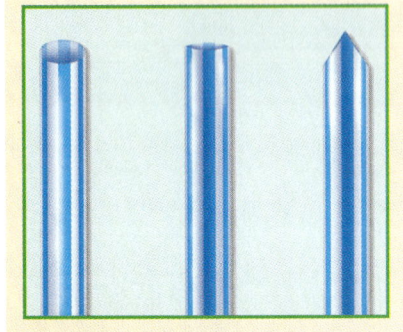

*Predecir* ¿Qué cambios escucharías si acortas el popote cortando parte del extremo sin aplanar?

## Frecuencia y tono

Un cuarteto coral consiste en cuatro cantantes con voces muy diferentes. Cuando las cuatro personas cantan juntas, las voces se combinan y producen un sonido placentero.

**Frecuencia** Cuando una persona canta, los músculos de la garganta extienden y relajan las cuerdas vocales. Cuando las cuerdas vocales se extienden, vibran con mayor frecuencia cuando el aire corre por ellas. Esto crea ondas sonoras de mayor frecuencia. Cuando las cuerdas vocales se relajan, vibran menos y producen ondas sonoras de menor frecuencia. La frecuencia de una onda sonora es el número de vibraciones que se producen por segundo. Una frecuencia de 50 Hz significan 50 vibraciones por segundo. Un cantante bajo produce frecuencias de 80 Hz a 260 Hz. La voz educada de una soprano produce frecuencias superiores a los 1,000 Hz.

La mayoría de las personas escuchan sonidos con frecuencias entre los 20 Hz y los 20,000 Hz. Las ondas sonoras con frecuencias superiores a las que percibe el oído humano normal se llaman **ultrasonido**. El prefijo *ultra-* significa "superior". El sonido con frecuencias por debajo de lo que puede oír el oído humano normal se llaman **infrasonido**. El prefijo *infra-* significa "debajo".

**Tono** Antes que un cuarteto empiece a cantar, un integrante toca una nota en el diapasón. Esto da al cantante líder la nota correcta para comenzar. El **tono** de un sonido describe qué tan alto o bajo es ese sonido para una persona. **El tono de un sonido que escuches depende de la frecuencia de la onda sonora.** Las ondas sonoras de alta frecuencia tienen un tono alto, mientras que las ondas sonoras de baja frecuencia tienen un tono bajo.

**Figura 9** Un cuarteto coral consiste en cuatro cantantes, cuyas voces suenan bien juntas.
*Comparar y contrastar* ¿De qué forma son diferentes estas cuatro voces?

48 ◆ O

**Figura 10** La tecla más alejada hacia la izquierda en un piano está unida a la cuerda más larga. Esta tecla toca la nota con el tono más bajo.
*Desarrollar una hipótesis* ¿Por qué las cuerdas más largas producen las notas más bajas que las cuerdas cortas?

Cuando una cuerda vibra, el tono del sonido depende del material, la longitud y el espesor de la cuerda, y qué tan tensa esté. Se puede cambiar el tono de un sonido cambiando las propiedades de la cuerda que lo produce. Por ejemplo, violinistas y guitarristas afinan sus instrumentos con clavijas que tensan las cuerdas. Una cuerda muy tensa produce una frecuencia más alta. Tú escuchas las frecuencias altas como sonidos con tono alto.

Además, longitudes diferentes de cuerdas producen frecuencias distintas. En general, cuerdas cortas producen tonos más altos que una cuerda larga con la misma tensión. Considera la serie de notas que pueden tocarse en un piano. La tecla más alejada hacia la izquierda del teclado produce la nota con el tono más bajo. Está unida a la cuerda más larga, que vibra a una frecuencia de unos 27 Hz. La tecla del extremo derecho en el teclado del piano produce la nota con el tono más alto. Está unida a la cuerda más corta, que vibra a una frecuencia de unos 4,186 Hz.

**Figura 11** Algunos instrumentos musicales producen notas con vibraciones que corresponden a la frecuencia natural del cristal. Si la nota es sostenida, la amplitud de la vibración puede causar que el cristal se estrelle.

✓ *Punto clave* ¿Cómo están relacionados la frecuencia y el tono?

**Resonancia** ¿Alguna vez has escuchado a una cantante de ópera romper un cristal con una nota alta sostenida? ¿Cómo puede pasar esto? Todos los objetos vibran naturalmente. Las vibraciones son tan frecuentes que por lo general no pueden verse. La frecuencia de las vibraciones depende del tipo y la forma de un objeto. Si la frecuencia de las ondas sonoras corresponden con la frecuencia natural de un objeto, las ondas sonoras se agregan a las vibraciones del mismo. La resonancia sucede cuando la frecuencia de las ondas sonoras y la frecuencia natural de un objeto son iguales.

Supón que una nota tiene la misma frecuencia que las vibraciones naturales de una copa de cristal. Si la nota se toca permanentemente, las ondas sonoras se agregan a la amplitud de la vibración del cristal. Si la nota se toca lo suficientemente fuerte y por cierto tiempo, la amplitud de la vibración aumenta tanto que el cristal se rompe.

Capítulo 2 ◆ 49

## INTÉNTALO

### Sonidos tubulares

Intenta esta actividad para ver cómo un simple tubo puede producir diferentes tonos.

**ACTIVIDAD**

1. Encuentra un espacio abierto donde no haya cosas o personas cerca de ti.
2. Sostén el extremo de un tubo de plástico con firmeza (una manguera de aspiradora te puede servir) y muévelo encima de tu cabeza hasta que produzca un sonido. Intenta mover el tubo moviendo sólo tu muñeca.
3. Ahora aumenta la velocidad para hacer que el tubo gire más rápido. Después, hazlo más lento. Varía la velocidad. Describe qué escuchas cuando cambias la velocidad.

*Observar* ¿Cómo se produjo el sonido? ¿Cómo cambió el tono con el aumento de la velocidad? ¿Qué pasa si tapas el extremo lejano del tubo con una tela? Explica tu respuesta.

## El efecto Doppler

Aunque es posible que un sonido tenga una frecuencia constante, no siempre suena de esa manera para un escucha. ¿Has escuchado la sirena de un auto patrulla? Si escuchas con atención notarás algo sorprendente. Cuando el auto patrulla se acerca hacia ti, el tono de la sirena es más alto; y cuando la sirena pasa y se aleja, el tono desciende. Sin embargo, la frecuencia de la sirena no cambió. Si viajaras dentro del auto patrulla, escucharías el mismo tono todo el tiempo. El cambio aparente en la frecuencia al desplazarse la fuente sonora en relación con el escucha se llama **efecto Doppler**. Si las ondas son ondas sonoras, el cambio en la frecuencia es percibido como un cambio en el tono.

**La demostración Doppler** El efecto Doppler recibió ese nombre después de que Christian Doppler, un científico austriaco, lo describió hace unos 150 años. Para demostrar el efecto, Doppler puso a una banda de música en la plataforma de un vagón de tren. Él se colocó en un lugar cercano. Conforme el tren se aproximaba, las notas que los músicos tocaban parecían ser de un tono alto. Al ir pasando el tren, las notas parecieron descender de tono. Doppler repitió el experimento, pero esta vez se colocó en el tren e hizo que los músicos tocaran mientras estaban sentados en el suelo. Doppler escuchó el mismo cambio en el tono cuando el tren donde viajaba se aproximó y pasó frente a la banda. Así, el efecto fue el mismo sin importar quién se moviera, la banda o Doppler.

**Cambiar el tono** Para comprender qué causa este cambio aparente en el tono, imagina que estás lanzando pelotas de tenis contra una pared a 5 metros enfrente de ti. Si lanzas una pelota cada segundo, éstas golpean la pared a razón de una por segundo. La frecuencia es de 1 por segundo, o de 1 Hz. Ahora supón que caminas hacia la pared y sigues lanzando una pelota por segundo. Como cada pelota tiene que recorrer una distancia menor a la anterior, le lleva menos tiempo llegar a la pared.

**Figura 12** Conforme el auto patrulla avanza, el tono de la sirena cambia. Frente al auto las ondas sonoras se acumulan y el tono es más alto. Detrás del auto, las ondas se dispersan y el tono es más bajo.

Las pelotas golpean la pared más seguido que una vez por segundo, o con una frecuencia superior a la anterior. De igual manera, si lanzas pelotas a la pared mientras regresas, golpearán la pared con una frecuencia menor. Cada pelota tendrá que viajar más antes de golpear la pared, y le llevará más tiempo llegar a la pared.

La Figura 12 muestra cómo se comportan las ondas sonoras de una fuente en movimiento. **Cuando una fuente sonora se mueve hacia el escucha, las ondas lo alcanzan con una frecuencia mayor. El tono parece aumentar a causa del efecto Doppler.**

Esta acumulación de ondas sonoras tiene un efecto espectacular en el aire. Las Figuras 13A y B muestran que cuando un avión vuela casi tan rápido como el sonido, las ondas sonoras se acumulan enfrente del avión. Esta acumulación es la "barrera del sonido". Cuando el avión vuela más rápido que la velocidad del sonido, rompe esa barrera. Cuando esa barrera se rompe, como se ve en la Figura 13C, se libera una gran cantidad de energía en la forma de una onda de choque. En las cercanías, las personas que están en la tierra escuchan un ruido fuerte llamado estallido sónico.

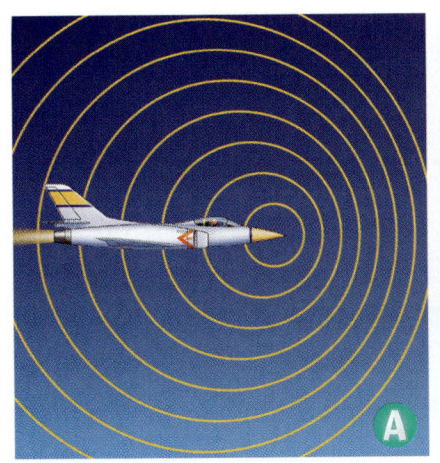

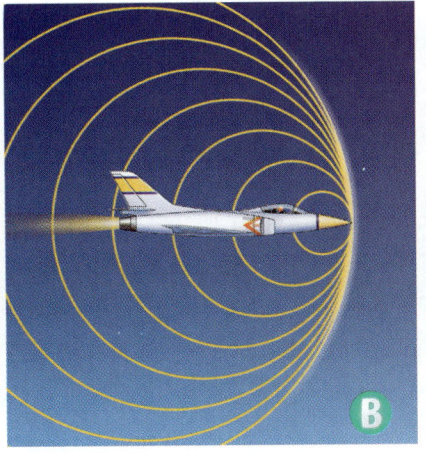

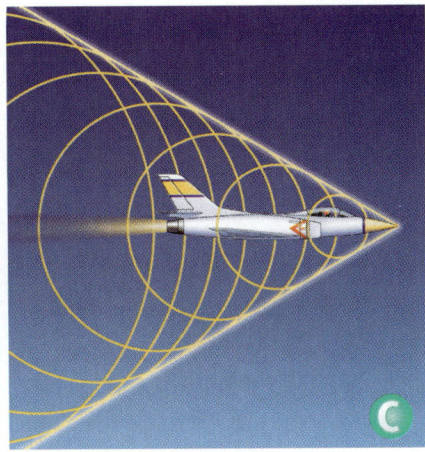

**Figura 13** Cuando un avión vuela más rápido que el sonido, rompe una acumulación de ondas conocida como la barrera del sonido.

### Repaso de la sección 2

1. ¿Qué hace que algunos sonidos sean más fuertes que otros?
2. Explica la relación entre frecuencia y tono.
3. ¿Cómo puedes cambiar el tono producido por una cuerda que vibra?
4. Explica cómo la resonancia puede hacer que un cristal se rompa.
5. ¿Qué es el efecto Doppler?
6. **Razonamiento crítico Relacionar causa y efecto** Si viajas en un camión de bomberos con la sirena encendida, no escucharás el efecto Doppler. Explica por qué.

**PROYECTO DEL CAPÍTULO 2**

**Comprueba tu aprendizaje**

Piensa en el diseño de un instrumento y cómo produce sonidos. Imagina cómo puedes cambiar el sonido producido por ese instrumento. Haz una lista de los materiales necesarios para construir tu instrumento. Empieza a reunir los materiales.

# SECCIÓN 3 Combinación de ondas sonoras

## DESCUBRE ACTIVIDAD

### ¿Cómo se producen patrones de sonido?

1. Consigue una lata de café vacía.
2. Extiende el área de la palma de un guante de plástico sobre el lado abierto de la lata. Pega un espejito en el centro del guante.
3. Enciende una lámpara para que la luz se refleje en el espejo y sobre la pared.
4. Pide a un compañero que golpee continuamente con una cuchara en el lado cerrado de la lata. Asegúrate de mantener la luz reflejándose en el espejo. Observa los patrones de luz que se reflejan en la pared. ¿A qué se parecen? Dibuja y rotula lo que observes.
5. Pide a tu compañero que cambie la frecuencia del golpeteo. Escribe lo que observes.

**Reflexiona sobre**
*Inferir* ¿Qué produce los patrones de movimiento en la pared? ¿Qué pasa cuando cambias la frecuencia del golpeteo? Explica tu respuesta.

## GUÍA DE LECTURA

◆ ¿Qué es cualidad de sonido?
◆ ¿En qué se diferencian música y ruido?
◆ ¿Qué sucede cuando dos o más sonidos interactúan?

*Sugerencia de lectura* Antes de leer, haz una lista de tantos instrumentos musicales como puedas. Describe brevemente cómo crees que suena cada uno. Revisa tu lista conforme lees.

Imagina que esperas el tren en una estación muy concurrida. En medio de empujones y la agitación, notas muchos sonidos diferentes. Un bebé gime mientras un adolescente escucha su estación de radio favorita. Entonces el tren empieza su marcha. ¿Por qué unos sonidos son agradables al oído y con otros quisieras taparte las orejas? La respuesta es la forma en que se combinan las ondas sonoras.

Estación de tren llena ▶

## Cualidad del sonido

Piensa en los sonidos que escuchas en un día. Algunos son gratos, como tu música preferida, el murmullo de un arroyo o el arrullo a un bebé. Otros sonidos son desagradables, como el de las herramientas ruidosas y pesadas, el de uñas arañando el pizarrón o el goteo constante de la llave del agua. Tus oídos perciben toda clase de sonidos, algunos te gustan y otros no.

Para entender la cualidad de sonido, considera el ejemplo de una cuerda de violín. Cuando la cuerda vibra, las ondas viajan por la cuerda y luego se reflejan de regreso, formando una onda estacionaria. La Figura 14 muestra cómo vibra una cuerda con distintas frecuencias. La frecuencia en la que se forma una onda estacionaria es la frecuencia resonante de la cuerda. Todos los objetos, incluyendo los instrumentos musicales, tienen su propia frecuencia resonante.

La frecuencia resonante produce un tono llamado tono fundamental o puro. Sin embargo, la mayoría de los sonidos que escuchas no son tonos puros. Aunque un diapasón produce un solo tono, los instrumentos más complejos producen varios tonos a la vez. Por ejemplo, cuando toda una cuerda vibra en una frecuencia, secciones de esa cuerda vibran en una frecuencia más alta. Estas vibraciones producen sonidos con tonos más altos. Los tonos altos o armónicos tienen frecuencias de dos, tres o cuatro veces la frecuencia del tono fundamental.

**Timbre** es la cualidad de sonido que escuchas. Los armónicos pueden ser débiles, fuertes o no haber. El timbre de un sonido depende de cuáles armónicos estén presentes. **La mezcla de tonos fundamentales con armónicos hacen la característica cualidad del sonido, o timbre, de un sonido en particular.**

Los sonidos que producen los instrumentos musicales tienen timbres distintos. El sonido de una nota que toca una trompeta tiene un timbre diferente de la misma nota tocada por un violín o una flauta. La trompeta, el violín y la flauta producen distintos armónicos. El tamaño, la forma y los materiales usados también afectan el timbre de un instrumento.

☑ *Punto clave* ¿Qué factores afectan la cualidad del sonido?

*Frecuencia fundamental*

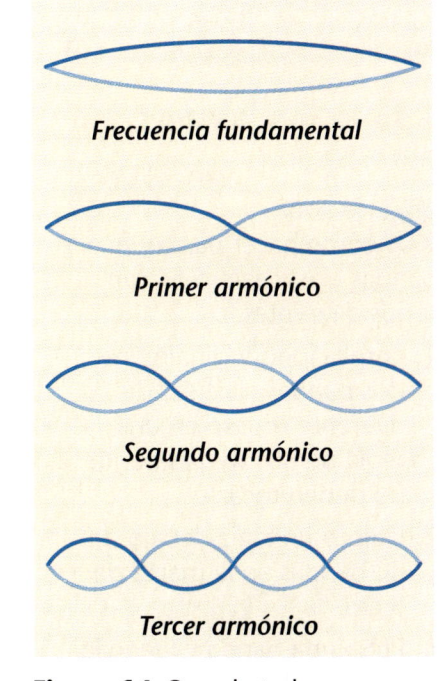

*Primer armónico*

*Segundo armónico*

*Tercer armónico*

**Figura 14** Cuando toda una cuerda vibra, produce un tono fundamental (arriba). Cuando algunas secciones de la cuerda vibran más rápido que otras, se producen los armónicos.
*Inferir* ¿Cómo se compara el tono de cada armónico con el del tono fundamental?

## INTÉNTALO

### A tono con bandas elásticas
**ACTIVIDAD**

He aquí cómo hacer para que bandas elásticas produzcan tonos diferentes.

1. Enrolla longitudinalmente dos bandas elásticas de diferente grueso en una regla de 30 cm. Las bandas no deben tocarse.
2. Coloca un lápiz debajo de las bandas en la marca de 5 cm.
3. Pulsa una banda y luego la otra. ¿Qué produce el sonido? ¿En qué son diferentes los sonidos de las dos bandas?
4. Con un dedo, presiona una de las bandas entre los 5 cm y los 30 cm. Pulsa la banda otra vez.

*Sacar conclusiones* ¿Qué tan diferente es el sonido que hace la banda elástica en el Paso 4 del sonido hecho en el Paso 3? ¿Qué provoca la diferencia?

## Hacer música

Si al combinar un tono fundamental con los armónicos resulta un sonido con un timbre agradable y un tono claro, se considera que el sonido resultante es **música**. La mayoría de la música tiene pocos tonos fundamentales con sus armónicos. La **música es una combinación de tonos que resulta placentera al oído**. El diseño de un instrumento musical afecta los armónicos que produce cuando se toca una nota. Todos los instrumentos musicales producen vibraciones cuando se tocan. El material que vibra varía. Los grandes grupos de instrumentos son las cuerdas, los de viento de metal, los de viento de madera y las percusiones.

**Cuerdas** Estos instrumentos tienen cuerdas que vibran cuando se pulsan, se golpean o se frotan con un arco. Una cuerda corta vibra a una frecuencia más alta y produce un sonido de tono más alto que una cuerda larga. Al tocarlas, los músicos ponen sus dedos en distintos lugares a lo largo de la cuerda para variar el tono. El material, el espesor y la tensión de la cuerda también afectan el tono que produce. Instrumentos como las guitarras, los violines y los violoncelos tienen además una caja sonora que mejora la calidad del sonido producido por las cuerdas. Los grandes instrumentos de cuerda, como el violoncelo y el contrabajo, producen los tonos más bajos.

**Instrumentos de viento de metal y madera** Los instrumentos de metal, como las trompetas o los trombones, producen sonido cuando los labios del ejecutante vibran contra la boquilla. Esta vibración hace que la columna de aire en el interior del instrumento vibre. Los músicos ajustan el largo de la columna de aire presionando las válvulas.

**Figura 15** Los violines son instrumentos de cuerda, las flautas y los clarinetes son instrumentos de viento hechos de madera, las trompetas son instrumentos de viento hechos de metal.
*Hacer generalizaciones* ¿Qué tienen en común estos instrumentos musicales?

Muchos instrumentos de viento de madera, como los clarinetes y los oboes, tienen una lengüeta, que es una tira de tela delgada y flexible. Cuando el músico sopla por la boquilla, la lengüeta vibra a lo largo de la columna de aire. Cuanto más larga sea la columna de aire, el tono es más bajo. Los instrumentos de viento de madera y de metal más grandes, como el fagot y la tuba, producen los tonos más bajos.

**Percusiones** Los instrumentos de percusión, como tambores, campanas, címbalos y xilófonos, vibran cuando son golpeados. Su sonido depende del material con que están hechos, del tamaño y de la parte del instrumento que se toque. Por ejemplo, los tambores grandes producen tonos bajos.

*Punto clave* ¿Cuáles son los grupos más importantes de instrumentos musicales?

**Figura 16** Los instrumentos de percusión vibran al golpearlos. *Predecir* Describe el sonido producido por un tambor grande comparado con el de un tambor pequeño del mismo material.

## Ruido

Estás sentado en tu silla del salón de clases, viendo a un compañero escribir en el pizarrón. De repente, escuchas el rasguño accidental de unas uñas mientras el gis vuela de la mano de tu compañero. El sonido te provoca una mueca de dolor.

¿Por qué es tan desagradable el chirrido de las uñas en el pizarrón? Una respuesta es que el chirrido es un ruido. El **ruido** es una mezcla de ondas sonoras que no suenan agradable. **El ruido no tiene un timbre placentero ni un tono identificable.** Piensa en el ruido del chirriar de las uñas en el pizarrón o el ruido de un taladro en la calle. Las vibraciones que producen estos sonidos son casuales. Aun cuando una máquina produzca un ronroneo con tonos y armónicos, la falta de ritmo en el sonido nos hace llamarlo ruido en lugar de música.

Ciertos sonidos que son música para unas personas son ruido para otras. Algunos grupos de rock y algunas orquestas tocan composiciones con tonos que parecen no tener relación musical. El sonido producido cuando estas notas se tocan juntas se llama **disonancia**. La disonancia es música para las personas que disfrutan este sonido.

### Música CONEXIÓN

Una de las composiciones más conocidas de Sergei Prokofiev, compositor ruso que vivió de 1891 a 1953, es *Pedro y el lobo*. En esta pieza, cada instrumento o conjunto de instrumentos representa a un personaje de la historia.

*En tu diario*

Escucha una grabación de *Pedro y el lobo*. Escribe un resumen de esta obra. ¿Estás de acuerdo en cómo Prokofiev iguala los instrumentos con los personajes? ¿Qué instrumento hubieras escogido para representar a cada personaje?

# EXPLORAR  *cómo se hace la música*

**E**l sonido producido por un instrumento musical depende de su tamaño y forma. El material con que esté hecho el instrumento y la forma en que se toca también afectan el timbre del sonido.

### Violín
El violín es una caja de madera con cuerdas, cuidadosamente fabricado. Las cuerdas están sujetas a clavijas que pueden girarse para ajustar la tensión. Cuando un arco frota las cuerdas, vibran. El violinista controla el tono al poner sus dedos en diferentes posiciones a lo largo de la cuerda.

### Arpa
El arpa consiste de una fila de cuerdas, de diferente longitud. El arpista tañe con gracia las cuerdas con los dedos para producir música. Las cuerdas más cortas producen tonos más altos que las cuerdas largas.

### Clarinete
El clarinete es un instrumento de viento hecho de madera. Tiene una lengüeta sencilla que vibra cuando el ejecutante sopla en la boquilla. Las vibraciones establecen una resonancia en la columna de aire. El ejecutante cambia el tono presionando las llaves.

### Teclado eléctrico
El teclado es un nombre común para este instrumento musical electrónico. Usa chips de computadora para reproducir el sonido de muchos instrumentos igualando los tonos y los armónicos que los instrumentos individualmente producen.

### Corno francés
El corno francés es un instrumento de metal. Cuando los labios del músico vibran en la boquilla, la columna de aire de 2 m de largo vibra. El ejecutante cambia el largo de la columna de aire presionando y soltando las llaves. Esto cambia el tono de las notas que se producen.

## Interferencia de las ondas sonoras

Probablemente has escuchado ondas sonoras interfiriéndose unas a otras, así que quizá no comprendiste lo que escuchaste. **La interferencia ocurre cuando interactúan dos o más ondas sonoras.** Las amplitudes de dos ondas se combinan y hacen que el volumen del sonido varíe. Cuando la interferencia es constructiva, las compresiones de las ondas se presentan en el mismo lugar y las amplitudes se combinan. El sonido resultante es más fuerte que cualquiera de los dos sonidos originales. Cuando la interferencia es destructiva, las compresiones de una onda se dan en el mismo lugar que las rarefacciones de la otra onda y las amplitudes se nulifican. La onda resultante es más suave o se encubre completamente.

**Acústica** La forma en que interactúan las ondas sonoras es muy importante en las salas de conciertos. En éstas, las ondas sonoras de diferentes frecuencias llegan a cada oyente al mismo tiempo desde diferentes direcciones. Estas ondas sonoras pueden venir directamente de la orquesta o reflejarse primero en las paredes o en el techo. Las personas sentadas en distintos lugares pueden escuchar diferentes sonidos por la interacción particular de las ondas sonoras en sus lugares. En una sala mal diseñada, los asientos están donde se presenta la interferencia destructiva. El sonido parecerá distorsionado.

La **acústica** estudia cómo pueden escucharse bien los sonidos en un espacio o sala. Cuando diseñan auditorios, los ingenieros acústicos deben considerar cuidadosamente la forma de la sala y los materiales que recubren paredes, pisos, techos y asientos. Algunos materiales, al absorber el sonido en vez de reflejarlo, eliminan las ondas reflejadas que causan interferencia.

**Figura 17** Una sala de conciertos debe estar diseñada para proporcionar la mejor calidad de sonido posible. El diseño debe eliminar ecos y la interferencia destructiva.

**Neutralizar sonidos** Algunas veces la interferencia destructiva es bienvenida. Los pasajeros de un avión usan audífonos para escuchar música, pero el zumbido de las turbinas del avión pueden ahogar mucho del sonido. Algunos audífonos de aviones usan la interferencia destructiva para neutralizar el ruido permanente de la turbina. Los audífonos producen ondas sonoras que interfieren destructivamente con el sonido de la turbina. Los oídos de los pasajeros reciben ambas ondas, las de las turbinas y las producidas por los audífonos. Las ondas se neutralizan entre sí y el pasajero no oye ninguna. Sólo queda la música. Esta clase de tecnología también permite a las fábricas reducir los niveles de ruido para proteger el oído de sus trabajadores.

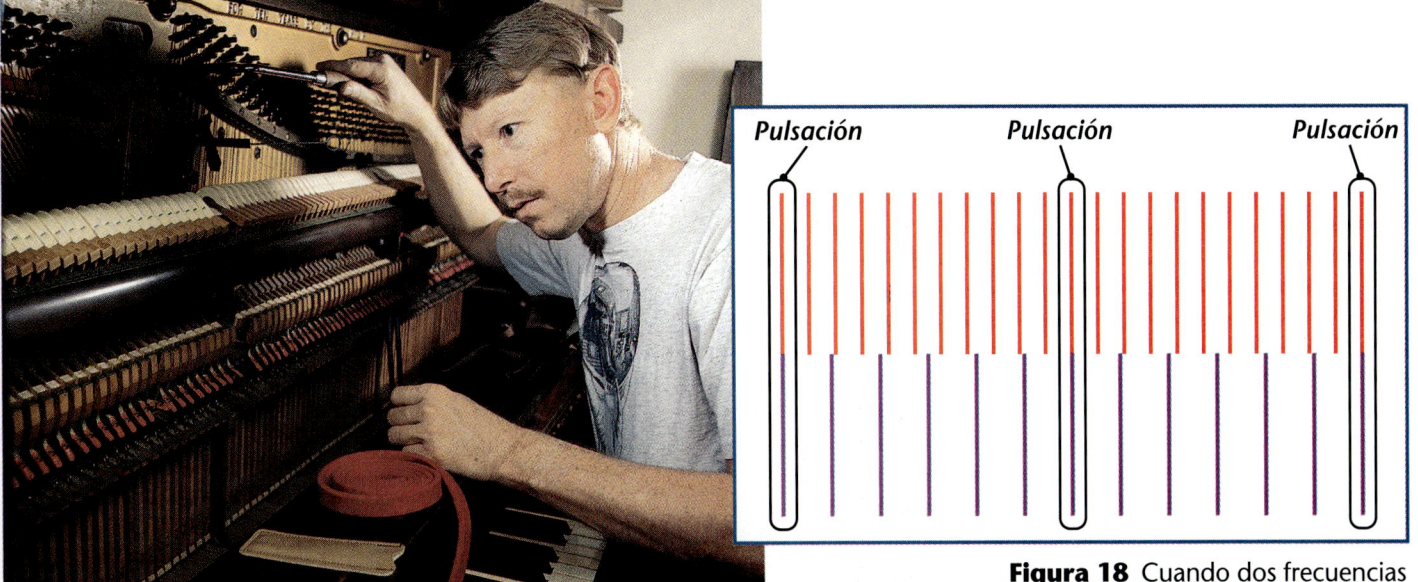

**Figura 18** Cuando dos frecuencias ligeramente diferentes se combinan, se interfieren constructivamente en intervalos regulares (arriba a la derecha). Un afinador de pianos escucha el sonido de una nota y el del diapasón juntos (arriba a la izquierda). *Inferir* ¿Cómo sabe el afinador de pianos cuándo una tecla está perfectamente afinada?

**Pulsaciones** Si dos ondas sonoras están en frecuencias cercanas, pueden combinarse de modo que se interfieren constructiva y destructivamente a intervalos regulares. La Figura 18 muestra cómo dos frecuencias pueden combinarse en ciertos momentos. El sonido resultante se hace más fuerte y más bajo en intervalos regulares. Los intervalos dependen de la diferencia entre las dos frecuencias. Los cambios repetidos y regulares de volumen se llaman **pulsaciones.**

Los afinadores de pianos usan pulsos para afinar estos instrumentos. Un afinador de pianos golpea un diapasón en una frecuencia en particular y oprime la tecla correspondiente en el piano al mismo tiempo. Si el afinador escucha pulsaciones, eso significa que la frecuencia vibratoria de la cuerda del piano no corresponde exactamente con el diapasón. Entonces, el afinador ajusta la cuerda del piano hasta que no se escuchen pulsaciones. Entonces la tecla del piano está afinada.

### Repaso de la sección 3

1. ¿Qué factores determinan la cualidad del sonido?
2. ¿Cuál es la diferencia entre la música y el ruido?
3. ¿Qué sonidos se neutralizan entre sí?
4. ¿Cómo puede producir un sonido más fuerte la interferencia de dos ondas sonoras?
5. ¿Qué son las pulsaciones?
6. **Razonamiento crítico Aplicar los conceptos** Explica por qué un sonido será diferente en un cuarto vacío que en un cuarto con alfombra, cortinas y muebles.

### Comprueba tu aprendizaje

**PROYECTO DEL CAPÍTULO 2**

Empieza a construir el instrumento que has diseñado. Mientras lo construyes, experimenta con distintos materiales para hallar el sonido más atractivo. ¿Cómo afectan el sonido los diferentes tipos de materiales? Explora y experimenta los sonidos de tu instrumento. ¿Cómo afecta el volumen del sonido agregar o quitar ciertas partes o materiales? ¿Cómo puedes variar el tono de tu instrumento?

Capítulo 2 **O ◆ 59**

## Laboratorio real

### Cómo funciona

# Notas musicales

Los instrumentos musicales producen sonidos diferentes al producir ondas estacionarias. Estas ondas pueden estar en una cuerda o en una columna de aire. En este experimento, veremos cómo las botellas producen distintas notas musicales, quizá suficientes para tocar una melodía sencilla.

### Problema

¿Cómo puedes producir notas diferentes con botellas de agua?

### Enfoque en las destrezas

predecir, observar, inferir

### Materiales

3 botellas de vidrio idénticas
agua
cinta adhesiva
marcador
lápiz

### Procedimiento

1. Rotula las botellas como A, B y C.
2. Pon agua en la botella de tal manera que la botella A tenga un cuarto, la B la mitad y la C tres cuartos.
3. Copia la tabla de datos en tu cuaderno de laboratorio. Mide la distancia entre la parte superior de cada botella y la superficie del agua. Después mide la altura del agua de cada botella. Anota tus mediciones.
4. Haz una predicción de las diferencias de tono que se oirán cuando soples sobre el extremo de cada botella. Anota tu predicción.
5. Pon a prueba tu predicción soplando en el extremo de cada botella. Escucha el sonido que se produce. Describe los sonidos en términos de su tono: bajo, medio, alto. Anota el tono de cada sonido.

## TABLA DE DATOS

| Botella | Largo de la columna de aire (cm) | Altura del agua (cm) | Tono al soplar por el extremo superior | Tono al golpear el costado de la botella con un lápiz |
|---|---|---|---|---|
| A | | | | |
| B | | | | |
| C | | | | |

6. Cuando golpeas el costado de la botella con un lápiz, produces otro sonido. ¿Este sonido será igual o distinto del que se produce cuando soplas en el extremo superior de la botella? Explica.
7. Pon a prueba tu predicción golpeando el costado de cada botella con el lápiz. Anota el tono de cada sonido.

## Analizar y concluir

1. Describe cómo se produce el sonido en el Paso 5. ¿Qué botella produce el sonido más alto? ¿Qué botella produce el sonido más bajo?
2. ¿Qué es lo que causa el cambio de tono de las botellas?
3. Describe cómo se produce el sonido en el Paso 7. ¿Qué botella produce el sonido más alto? ¿Qué botella produce el sonido más bajo?
4. ¿Qué es lo que causa el cambio de tono de las botellas? ¿Qué cambio en el tono de las botellas puedes producir al golpear en otras partes de la botella?
5. Compara los sonidos que se producen al soplar y al golpear las botellas. ¿Cuál fue la diferencia de tono de cada botella? Explica tus observaciones.
6. Observa tu tabla de datos. ¿Qué efecto tiene la longitud de la columna de aire en el tono? ¿Qué efecto tiene la altura del agua en el tono?
7. **Piensa en esto** Con base en tus observaciones de este experimento, ¿qué puedes afirmar sobre las relaciones que hay entre los sonidos que se producen y el medio por el que viajan?

## Explorar más

Para tocar una melodía sencilla, necesitas ocho notas. Coloca en fila ocho botellas, cada una con diferentes cantidades de agua. Ajusta el nivel de agua de cada botella hasta que puedas tocar una escala sencilla. Trata de tocar una melodía sencilla.

INTEGRAR LAS CIENCIAS DE LA VIDA

## SECCIÓN 4 Cómo escuchas el sonido

### DESCUBRE ACTIVIDAD

#### ¿De dónde proviene el sonido?

1. Pide a un compañero que se siente con los ojos cerrados.
2. Aplaude cerca de la oreja izquierda de tu compañero. Pídele que te diga de qué dirección proviene el sonido.
3. Ahora aplaude cerca de su oreja derecha. Otra vez, pídele que te diga de qué dirección proviene el sonido. Continúa aplaudiendo encima de la cabeza de tu compañero, enfrente de su cara, y debajo de su barbilla, sin orden alguno. ¿Qué tan bien puede detectar tu compañero la dirección de donde proviene el sonido?
4. Cambia de posición con tu compañero y repite los Pasos 1 al 3.

**Reflexiona sobre**
*Observar* Conforme aplaudas, anota las respuestas de tu compañero. ¿Qué ubicaciones son fáciles de identificar? ¿Qué posiciones fueron imposibles de identificar? ¿Existe un patrón? Si lo hay, ¿puedes dar una explicación posible de ese patrón?

---

### GUÍA DE LECTURA

◆ ¿Cómo escuchas el sonido?
◆ ¿Qué provoca la pérdida del oído?

*Sugerencia de lectura*
Conforme leas, dibuja un diagrama de flujo que muestre cómo escuchas el sonido.

La casa está silenciosa. Tú duermes profundamente. De repente, suena tu despertador. Sobresaltado, te levantas de la cama. Tus oídos detectan las ondas sonoras que produce el despertador. Pero ¿exactamente cómo recibe la información el cerebro?

### Cómo escuchas el sonido

Una vez que las ondas sonoras entran a tu oído, ¿cómo recibe la información tu cerebro? Tu oído tiene tres secciones principales: el oído externo, el oído medio y el oído interno. Cada una tiene su propia función. **El oído externo encauza las ondas sonoras, el oído medio transmite las ondas al interior, y el oído interno convierte las ondas sonoras en una forma que tu cerebro puede entender.**

**Oído externo** Cuando el despertador suena, las ondas sonoras llegan a tus oídos. La superficie curva de la parte superior de tu oreja funciona como un embudo. Recoge las ondas sonoras y las

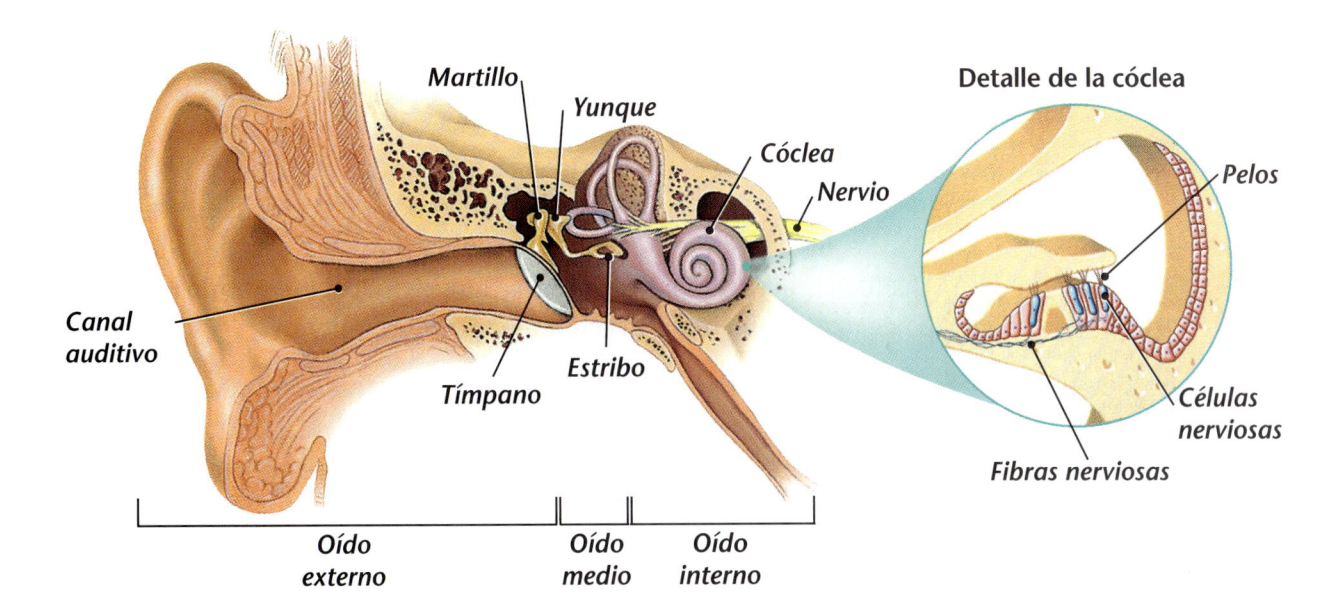

**Figura 19** Las ilustraciones muestran la estructura del oído humano y el interior de la cóclea.
*Interpretar diagramas* ¿Cómo se transmite el sonido por el oído medio?

dirige a una región estrecha conocida como **canal auditivo.** Este tiene apenas unos centímetros de largo y termina en el tímpano. El **tímpano** es una membrana pequeña y tensa, como la de un tambor, que vibra con las ondas sonoras, de manera semejante a como vibra un tambor cuando lo golpeas con un palillo.

**Oído medio** Detrás del tímpano está una área llamada oído medio. El **oído medio** contiene los tres huesillos más pequeños del cuerpo humano: el martillo, el yunque y el estribo. Si observas la Figura 19, verás por qué tienen esos nombres. El martillo está unido al tímpano, así que cuando éste vibra, también lo hace el martillo. Entonces el martillo golpea al yunque, el cual sacude el estribo.

**Oído interno** El oído interno está separado del oído medio por otra membrana. Atrás de esta membrana está una cavidad llena de líquido. Está cavidad, la **cóclea,** tiene forma de caracol. Dentro, están alineados más de 10,000 pelos diminutos. Cuando el estribo vibra contra la membrana, las vibraciones pasan al líquido en la cóclea. Cuando el líquido se agita, los pelos oscilan hacia adelante y hacia atrás. Los pelos están unidos a células nerviosas que detectan este movimiento. Las fibras nerviosas envían mensajes al cerebro. El cerebro procesa estos mensajes y te informa que has percibido un sonido.

*Punto clave* ¿Cuáles son las tres áreas principales del oído?

## INTÉNTALO

### Escucha los sonidos

¿Cómo viaja el sonido a tus oídos?

**ACTIVIDAD**

1. Ata dos cuerdas al mango de una cuchara de metal. Cada cuerda debe ser de unos 40 cm de largo.
2. Sostén cada extremo de las cuerdas con tus manos. Golpea el cuenco de la cuchara contra un escritorio u otro objeto duro. Escucha el sonido.
3. Ahora enrolla las puntas de las cuerdas alrededor de tus dedos.
4. Pon tus dedos índices contra tus orejas y golpea la cuchara otra vez contra un objeto.

*Inferir* ¿Cómo comparas el primer sonido con el que escuchas con tus dedos contra las orejas? ¿Qué puedes concluir acerca de cómo viaja el sonido?

## Pérdida auditiva

**INTEGRAR LA SALUD** El oído humano puede normalmente percibir sonidos tan suaves como un suspiro (de 2 a 10 dB). El rango normal de frecuencias que una persona puede oír es de 20 a 20,000 Hz. Sin embargo, cuando ocurre la pérdida auditiva, la persona tiene dificultad para oír sonidos muy suaves o de tonos altos. **Muchas personas sufren pérdida auditiva o del oído como resultado de una lesión, una infección o por envejecimiento.**

### Pérdida auditiva por lesión o infección
Una lesión en la cabeza puede causar que el martillo, el yunque y el estribo se separen entre sí. Cuando esto pasa, el sonido no puede ser transmitido a través del oído medio. Por lo general, la cirugía puede corregir esta clase de pérdida auditiva.

Si tu tímpano se daña o se perfora, puedes sufrir pérdida auditiva. (¡Imagínate tratando de tocar un tambor rasgado!) Por esta razón, es peligroso introducirse objetos en los oídos, aunque sea para limpiarlos. Las infecciones virales y las bacterianas también pueden dañar el delicado oído interno y causar pérdida permanente de la audición.

### Pérdida auditiva por envejecimiento
El tipo más común de pérdida de la audición ocurre gradualmente mientras las personas envejecen. Cuando se envejece, los pelillos de la cóclea son menos capaces de detectar señales. Muchos ancianos no pueden oír sonidos de frecuencia alta.

La prolongada exposición a sonidos fuertes también puede matar los pelillos. Si éstos se dañan por sonidos fuertes, ya no pueden transmitir señales al cerebro. Puede prevenirse este tipo de pérdida auditiva usando tapones u otra protección cuando uno se expone a sonidos fuertes.

Ciertos tipos de pérdida auditiva pueden mejorar con aparatos para oír. La mayor parte de estos aparatos hacen más fuertes los sonidos usando el canal auditivo y el tímpano como amplificadores. Otros pueden fijarse quirúrgicamente al yunque para hacerlo vibrar más de lo usual cuando un sonido llega al oído. Algunos aparatos son tan pequeños que pueden ocultarse en el canal auditivo.

**Figura 20** Los aparatos para oír hacen más fuertes los sonidos cuando entran en el oído.

---

### Repaso de la sección 4

1. ¿Cómo percibe tu oído las ondas sonoras?
2. ¿Cómo puede el sonido dañar tu audición?
3. Describe cómo trabaja el tímpano.
4. ¿Qué pasa cuando las ondas sonoras entran en el oído?
5. **Razonamiento crítico Clasificar** Haz una tabla de los sonidos más comunes que escuches en un día. Calcula el volumen de cada uno y determina si alguno puede producir pérdida auditiva. (*Sugerencia:* Revisa la Figura 8 de la página 47.)

### Las ciencias en casa

Invita a los miembros de tu familia a hacer un informe de los sonidos que escuchan en un día. Pídeles que clasifiquen los sonidos como bajo, normal, alto o que lastima. Luego que los clasifiquen como placentero, neutral o molesto. Deben señalar el origen de cada sonido, su localización, la hora y el tiempo aproximado que se expusieron al sonido. ¿En qué se parecen y en qué se diferencian las clasificaciones?

# Ciencias y sociedad

## Silencio, por favor

Un trabajador de la construcción opera un martillo neumático; una mujer espera en una ruidosa estación del tren subterráneo; un obrero usa maquinaria ruidosa. Estas tres personas son víctimas de la contaminación por ruido. En Estados Unidos, 80 millones de personas se quejan de que "continuamente" les molesta el ruido, y 40 millones ponen en riesgo su salud.

El estruendo que hace un camión al pasar puede ser suficiente para elevar la presión arterial. Las personas empiezan a sentir dolor cerca de los 120 decibeles. Aun la exposición a 85 decibeles (el ruido que hay en una cocina o de un bebé que llora fuerte) podrían dañar los pelillos de la cóclea. El ruido que "no lastima" también puede dañar el oído. Es posible que unos 16 millones de estadounidenses tengan pérdida auditiva permanente debido al ruido. ¿Qué hacer para mantenernos en silencio?

## Temas de debate

### ¿Qué se puede hacer en lo individual?

Algunas condiciones de trabajo son más ruidosas que otras. Los que trabajan en ambientes ruidosos pueden usar protectores para los oídos (tapones o protectores en forma de audífonos) que reducen los niveles de ruido hasta en 35 decibeles.

Un asistente a un concierto de rock, un cazador que dispare un rifle o alguien que use un taladro eléctrico pueden prevenir daños con los protectores para los oídos. Además, las personas deben, si es posible, respetar a los vecinos no usando segadoras de pasto o las barredoras de nieve en horas impropias. Con sólo bajar el volumen de audífonos, radios, reproductores de discos compactos y de cintas, se puede prevenir una de las causas más frecuentes de pérdida auditiva permanente en los jóvenes.

### ¿Qué pueden hacer las comunidades?

Los transportes son una de las fuentes más grandes de contaminación por ruido. Una planificación cuidadosa para ubicar las carreteras y los aeropuertos lejos de casas y edificios, puede reducir el ruido. Las ciudades y los pueblos también pueden prohibir los vuelos ya avanzada la noche.

Muchas comunidades tienen leyes contra el ruido que va más allá de un nivel determinado de decibeles, pero estas leyes no siempre se cumplen. En algunas ciudades, "la policía del ruido" puede multar a propietarios de equipos escandalosos.

### ¿Qué puede hacer el gobierno?

La Oficina Nacional para Controlar y Reducir el Ruido se estableció en los años setenta. Ella obligaba al uso de etiquetas en herramientas potentes y podadoras de pasto que explicaban qué tanto ruido hacían estas máquinas. En 1982, esta oficina cerró. Algunos legisladores quieren reabrirla y regular a nivel nacional muchas clases de ruido. Pero los críticos dicen que las leyes nacionales tienen poco efecto en controlar el ruido. El gobierno federal podría apoyar, y pagar para ello, la investigación para hacer vehículos y máquinas silenciosos.

## Tú decide

1. **Identifica el problema**
   En tus propias palabras, describe el problema de la contaminación por ruido.

2. **Analiza las opciones**
   Haz una lista de métodos para enfrentar al ruido. ¿Cómo funcionaría cada método para reducir el ruido o para proteger a las personas? ¿Quién resultaría afectado con cada método?

3. **Encuentra una solución**
   Propón un método para reducir el ruido en tu comunidad. Haz un cartel que anime a las personas a llevar a cabo la propuesta.

# SECCIÓN 5 Aplicaciones del sonido

## DESCUBRE

### ¿Cómo puedes usar el tiempo para medir distancias?

1. Mide una distancia de 3 metros desde una pared y marca el punto con un trozo de cinta adhesiva.
2. Rueda una pelota suave en línea recta desde el punto hacia la pared. ¿Qué le pasa a la pelota?
3. Rueda la pelota otra vez. Intenta rodar la pelota a la misma velocidad en cada ocasión. Pide a un compañero que use un cronómetro para medir el tiempo que le lleva a la pelota dejar tu mano, rebotar en la pared y regresar hacia ti.
4. Ahora aléjate 6 metros de la pared. Marca el lugar con cinta adhesiva Repite los Pasos 2 y 3.
5. Compara el tiempo para ambas distancias.

**Reflexiona sobre**
*Inferir* ¿Qué te indica la diferencia de tiempo sobre la distancia que recorre la pelota?

## GUÍA DE LECTURA

◆ ¿Cómo se usa el sonar para medir distancias?
◆ ¿Cómo usan los animales el sonido?
◆ ¿Cómo se usa el ultrasonido en medicina?

*Sugerencia de lectura* Al leer, escribe oraciones que describan la aplicación de las ondas sonoras.

Un amigo y tú están en una cueva grande y oscura. Cada sonido que hacen parece regresar directo a ustedes. Por diversión, ambos gritan, y luego escuchan los ecos reflejados en la cueva.

## Reflejo de las ondas sonoras

Cuando una onda sonora golpea una superficie a través de la cual no puede pasar, rebota o se refleja. Una onda sonora reflejada se llama eco.

Algunas veces el eco es más débil que el sonido original debido, por lo general, a que parte de la energía de la onda es absorbida en su camino. Algunos materiales reflejan el sonido muy bien, mientras que otros absorben la mayoría de los sonidos. Muchas de las aplicaciones prácticas del sonido se basan en el hecho de que el sonido se refleja en ciertas superficies.

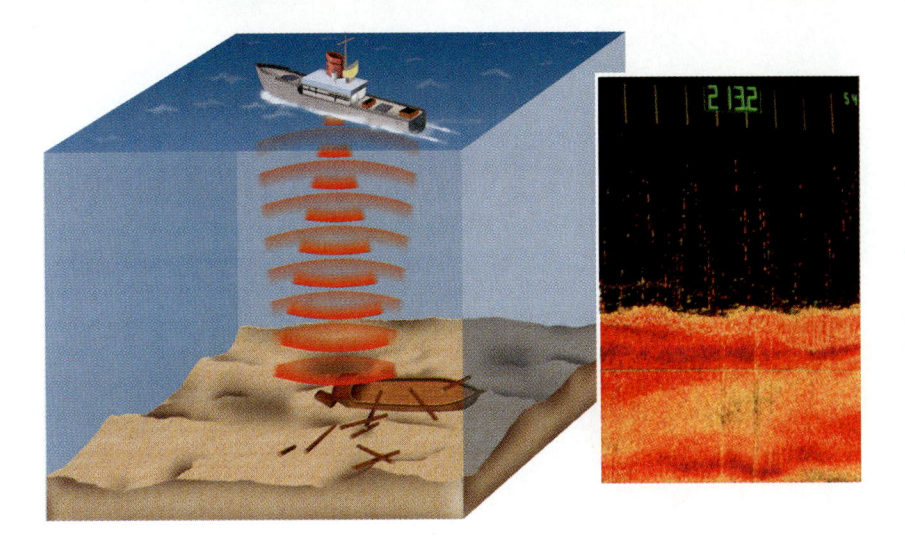

**Figura 21** El sonar se usa para determinar las distancias y para localizar objetos debajo del agua. *Aplicar los conceptos* ¿Cuáles son las dos cantidades que deben conocerse para calcular qué tan lejos ha viajado una onda sonora?

## El sonar

El reflejo de las ondas sonoras tiene muchos usos. Puede usarse para medir la profundidad del agua, para hallar bancos de peces, o para ubicar barcos en el océano.

El **sonar** es un sistema para detectar ondas sonoras reflejadas. La palabra *sonar* proviene de las siglas en inglés **so**und **n**avigation **a**nd **r**anging [navegación y distancia sonoras]. "Navegación" significa tener una ruta en el océano (o en el aire), y "distancia", hallar la separación entre objetos. Submarinos y barcos usan el sonar para detectar otros navíos mediante el envío de ondas sonoras por el agua cercana a la superficie. Cuando las ondas chocan contra algo próximo a la superficie del agua, se reflejan y son recogidas por el sonar.

**Cómo funciona el sonar** Un sonar, o detector de profundidades, produce ondas sonoras de frecuencia ultrasónica que viajan por el agua. Cuando las ondas chocan contra un objeto o el fondo oceánico, se reflejan. Las ondas reflejadas se detectan por el sonar. **El sonar mide el tiempo que le lleva detectar las ondas sonoras reflejadas.** Usa esos datos para calcular la distancia que tarda el sonido en viajar. La intensidad de las ondas reflejadas revela el tamaño y la forma del objeto que refleja las ondas.

**Calcular distancias** Cuanto más lejos viaje una onda sonora antes de reflejarse en una barrera, más tiempo le llevará regresar. Para descubrir la profundidad del agua, el sonar calcula la distancia que viajan las ondas sonoras. Luego multiplica la velocidad del sonido en el agua por el tiempo de regreso. La distancia total que viaja el sonido es dos veces la profundidad del agua. Como las ondas viajan hasta el fondo y luego regresan, el sonar divide la distancia total entre dos para hallar la profundidad.

*Punto clave* ¿Cuáles son tres usos del sonar?

### Mejora tus destrezas

**Diseñar experimentos**

ACTIVIDAD

1. Apoya un cuadrado de cartulina en una mesa. Apóyalo en un libro.
2. Pon dos tubos de toallas de papel o de papel aluminio en la mesa. Los tubos deben estar en ángulo entre sí y sus extremos deben estar cerca de la cartulina. Deja un espacio de unos 6 cm entre la cartulina y los extremos de los tubos.
3. Pon tu oreja cerca de un extremo de uno de los tubos. Cubre la oreja con tu mano para que todos los sonidos que escuches provengan del tubo.
4. Coloca un reloj que haga tic tac dentro del segundo tubo y cubre el extremo abierto con tu mano. ¿Qué escuchas?
5. Diseña un experimento para determinar cómo se refleja el sonido en distintos materiales, por ejemplo en varios tipos de telas.

**Figura 22** Los elefantes se comunican usando ondas sonoras de frecuencia baja o infrasónica.

## Usos del ultrasonido y del infrasonido

El entrenador de perros está de pie y callado, observando al perro a una distancia corta. Para atraer la atención del perro, el entrenador sopla un silbato. Tú no escuchas nada. Pero el perro se para, levanta las orejas y va corriendo hacia el entrenador. ¿Qué escuchó el perro que tú no oíste? Los perros pueden oír frecuencias de ultrasonidos superiores a 20,000 Hz, muy por encima el límite máximo para los humanos.

Algunos animales se comunican usando sonidos con frecuencias que no podemos oír. Cuando los elefantes se molestan, patean el piso. La patada produce ondas sonoras de frecuencias bajas o infrasónicas, muy bajas para el oído humano. Las ondas viajan por el suelo distancias superiores a los 50 kilómetros y pueden ser detectadas por otros elefantes.

**Ultrasonido en el océano** Los delfines y las ballenas emiten silbidos de frecuencias altas, pero no tan altas que no las puedas escuchar. La **localización por ecos** es el uso del reflejo de las ondas sonoras para determinar distancias y localizar objetos. Los delfines y las ballenas usan la localización por ecos para hallar sus rutas de navegación y localizar a sus presas.

**Figura 23** Los delfines emiten sonidos de frecuencia alta para comunicarse entre sí, navegar y encontrar comida.

Antes se creía que los peces no podían oír las frecuencias altas que los delfines y las ballenas emiten. Pero los científicos han descubierto que el sábalo, el arenque y algunos otros peces pueden escuchara sonidos tan altos como de 180,000 Hz, superiores nueve veces a la frecuencia más alta que tú puedes escuchar. Es posible que los peces usen esta habilidad para evitar ser devorados por delfines y ballenas.

Como las ondas sonoras viajan muy bien en el agua, los ultrasonidos tienen muchos usos en el agua. Algunos pescadores sujetan emisores de ultrasonido a sus redes. El ultrasonido ahuyenta a los delfines y evita que sean capturados por las redes. Otros dispositivos protegen a los buzos mediante ondas de ultrasonido que mantienen alejados a los tiburones.

**Localización por ecos en murciélagos** Imagina que caminas en un cuarto totalmente oscuro. Chocarías a menudo contra paredes y muebles. Sin embargo, los murciélagos pueden viajar distancias y no chocar. **Ellos usan la localización por ecos para navegar y buscar su alimento.**

Cuando los murciélagos vuelan, emiten pulsaciones de sonidos de frecuencias cercanas a los 100,000 Hz. Después escuchan en cuánto tiempo regresa el sonido. Al captar los reflejos, o ecos, un murciélago sabe si está por chocar contra algo. Por lo tanto, los murciélagos no están ciegos, pero tienden a confiar más en su oído que en su vista para "ver" por donde van. La localización por ecos también les indica en dónde está una presa. Los murciélagos usan la localización por ecos para cazar. La mayoría de los murciélagos caza insectos, pero algunos cazan animales pequeños como ratones, ratas, ranas o pájaros.

**Ultrasonido en medicina** El ultrasonido permite a los médicos tener una imagen, llamada **sonograma,** del interior del cuerpo humano. **Los médicos usan el ultrasonido para explorar el interior del cuerpo humano, y diagnosticar y tratar algunos padecimientos.**

INTEGRAR LA SALUD

Para examinar a una mujer embarazada, el médico sostiene una pequeña sonda en el abdomen de la mujer. La sonda genera ondas sonoras de frecuencia alta (cercanas a 2 millones de Hz). El aparato de ultrasonido detecta y mide las ondas de ultrasonido que se reflejan. Analizando la intensidad y la frecuencia de las ondas que se reflejan, el aparato elabora una imagen. El sonograma muestra la posición del bebé en desarrollo. Los sonogramas también muestran si está por nacer. Además de una imagen fija, el ultrasonido produce una secuencia del bebé.

**Figura 24** Los murciélagos usan la localización por ecos para encontrar alimento y no chocar con los objetos.

**Figura 25** Un doctor examina a una mujer embarazada con un aparato de ultrasonido. La imagen del bebé en desarrollo aparece en la pantalla.

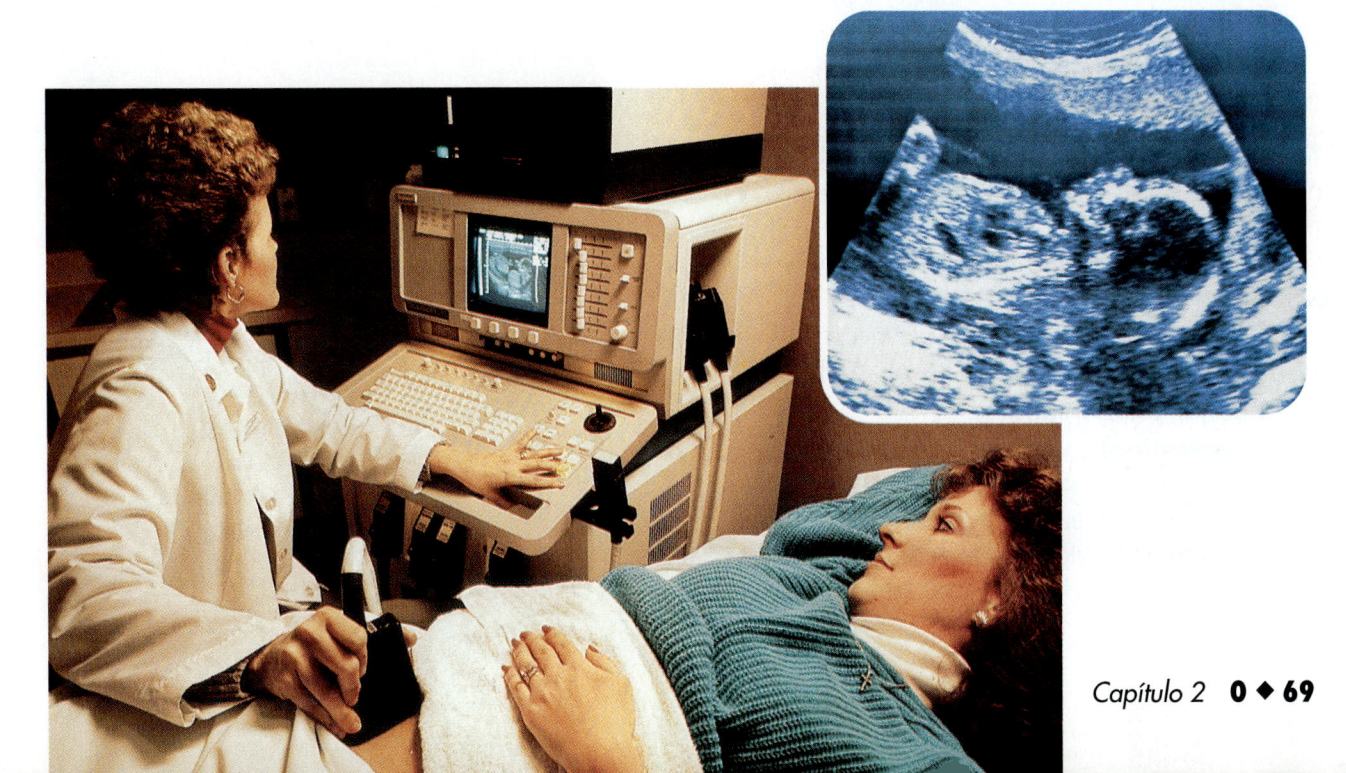

**Figura 26** Algunos ejemplos de aparatos domésticos que usan ultrasonido son el foco de una cámara automática, un cepillo de dientes ultrasónico y un limpiador de joyería ultrasónico.

Debido a su frecuencia alta, las ondas de ultrasonido también destruyen tejidos indeseables sin causar dolor. En muchos casos, el ultrasonido elimina la necesidad de cirugía.

**El ultrasonido en casa** Con el progreso de la tecnología, más y más objetos usan ondas de ultrasonido. ¡Imagínate limpiar tus dientes con sonido! Si has usado uno de los nuevos cepillos de dientes eléctricos, ya lo has hecho. El cepillo de dientes emite ondas sonoras de alta frecuencia que alcanzan los lugares que las cerdas del cepillo normal no puede.

Los limpiadores de joyería ultrasónicos limpian joyería delicada que podría dañarse con cepillos, detergentes fuertes o abrasivos. La tina se llena con agua y un detergente suave. Al encender el limpiador, las ondas sonoras se mueven por el agua. Cuando llegan hasta las piezas de joyería, las vibraciones sacan la mugre sin dañarlas o causarles rayaduras.

Algunas cámaras usan el ultrasonido para enfocar automáticamente. Se ve por el visor el objeto que se desea fotografiar. Cuando se aprieta el disparador, la cámara emite ondas de ultrasonido las cuales se reflejan en el objeto y regresan a la cámara. Ésta mide el tiempo en que regresaron las ondas, igual que un sonar. Entonces la cámara calcula la distancia al objeto y ajusta las lentes apropiadamente.

### Repaso de la sección 5

1. ¿Qué es el sonar?
2. ¿Cómo usan los animales el ultrasonido y el infrasonido?
3. ¿Cómo se usa el ultrasonido en medicina?
4. ¿Cómo usan los aparatos domésticos las ondas de ultrasonido?
5. **Razonamiento crítico Calcular** La velocidad del sonido en el agua es de 1,530 m/s. Si le lleva 3 segundos a una onda sonora regresar desde el fondo del mar hasta un barco, ¿cuál es la profundidad?

**Comprueba tu aprendizaje**

PROYECTO DEL CAPÍTULO 2

Prueba tu instrumento musical. ¿Es grato al oído? ¿Toca una amplia gama de notas? ¿Puedes variar el volumen? Realiza ajustes adicionales a tu instrumento. De lo que aprendiste sobre el tono y la frecuencia, ¿qué cambios harías para producir notas distintas? Quizá quieras afinar tu instrumento con un piano o con un diapasón. Trata de tocar una escala musical o una simple canción. O de componer tu propia canción.

# GUÍA DE ESTUDIO

## SECCIÓN 1 — La naturaleza del sonido

**Ideas clave**
- El sonido es una alteración que viaja a través de un medio como ondas longitudinales.
- La velocidad del sonido depende de la elasticidad, la densidad y la temperatura del medio.

**Términos clave**
laringe    elasticidad    densidad

## SECCIÓN 2 — Propiedades del sonido

**Ideas clave**
- Las ondas sonoras de gran intensidad suenan con fuerza. El volumen se mide en decibeles.
- El tono de un sonido depende de la frecuencia de las ondas sonoras.
- A medida que una fuente sonora se mueve hacia el escucha, las ondas lo alcanzan con mayor frecuencia. El tono parece aumentar debido al efecto Doppler.

**Términos clave**
intensidad    infrasonido
volumen    tono
decibeles (dB)    efecto Doppler
ultrasonido

## SECCIÓN 3 — Combinación de ondas sonoras

**Ideas clave**
- La mezcla del tono fundamental y los armónicos componen las características de cualidad del sonido, o timbre, de un sonido en particular.
- La música es un conjunto de tonos y semitonos que se combinan de manera agradable para el oído.
- El ruido no tiene un timbre agradable o un tono que pueda identificarse.
- La interferencia ocurre cuando interactúan dos o más ondas de sonido.

**Términos clave**
timbre    ruido    acústica
música    disonancia    pulsaciones

## SECCIÓN 4 — Cómo escuchas el sonido

*INTEGRAR LAS CIENCIAS DE LA VIDA*

**Ideas clave**
- El oído externo encauza las ondas del sonido; el oído medio transmite el sonido al interior, y el oído interno convierte el sonido en formas que tu cerebro puede entender.
- Muchas personas sufren de pérdida auditiva por lesiones, infección o envejecimiento.

**Términos clave**
canal auditivo    oído medio
tímpano    cóclea

## SECCIÓN 5 — Aplicaciones del sonido

**Ideas clave**
- El sonar mide el tiempo que se toma para detectar el reflejo de las ondas del sonido.
- Los animales usan las ondas sonoras para comunicarse, nadar y buscar alimento.
- Los médicos usan el ultrasonido para explorar el interior del cuerpo humano, y diagnosticar y tratar algunos padecimientos.

**Términos clave**
sonar
localización por ecos
sonograma

**USAR LA INTERNET**
www.science-explorer.phschool.com

CAPÍTULO 2 REPASO

# CAPÍTULO 2 REPASO

## Repaso del contenido

*Para repasar los conceptos clave, consulta el Interactive Student Tutorial CD-ROM.*

### Opción múltiple

*Elige la letra que complete mejor cada enunciado.*

1. El sonido no viaja a través de:
   a. el agua.
   b. rieles de acero.
   c. puertas de madera.
   d. el espacio vacío.
2. El efecto Doppler causa un cambio aparente en
   a. el volumen.
   b. la intensidad.
   c. el tono.
   d. la resonancia.
3. Las pulsaciones resultan de:
   a. la reflexión.
   b. la refracción.
   c. la difracción.
   d. la interferencia.
4. El martillo, el yunque y el estribo están en
   a. el oído externo.
   b. el oído medio.
   c. el oído interno.
   d. la cóclea.
5. El sonar se usa para determinar
   a. el tiempo.
   b. la velocidad.
   c. el ángulo de reflexión.
   d. la distancia.

### Falso o verdadero

*Si el enunciado es verdadero, escribe verdadero. Si es falso, cambia la palabra o palabras subrayadas para hacer verdadero el enunciado.*

6. El sonido viaja <u>más rápido</u> en el aire que en el agua.
7. El <u>volumen</u> es la manera en que el oído percibe el tono.
8. El <u>timbre</u> es lo que se oye como cualidad del sonido.
9. El oído <u>interno</u> contiene la cóclea.
10. El sistema que usa el sonido para medir distancias se llama <u>acústica</u>.

## Revisar los conceptos

11. Cuando un tambor vibra, las moléculas del aire que comienzan a vibrar cerca de él no llegan a tu oído, aun así, el sonido del tambor se oye. Explica esto.
12. Un coche pasa por donde estás y el conductor mantiene una mano en el claxon. Describe qué pasa mientras el coche se aproxima a ti y pasa de largo.
13. ¿Qué factores afectan el sonido de una cuerda de guitarra que vibra?
14. ¿De qué manera los ruidos fuertes dañan el oído?
15. ¿Para qué se usa el ultrasonido en medicina?
16. **Escribir para aprender** Te contratan para producir un folleto sobre el sonido. Este folleto será presentado a visitantes del espacio exterior. Ellos no tienen ningún concepto del sonido y lo aprenderán todo de tu folleto. Escribe una descripción breve para los visitantes.

## Razonamiento gráfico

17. **Red de conceptos** En una hoja de papel, copia la red de conceptos del sonido. Después complétala y ponle un título. (Para más información acerca de las redes de conceptos, consulta el Manual de destrezas.)

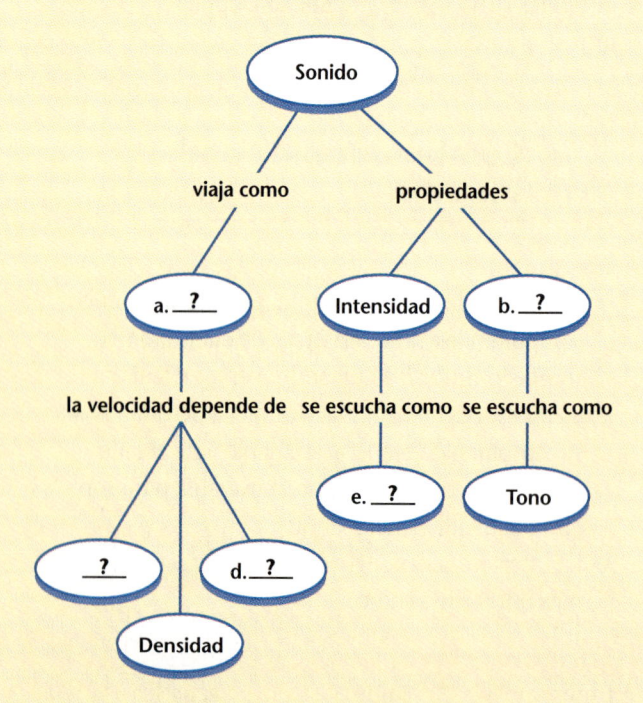

## Aplicar las destrezas

La tabla siguiente muestra el rango de frecuencias que producen y perciben varios animales y aves. Usa estos datos para responder las Preguntas 18–20.

| Animal | Frecuencia más alta percibida (Hz) | Frecuencia más alta producida (Hz) |
|---|---|---|
| Humano | 20,000 | 1,100 |
| Perro | 50,000 | 1,800 |
| Gato | 65,000 | 1,500 |
| Murciélago | 120,000 | 120,000 |
| Marsopa | 150,000 | 120,000 |
| Rana | 10,000 | 8,000 |
| Petirrojo | 21,000 | 13,000 |

**18. Graficar** Dibuja una gráfica de barras para comparar las frecuencias más altas que percibe y que produce cada animal.

**19. Interpretar datos** ¿Qué animal percibe la frecuencia más alta?

**20. Calcular** Si la velocidad del sonido en el aire es de 330 m/s, calcula la longitud de onda del sonido más alto que oímos los humanos. Usa la siguiente fórmula.

$$\text{Longitud de onda} = \frac{\text{Velocidad}}{\text{Frecuencia}}$$

## Razonamiento crítico

**21. Controlar variables** Si mides la velocidad del sonido, ¿qué variables debes mantener constantes?

**22. Aplicar los conceptos** Si un músico toca una nota en un instrumento y otro toca delicadamente notas altas de un instrumento similar, ¿qué se oye?

**23. Inferir** Los truenos y los relámpagos ocurren al mismo tiempo. ¿Por qué crees que se ve el relámpago antes de que se escuche el trueno?

**24. Comparar y contrastar** ¿De qué manera las ondas del sonido se comportan como las ondas de un resorte de juguete? ¿En qué se asemejan?

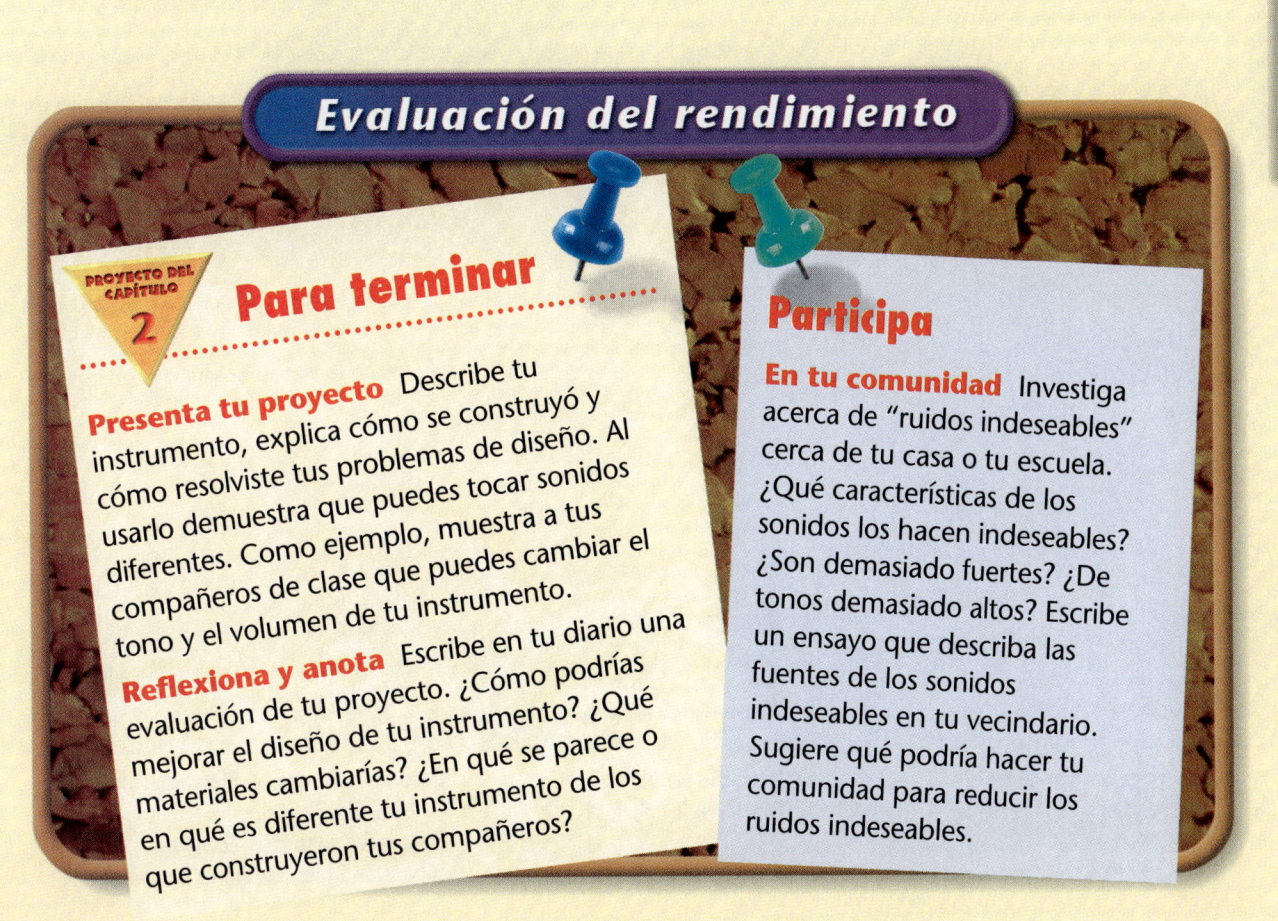

## Evaluación del rendimiento

### Para terminar

**Presenta tu proyecto** Describe tu instrumento, explica cómo se construyó y cómo resolviste tus problemas de diseño. Al usarlo demuestra que puedes tocar sonidos diferentes. Como ejemplo, muestra a tus compañeros de clase que puedes cambiar el tono y el volumen de tu instrumento.

**Reflexiona y anota** Escribe en tu diario una evaluación de tu proyecto. ¿Cómo podrías mejorar el diseño de tu instrumento? ¿Qué materiales cambiarías? ¿En qué se parece o en qué es diferente tu instrumento de los que construyeron tus compañeros?

### Participa

**En tu comunidad** Investiga acerca de "ruidos indeseables" cerca de tu casa o tu escuela. ¿Qué características de los sonidos los hacen indeseables? ¿Son demasiado fuertes? ¿De tonos demasiado altos? Escribe un ensayo que describa las fuentes de los sonidos indeseables en tu vecindario. Sugiere qué podría hacer tu comunidad para reducir los ruidos indeseables.

# CAPÍTULO 3
# El espectro electromagnético

Estas antenas se usan para establecer comunicación a grandes distancias.

## Lo que encontrarás

**SECCIÓN 1** Naturaleza de las ondas electromagnéticas
Descubre ¿Cómo viaja un rayo de luz?
Inténtalo ¿Cómo se comportan los rayos de luz?

**SECCIÓN 2** Ondas del espectro electromagnético
Descubre ¿Qué es la luz blanca?
Inténtalo ¿Cómo ven las abejas?

**SECCIÓN 3** Producir luz visible
Descubre ¿En qué se diferencian las bombillas?
Mejora tus destrezas Observar
Laboratorio real Comparar bombillas

## INTÉNTALO

### ¿Cómo se comportan los rayos de luz?
**ACTIVIDAD**

1. Llena con agua dos vasos de plástico. Lentamente vierte el agua de los dos vasos en un lavabo. Dirige el chorro de agua de un vaso hacia el chorro de agua del otro vaso.
2. ¿Cómo se interfieren ambos chorros?
3. Ahora oscurece una habitación y proyecta una transparencia sobre la pared. Dirige el rayo de luz de una lámpara sobre la luz del proyector.
4. ¿Cómo se interfieren ambos rayos de luz? ¿Qué efecto produce la interferencia en la imagen que se proyecta?

**Sacar conclusiones** ¿En qué difiere la interferencia entre los chorros de agua de la interferencia de los rayos de luz? ¿Esta actividad sirve de apoyo a un modelo de onda o a un modelo de partícula de luz? Explica tu respuesta.

**Velocidad de las ondas electromagnéticas** Todas las ondas electromagnéticas viajan a la misma velocidad a 300,000,000 metros por segundo en el vacío. También puedes pensar que son 300,000 kilómetros por segundo. A esta velocidad, la luz del Sol recorre 150 millones de kilómetros hacia la Tierra en casi 8 minutos. ¡Nada puede viajar más rápido! Cuando las ondas electromagnéticas viajan por un medio como la atmósfera o el cristal, lo hacen más lento. Pero aun a velocidades menores, las ondas electromagnéticas viajan cerca de un millón de veces más rápido que el sonido en el aire.

☑ *Punto clave* ¿Cuál es la velocidad de las ondas electromagnéticas en el vacío?

### ¿Ondas o partículas?

En general, el modelo de ondas explica muchas de las propiedades de la radiación electromagnética. Sin embargo, algunas propiedades de la radiación electromagnética no encajan en el modelo de ondas. **La luz tiene muchas de las propiedades de las ondas, pero también actúa como un flujo de partículas.**

Cuando la luz pasa por un filtro polarizador, tiene las propiedades de una onda. Un rayo de luz común tiene ondas que vibran en todas direcciones. Un filtro polarizador actúa como si hubiera en él diminutas rendijas, tanto horizontales como verticales. Cuando la luz entra por un filtro polarizador, sólo algunas ondas pasan por él. La luz que pasa se llama **luz polarizada.**

Para entender la polarización, piensa que las ondas de luz son como las ondas transversales en una soga. Vibran de arriba abajo, de izquierda a derecha, o en cualquier otro ángulo. Si sacudes una cuerda por una cerca con tablillas, como se ve en la Figura 3, sólo las ondas que vibran de arriba abajo pasarán. Las otras ondas serán bloqueadas. Un polarizador actúa como las tablillas de la cerca. Permite el paso de ondas que vibran en cierta dirección.

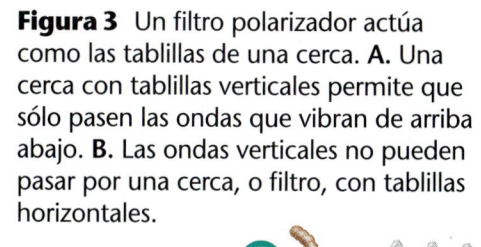

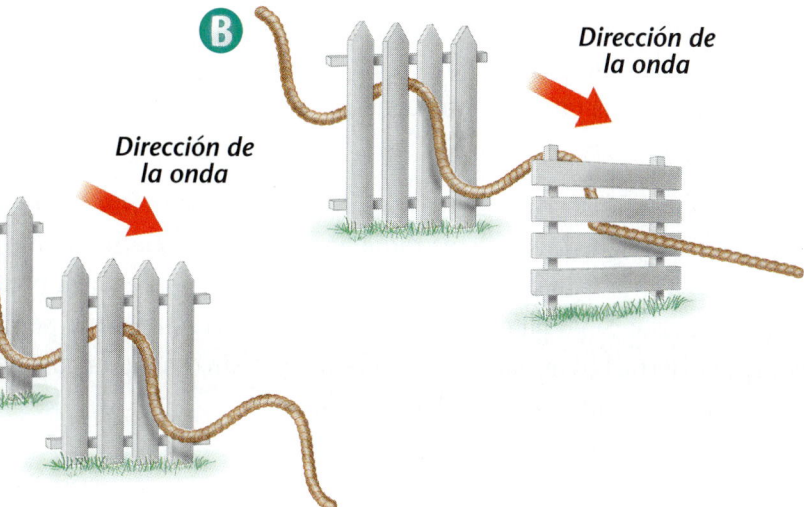

**Figura 3** Un filtro polarizador actúa como las tablillas de una cerca. **A.** Una cerca con tablillas verticales permite que sólo pasen las ondas que vibran de arriba abajo. **B.** Las ondas verticales no pueden pasar por una cerca, o filtro, con tablillas horizontales.

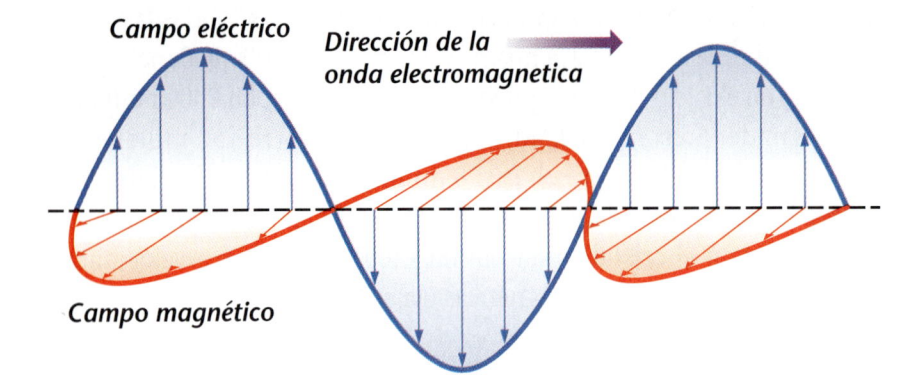

**Figura 2** Una onda electromagnética se produce cuando los campos eléctricos y magnéticos vibran en el ángulo apropiado para cada uno.

## Ondas electromagnéticas

Has visto ondas que viajan por agua o que se mueven a lo largo de resortes o sogas. También has escuchado ondas sonoras que viajan por el aire, el metal y el agua. Todas estas ondas tienen dos cosas en común: transfieren energía de un lugar a otro, y requieren de un medio para viajar.

Pero un grupo de ondas llamadas ondas electromagnéticas transfieren energía sin la necesidad de un medio. Las **ondas electromagnéticas** son ondas transversales que tienen algunas propiedades eléctricas y magnéticas. **Una onda electromagnética consiste de campos eléctricos y magnéticos que cambian.**

### Campo eléctrico y campo magnético
Las ondas electromagnéticas viajan como vibraciones en los campos eléctrico y magnético. Un campo eléctrico es una región donde partículas cargadas son atraídas o repelidas. Donde quiera que haya una carga eléctrica, hay un campo eléctrico asociado a ella. Una carga eléctrica en movimiento es parte de una corriente eléctrica.

El campo magnético rodea la corriente eléctrica. Campo magnético es una región donde hay fuerzas magnéticas. Si pones un clip de metal cerca de un imán, el clip se mueve hacia el imán debido al campo magnético que rodea al imán.

Cuando un campo eléctrico cambia, también cambia el campo magnético. El cambio en el campo magnético hace que cambie el campo eléctrico. Cuando un campo vibra, lo mismo le ocurre al otro. En este sentido, los dos campos constantemente provocan que el otro cambie. El resultado es una onda electromagnética, como la que se aprecia en la Figura 2.

### Radiación electromagnética
La energía que se transfiere por ondas electromagnéticas se llama **radiación electromagnética**. Como la radiación electromagnética no requiere de un medio, puede viajar por el espacio exterior. Si no pudiera, la luz solar y la de las estrellas no podría llegar a la Tierra. Los oficiales de la NASA no podrían establecer contacto con los transbordadores espaciales en órbita.

# SECCIÓN 1
# Naturaleza de las ondas electromagnéticas

## DESCUBRE ACTIVIDAD

### ¿Cómo viaja un rayo de luz?

1. Haz un pequeño agujero en cuatro tarjetas.
2. Coloca cada tarjeta de manera que su lado largo esté en el tablero de la mesa. Usa clips de carpeta o plastilina para mantener paradas las tarjetas.
3. Separa las tarjetas unos 10 cm. Para que te asegures que los agujeros en las tarjetas están alineados, desliza una cuerda por los cuatro agujeros y jálala con firmeza.
4. Coloca una lámpara enfrente de la tarjeta cercana a ti. Apaga las luces y que sólo quede encendida esta lámpara. ¿Qué ves en la pared?
5. Mueve una de las tarjetas hacia un lado unos 3 cm y repite el Paso 4. Ahora ¿qué ves en la pared?

**Reflexiona sobre**
*Inferir* Explica qué ocurre en el Paso 5. ¿Qué te revela está actividad sobre el recorrido de la luz?

### GUÍA DE LECTURA

◆ ¿Qué es una onda electromagnética?
◆ ¿Qué es la luz?

*Sugerencia de lectura* Al leer, haz una lista de palabras usadas para describir la naturaleza de las ondas electromagnéticas.

Cierra tus ojos por un momento e imagina que la lluvia te baña ¿Te estás mojando? ¿Qué sientes? Lo creas o no, estás recibiendo un baño. No de la lluvia, sino de ondas, la mayoría de las cuales no puedes sentir o escuchar. Mientras lees esto, te rodean ondas de radio, rayos infrarrojos, luz visible, ondas ultravioleta y, quizá, pequeñas cantidades de rayos X y rayos gamma. Cada vez que enciendes el radio, hablas por un teléfono inalámbrico o celular, enciendes la luz, te toman placas de rayos X o cuando sientes un ligero calor en tu piel, experimentas con ondas electromagnéticas.

**Figura 1** Aunque no puedas sentirlas, las ondas electromagnéticas te bañan.

76 ◆ O

## PROYECTO 3

# ¡Estás en el aire!

La comunicación tecnológica se desarrolla rápidamente. La tecnología permite almacenar y procesar enormes cantidades de información. La comunicación tecnológica continuará mejorándose a la par de los avances científicos. ¡Mira a tu alrededor! ¿Cómo se comunican las personas? Radios, televisores, teléfonos celulares y sitios de Internet son parte de la vida diaria. La comunicación inalámbrica permite que las personas se comuniquen donde sea y en cualquier momento.

En este capítulo estudiarás e investigarás el uso de varios aparatos de comunicación inalámbrica.

**Tu objetivo** Reunir información de dónde, cuándo y por qué las personas usan radios, televisores, teléfonos celulares y otras clases de aparatos para comunicarse.

Para completar este proyecto con éxito, tendrás que:
- diseñar una hoja de encuesta sobre el uso de los aparatos de comunicación
- distribuir tu encuesta entre los estudiantes de tu escuela y a los adultos de tu comunidad
- reunir y analizar tus datos
- crear gráficas para mostrar los resultados

**Para empezar** Aporta ideas sobre qué preguntarías. Piensa en el formato y el contenido de tu hoja de encuesta. ¿Cómo involucrarías a estudiantes de otras clases para obtener más información?

**Comprueba tu aprendizaje** Trabajarás en este proyecto mientras estudias el capítulo. Para mantener tu proyecto en marcha, revisa los cuadros de Comprueba tu aprendizaje en los puntos siguientes:

**Repaso de la Sección 2**, página 88: Diseña y distribuye tu encuesta.
**Repaso de la Sección 4**, página 103: Reúne, analiza y grafica tus resultados.

**Para terminar** Al final del capítulo (página 109), presenta tus resultados a la clase.

---

**SECCIÓN 4** Integrar la tecnología
**Comunicación inalámbrica**

**Descubre** ¿Cómo pueden cambiarse las ondas de radio?
**Inténtalo** Genera interferencia electromagnética
**Laboratorio real** Construir un radio de cristal

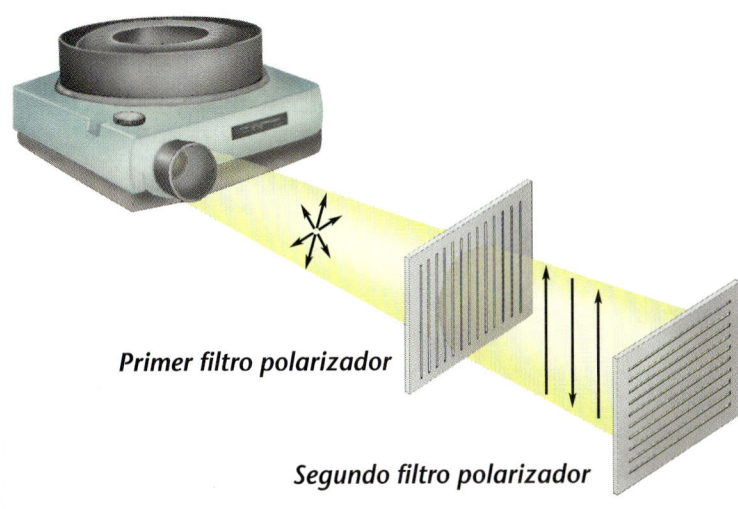

*Primer filtro polarizador*

*Segundo filtro polarizador*

**Figura 4** El primer filtro polarizador sólo permite el paso de ondas que vibran de arriba abajo. Cuando se pone un segundo filtro delante del primero y en el ángulo correcto, no pasa la luz.
*Aplicar los conceptos ¿La manera como pasa la luz por el filtro polarizador sirve de apoyo a un modelo de onda o a uno de partículas de luz?*

Si pones un filtro polarizador encima de otro y giras uno de ellos, verás cómo cambia la cantidad de luz que entra. Si los dos filtros polarizadores se ponen de manera que uno gire 90° respecto al otro, nada de luz pasará. Toda la luz está bloqueada.

Aquí está un ejemplo de cómo la luz actúa como un flujo de partículas. Cuando un rayo de luz brilla en ciertas sustancias, hace que diminutas partículas, llamadas electrones, se muevan. Este movimiento hace que una corriente eléctrica fluya. Algunas veces la luz incluso destruye electrones de la sustancia. Esto se conoce como **efecto fotoeléctrico.** El efecto fotoeléctrico sólo se explica pensando en la luz como un flujo o corriente de pequeños paquetes, o partículas, de energía. Cada paquete es llamado **fotón.** En 1905, Albert Einstein fue el primero en sugerir que la luz viaja como fotones.

Debe ser difícil para ti imaginar la luz como partículas y ondas al mismo tiempo. A muchos científicos también les parece difícil. Pero ambos modelos son necesarios para explicar todas las propiedades de la radiación electromagnética.

## Repaso de la sección 1

1. ¿En qué consisten las ondas electromagnéticas?
2. Describe un comportamiento que muestre a la luz como un conjunto de partículas.
3. Describe un comportamiento que muestre a la luz como una onda.
4. **Razonamiento crítico Comparar y contrastar** ¿En qué se parecen la luz y el sonido? ¿En qué son diferentes?

### Las ciencias en casa

En el próximo día soleado, pídele a tu familia que salgan y usen gafas para sol. Compara las gafas. ¿Cuáles tienen lentes polarizadores? ¿Cómo puedes saberlo? A través de las gafas para sol, mira superficies que deslumbren, como el agua o el vidrio. ¿Cuáles gafas están mejor diseñadas para reducir los reflejos en un día soleado?
**PRECAUCIÓN:** *No veas el sol directamente.*

# SECCIÓN 2 Ondas del espectro electromagnético

## DESCUBRE

### ¿Qué es la luz blanca?

1. Forra con papel blanco el interior de una caja de cartón. Sostén un prisma de cristal directamente hacia la luz del Sol. **PRECAUCIÓN:** *No veas el sol directamente.*

2. Gira el prisma hasta que su luz aparezca dentro de la caja. ¿Qué colores ves? ¿En qué orden aparecen? Describe cómo los colores avanzan de uno a otro.

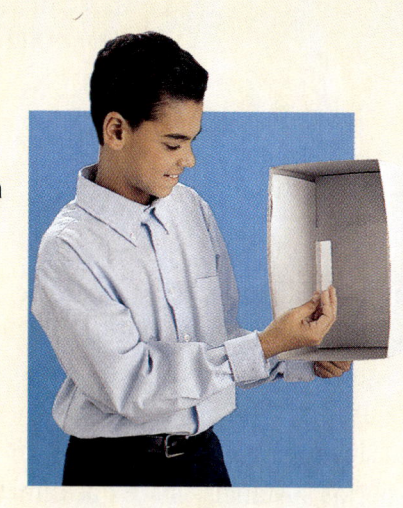

3. Usa lápices de colores para dibujar una imagen de lo que ves en el interior de la caja.

**Reflexiona sobre**
*Formular definiciones operativas* El término *espectro* describe una banda. ¿Cómo piensas que el término se relaciona con lo que has observado?

### GUÍA DE LECTURA

◆ ¿Cómo difieren entre sí las ondas electromagnéticas?

◆ ¿Qué son las ondas del espectro electromagnético?

*Sugerencia de lectura* Antes de leer, usa los encabezados para hacer un bosquejo de las diferentes ondas electromagnéticas. Al leer, haz notas sobre cada tipo de onda.

¿Te imaginas tratando de mantener caliente la comida con una linterna? ¿O tratando de sintonizar una estación de radio en la televisión? La luz y las ondas de radio son electromagnéticas. Pero cada una tiene propiedades que las hacen útiles para algún propósito e inútiles para otro. ¿Qué diferencia a las ondas de radio, de luz o de rayos ultravioleta?

## Características de las ondas electromagnéticas

**Todas las ondas electromagnéticas viajan a la misma velocidad, pero tienen longitud y frecuencia distintas.** La radiación en las longitudes de onda que tú ves se llama luz visible. Sólo una pequeña proporción de radiación electromagnética es luz visible. El resto de las longitudes de onda es invisible. Tu radio detecta longitudes de onda que son mucho más largas y tienen frecuencias más bajas que la luz visible.

Recuerda cómo se relacionan la velocidad, la longitud de onda y la frecuencia:

$$velocidad = longitud\ de\ onda \times frecuencia$$

Como la velocidad de todas las ondas electromagnéticas es la misma, a medida que la longitud de onda disminuye, la frecuencia aumenta. Las ondas con longitudes más largas tienen las frecuencias más bajas. Mientras que las ondas con longitudes más cortas, tienen frecuencias más altas. La cantidad de energía conducida por una onda electromagnética aumenta con la frecuencia. Mientras más alta sea la frecuencia de una onda, más alta será su energía.

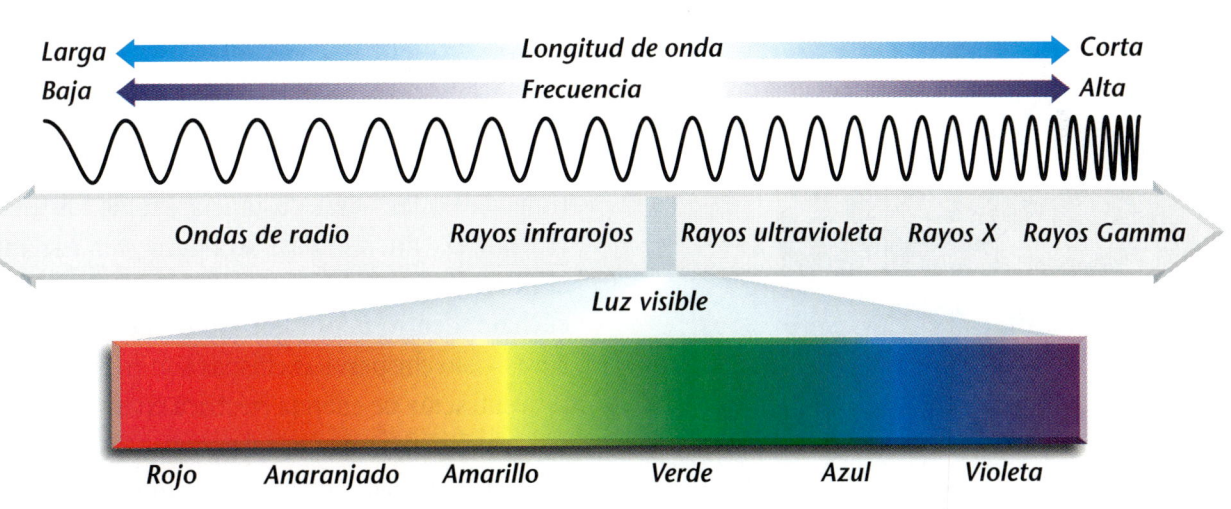

**Figura 5** El espectro electromagnético muestra las diferentes ondas electromagnéticas en orden de mayor frecuencia y menor longitud de onda. *Interpretar diagramas* ¿Cuáles ondas electromagnéticas tienen las frecuencias más altas?

**Espectro electromagnético** es el nombre de la banda de ondas electromagnéticas cuando son colocadas en orden de mayor frecuencia. La Figura 5 muestra el espectro electromagnético. **Está formado de ondas de radio, rayos infrarrojos, luz visible, rayos ultravioleta, rayos X y rayos gamma.**

☑ *Punto clave* ¿Cómo se relacionan la frecuencia con la longitud de las ondas electromagnéticas?

## Ondas de radio

Las **ondas de radio** son ondas electromagnéticas con longitudes más largas y frecuencias más bajas. Como todas las ondas electromagnéticas, las ondas de radio pueden viajar en el vacío. La mayoría de las ondas que recibimos, sin embargo, han viajado por el aire. Las antenas recogen las ondas de radio del aire y las conducen por alambres hasta tu radio. El radio convierte las ondas electromagnéticas en el sonido que sale por las bocinas.

Cada estación de radio transmite en diferentes frecuencias. Para cambiar de estación, ajustas el sintonizador. Esto permite al radio captar ondas de diferente frecuencia. Los números en el radio te indican cuál es la frecuencia de la estación que escuchas.

**Microondas** Las ondas de radio de menor longitud de onda y frecuencias más altas son las **microondas.** Uno de sus usos más comunes es en el horno de microondas. Cuando prendes uno de estos aparatos, emite ondas electromagnéticas que rebotan por el interior del horno, y penetran en la comida. Las moléculas de agua en la comida absorben la energía de las microondas, y hacen que la comida se caliente.

## Estudios sociales
### CONEXIÓN

En 1920, sólo cerca de 20,000 personas usaban equipos de fabricación casera para recibir señales de radio. Como experimento, Frank Conrad de la compañía Westinghouse empezó a transmitir música grabada y resultados de deportes. Como la respuesta del público fue tan entusiasta, la compañía empezó la emisión de programas regularmente. Para 1922, había más de 500 estaciones de radio en Estados Unidos.

*En tu diario*

Imagina que eres el director comercial de una nueva estación de radio. Escribe una carta a un negocio de tu elección explicando a los propietarios por qué deben comprar tiempo de anuncios en la estación de radio.

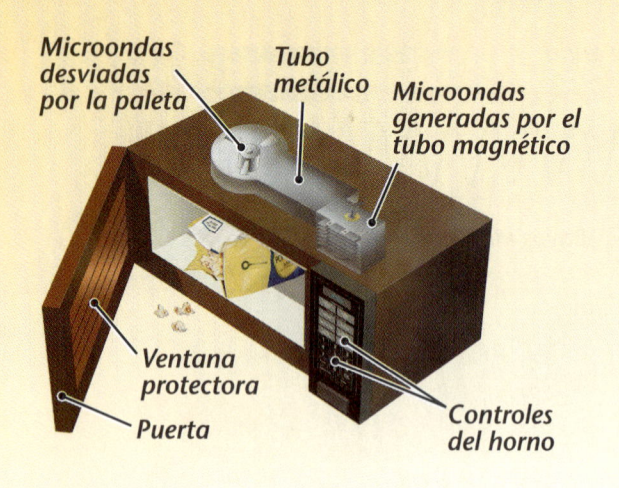

**Figura 6** Las moléculas de agua en los alimentos absorben las microondas que produce un horno de microondas. La energía eleva la temperatura de la comida más rápido que en un horno ordinario, así que la comida se calienta en menos tiempo.
*Aplicar los conceptos* ¿Por qué los recipientes de metal no son apropiados para usarse en el horno de microondas?

Las microondas pasan directo a través de algunas sustancias como el vidrio y el plástico. Por esta razón, las microondas no calientan los recipientes de vidrio y plástico. Si el envase se calienta es porque la comida le transfiere calor. Otras sustancias, como los metales, reflejan las microondas. Si alguna vez has puesto accidentalmente un objeto de metal, como una cuchara, dentro de un horno de microondas, quizá hayas visto chispas. Las chispas son resultado de una concentración de energía eléctrica en el metal a causa de las microondas. Los recipientes y utensilios de metal nunca deben usarse en hornos de microondas.

Las microondas no son bloqueadas por estructuras como árboles, edificios y montañas. Por esta razón, las microondas también se usan para transmitir llamadas de teléfonos celulares. Leerás más acerca de teléfonos celulares en la Sección 4.

**Radar** Las microondas de longitud corta se usan en los radares. El **radar**, que se forma del inglés **ra**dio **d**etection **a**nd **r**anging [radiación y detección de alta resolución], se usa para localizar objetos. Un aparato de radar envía pulsaciones breves de ondas de radio. Los objetos dentro de cierto alcance reflejan estas ondas. Un receptor detecta las ondas reflejadas y mide el tiempo que les lleva regresar. Por el tiempo y la velocidad conocida de las ondas, el receptor calcula la distancia de un objeto. El radar se usa para controlar el aterrizaje y el despegue de los aviones en los aeropuertos, como se ve en la Figura 7. El radar también se usa para localizar barcos y para seguir sistemas climáticos.

En el Capítulo 2, aprendiste que la frecuencia de una onda sonora parece cambiar cuando una fuente sonora se mueve o se aleja de ti. El efecto Doppler ocurre también con las ondas electromagnéticas, y tiene aplicaciones muy útiles. La policía usa las ondas de radio y el efecto Doppler para determinar las velocidades de los vehículos. Una pistola de radar envía ondas de radio hacia un coche en movimiento. Luego las ondas se reflejan. Como el coche está en movimiento, la frecuencia de las ondas reflejadas

**Figura 7** El radar se usa para controlar el despegue y aterrizaje de aviones en los aeropuertos.

**Figura 8** Las ondas de radio y el efecto Doppler se usan para determinar la velocidad de los vehículos (izquierda) y de las pelotas en movimiento en los deportes, como los partidos de tenis (derecha).

es diferente de la frecuencia de las ondas que se emitieron. El aparato de radar usa la diferencia de frecuencia para calcular la velocidad del coche. Si el coche va más rápido que el límite de velocidad, la policía con frecuencia da una infracción por exceso de velocidad.

El radar también se usa en algunos deportes para medir la velocidad de una pelota en movimiento. Las ondas de radio rebotan en una pelota en movimiento. La velocidad en la que la pelota se golpea o lanza puede mostrarse en un tablero como el de la Figura 8.

### Imagen por resonancia magnética (IRM)

**INTEGRAR LA SALUD**  Las ondas de radio también se usan en medicina para producir imágenes de tejidos del cuerpo humano. Este proceso se llama **imagen por resonancia magnética**, o IRM. En IRM, una persona se coloca en una máquina que emite ráfagas breves de ondas de radio. Las ondas de radio, combinadas con campos magnéticos fuertes, hace que los átomos dentro del cuerpo humano se alineen en la misma dirección. Los átomos regresan a sus direcciones originales en diferentes niveles. Analizando las respuestas, la máquina de IRM crea imágenes de órganos internos, incluyendo el cerebro. Las imágenes muestran tomas claras de músculos y otros tejidos suaves que los rayos X no muestran. IRM es particularmente útil para detectar problemas en el cerebro y la columna.

**Figura 9** Las imágenes por resonancia magnética (IRM) usan ondas de radio para crear imágenes de tejidos humanos. Se usa para examinar el cerebro, la columna vertebral y otros órganos.

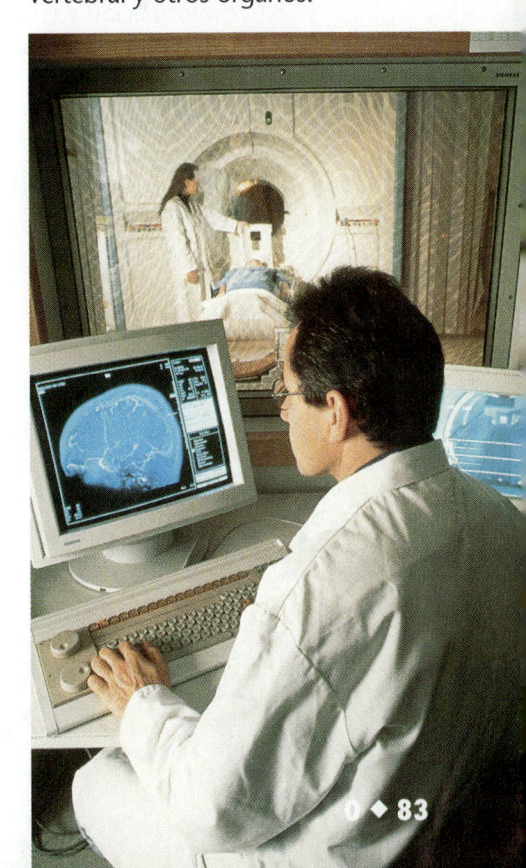

✓ *Punto clave* ¿Cuáles son tres usos de las ondas de radio?

### Rayos infrarrojos

Si prendes una estufa eléctrica, sentirás los rayos infrarrojos aun antes que la resistencia se ponga roja. Mientras la resistencia se calienta, libera energía que se siente como calor. Esta energía es radiación infrarroja o rayos infrarrojos. Los **rayos infrarrojos** tienen una longitud de onda más corta y una frecuencia más alta que las ondas de radio. *Infra-* es un prefijo latino que significa "debajo de". Entonces *infrarrojo* significa "debajo del rojo". Las ondas que les siguen en el espectro son luz roja.

La gama de rayos infrarrojos en la longitud de onda es un poco más corta que las ondas de radio y un poco más larga que la luz visible. Los rayos infrarrojos más largos se sienten como calor, por lo que con frecuencia se llaman rayos de calor. Las lámparas de calor tienen lámparas que dan más rayos infrarrojos y menos ondas de luz visible que los focos regulares. Algunas personas tienen lámparas de calor en sus baños. También verás lámparas de calor para mantener la comida caliente en los mostradores de las cafeterías.

Muchos objetos emiten rayos infrarrojos. Los objetos calientes despiden más ondas infrarrojas con más energía y frecuencias más altas que los objetos fríos. Una cámara infrarroja toma fotos usando rayos

# EXPLORAR el espectro electromagnético

Las ondas electromagnéticas están en tu alrededor: en tu casa, en tu vecindario, en el pueblo, en la playa o la piscina, y en los hospitales.

**Las ondas de radio,** de longitud mayor y frecuencia baja, al final del espectro electromagnético, llevan información y entretenimiento a través de la radio y la televisión.

**Las microondas** son ondas de radio con la longitud más corta. Se usan en los hornos de microondas y para transmitir mensajes en teléfonos celulares.

**Los rayos infrarrojos** proporcionan energía para tostar el pan. Tú no puedes verlos, pero la resistencia del tostador se calienta hasta ponerse al rojo vivo.

*Ondas de radio*
$10^3$ Hz

*Microondas*
$10^{10}$ Hz

*Rayos infrarrojos*
$10^{13}$ Hz

infrarrojos en lugar de luz. Estas imágenes se llaman termogramas. Un **termograma** con colores diferentes muestra las áreas de temperaturas distintas. La Figura 10 muestra el termograma de una persona. Los termogramas identifican las partes calientes y las frías de un objeto analizando los rayos infrarrojos. Los termogramas son útiles para revisar estructuras, como las de las casas, para detectar fugas de energía.

Puedes usar una cámara infrarroja o binoculares para detectar personas o animales en la oscuridad. Los satélites en el espacio usan cámaras infrarrojas para estudiar el crecimiento de plantas y observar el movimiento de las nubes y ayudar a determinar patrones climáticos.

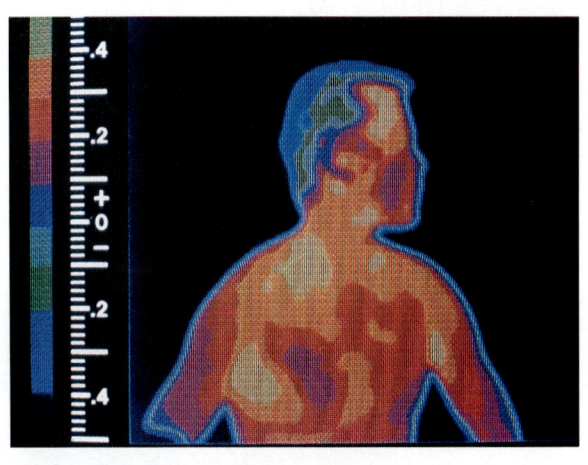

**Figura 10** Los rayos infrarrojos se usan para hacer termogramas. En un termograma, las regiones con diferentes temperaturas aparecen en colores distintos.

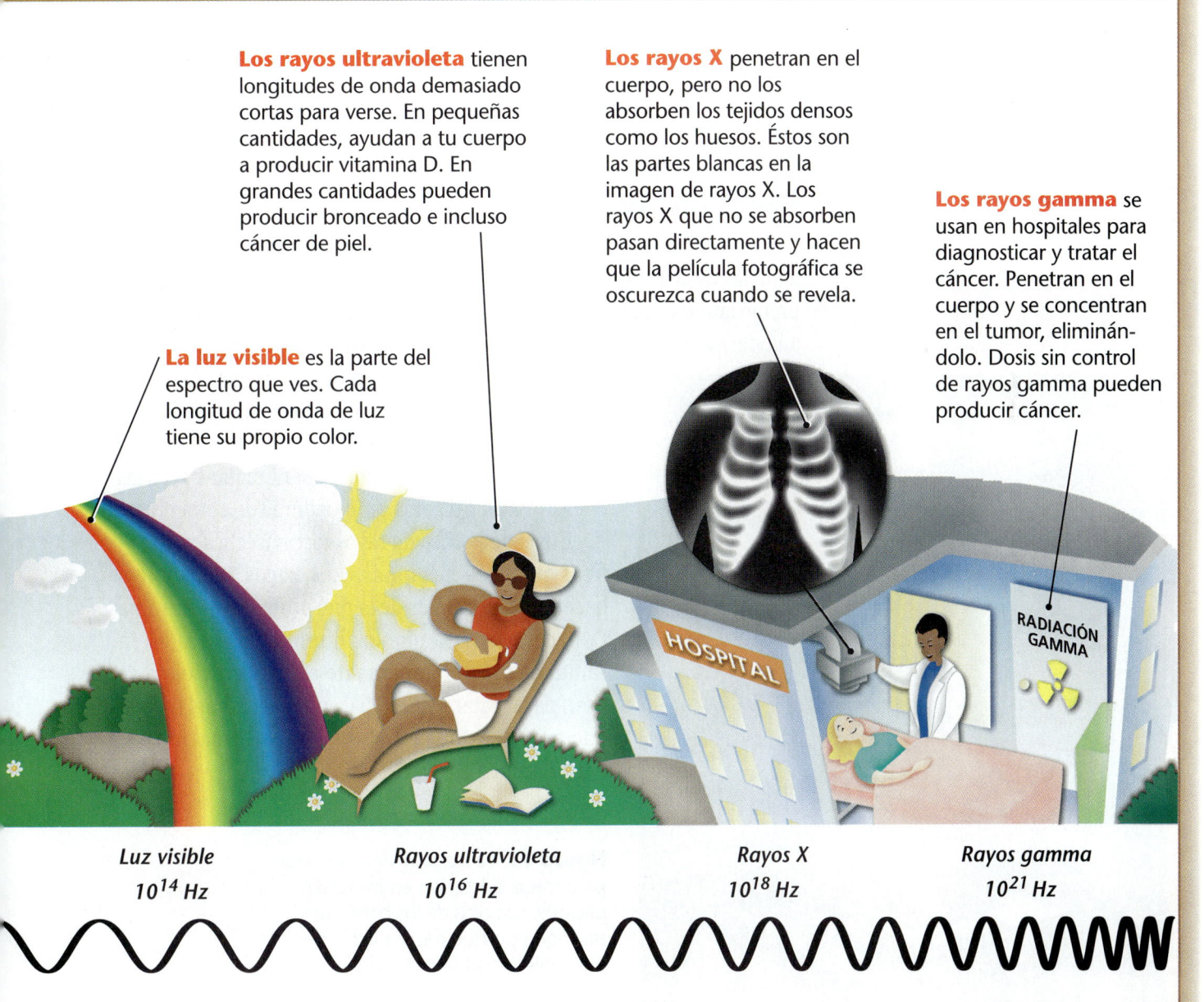

**Los rayos ultravioleta** tienen longitudes de onda demasiado cortas para verse. En pequeñas cantidades, ayudan a tu cuerpo a producir vitamina D. En grandes cantidades pueden producir bronceado e incluso cáncer de piel.

**Los rayos X** penetran en el cuerpo, pero no los absorben los tejidos densos como los huesos. Éstos son las partes blancas en la imagen de rayos X. Los rayos X que no se absorben pasan directamente y hacen que la película fotográfica se oscurezca cuando se revela.

**Los rayos gamma** se usan en hospitales para diagnosticar y tratar el cáncer. Penetran en el cuerpo y se concentran en el tumor, eliminándolo. Dosis sin control de rayos gamma pueden producir cáncer.

**La luz visible** es la parte del espectro que ves. Cada longitud de onda de luz tiene su propio color.

*Luz visible*
$10^{14}$ Hz

*Rayos ultravioleta*
$10^{16}$ Hz

*Rayos X*
$10^{18}$ Hz

*Rayos gamma*
$10^{21}$ Hz

**Figura 11** La luz visible se compone de diferentes longitudes de onda. Cada una tiene su propio color. Cuando la luz pasa a través de una burbuja, la interferencia produce los colores del espectro visible.

## La luz visible

Las ondas electromagnéticas que puedes ver son la luz. Son sólo una pequeña parte de espectro electromagnético. La **luz visible** tiene longitudes de onda más cortas y frecuencias más altas que las ondas infrarrojas. Las longitudes de onda más largas de la luz visible forman el rojo. Conforme disminuyen las longitudes de onda y las frecuencias aumentan, puedes ver otros colores de la luz. La longitud de onda más corta es el morado, o violeta.

¿Alguna vez has visto un arco iris en el cielo, los colores en una burbuja, o la luz pasando a través de un prisma de cristal? Recuerda lo que pasa cuando las ondas entran en un medio nuevo, como el agua o el vidrio. Las ondas se curvan o se refractan. Las distintas longitudes de onda se refractan en distintas cantidades, por lo que las ondas se separan en varios colores. Los colores del espectro visible son rojo, anaranjado, amarillo, verde, azul y violeta, ordenados de menor a mayor frecuencia. Casi toda la luz visible está hecha de una mezcla de estos colores.

✓ *Punto clave* ¿Cuáles son los colores del espectro visible?

## Rayos ultravioleta

Las ondas electromagnéticas con longitudes de onda más cortas que aquéllas de la luz visible se llaman **rayos ultravioleta,** o UV. *Ultra–* es un prefijo latino que significa "más allá". Entonces *ultravioleta* significa "más allá del violeta". Las ondas UV son de frecuencias más altas que la luz visible, así que conducen más energía. Como la energía de los rayos ultravioleta es suficiente para dañar o matar células vivas, con frecuencia se usan lámparas de rayos ultravioleta para matar bacterias en hospitales y plantas procesadoras de alimentos.

Dosis pequeñas de rayos ultravioleta son benéficas para las personas. Los rayos ultravioleta hacen que las células de la piel produzcan vitamina D, necesaria para que los huesos y dientes estén saludables. Las lámparas de rayos ultravioleta se usan para tratar la ictericia, enfermedad del hígado que produce que la piel de los recién nacidos se ponga amarilla.

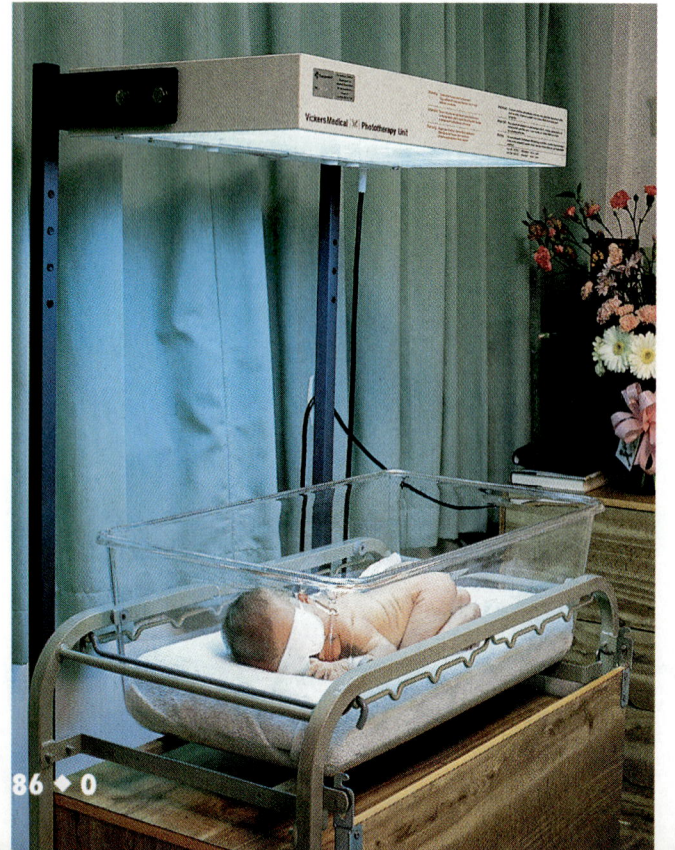

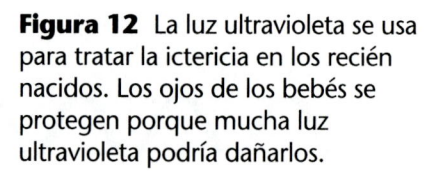

**Figura 12** La luz ultravioleta se usa para tratar la ictericia en los recién nacidos. Los ojos de los bebés se protegen porque mucha luz ultravioleta podría dañarlos.

Los rayos ultravioleta presentes en la luz solar pueden quemar tu piel. Una exposición excesiva puede causar cáncer de piel y dañar los ojos. Si te aplicas una loción con filtro solar y usas gafas para sol, puedes limitar el daño que podrían causarte los rayos UV.

**INTEGRAR LAS CIENCIAS DE LA VIDA** Aunque la luz ultravioleta es invisible para los humanos, muchos insectos pueden percibirla. Por ejemplo, las abejas tienen una buena visión a colores, pero no ven la misma banda de longitudes de onda que los humanos. Las abejas ven menos de las frecuencias bajas de las ondas rojas y más de las frecuencias altas de las ondas ultravioletas. Las flores que parecen ser de un sólo color para los humanos, una abeja las ve de forma muy diferente. Para ella, la parte de la flor que contiene el néctar es distinta del resto de la flor. ¡La abeja puede ir directo por el néctar!

## Rayos X

Los **rayos X** son ondas electromagnéticas con longitudes muy cortas. Su frecuencia es un poco más alta que la de los rayos ultravioleta. Debido a su frecuencia alta, los rayos X conducen más energía que los rayos ultravioleta y pueden penetrar más materia. La materia densa, como los huesos o el plomo, absorbe los rayos X y no permite que pasen. Por esta razón, los rayos X se usan para hacer imágenes de los huesos dentro del cuerpo. Los rayos X pasan a través de la piel y de los tejidos blandos, y hacen que la película fotográfica se oscurezca cuando se revela. Los huesos, que absorben los rayos X, aparecen como las zonas iluminadas, como se ve en la Figura 13.

Una exposición excesiva a los rayos X puede causar cáncer. Si te han tomado una placa dental de rayos X, recordarás que el dentista te dio un delantal de plomo para que lo usaras durante el procedimiento. El plomo absorbe los rayos X y previene que entren en el cuerpo.

Los rayos X se usan en la industria y en ingeniería. Por ejemplo, para descubrir si el acero o estructuras de concreto tienen fracturas, los ingenieros toman una placa de rayos X a la estructura. Los rayos X pasarán por las fracturas pequeñas invisibles para el ojo humano. Las áreas oscuras en la película de rayos X muestra las fracturas. Esta tecnología se usa con frecuencia para revisar la calidad de las uniones en gasoductos y oleoductos.

### INTÉNTALO

**¿Cómo ven las abejas?**
**ACTIVIDAD**

Carga una película sensible a los rayos UV en una cámara. Toma fotos de varias flores. Incluye flores blancas y en las que veas abejas a su alrededor. Lleva a revelar el rollo y mira las impresiones.

**Observar** ¿Qué pueden ver las abejas que tú no puedes ver? ¿Cómo es esto útil para las abejas?

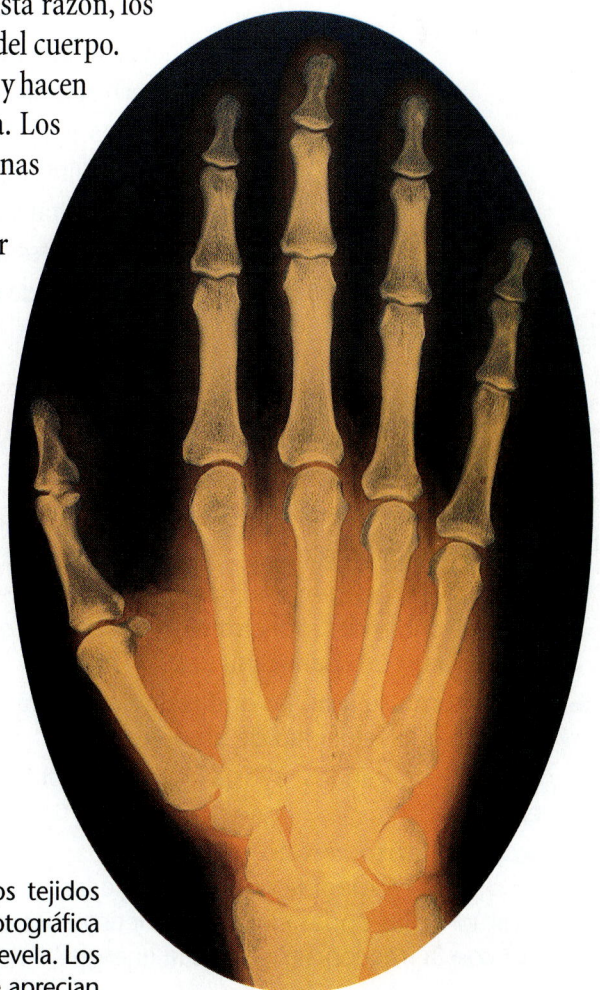

**Figura 13** Los rayos X pasan por los tejidos humanos suaves y hacen que la placa fotográfica se oscurezca detrás de ellos cuando se revela. Los huesos absorben los rayos X, así que se aprecian como las zonas luminosas en la placa.

## Rayos gamma

Los **rayos gamma** tienen la menor longitud de onda y la frecuencia más alta del espectro electromagnético. Como tienen la mayor cantidad de energía, son los más penetrantes de todas las ondas electromagnéticas.

Algunas sustancias radiactivas y ciertas reacciones nucleares producen rayos gamma. Por su gran capacidad de penetración, los rayos gamma pueden causar enfermedades graves. Sin embargo, cuando se usa en condiciones controladas, tienen uso medicinal. Por ejemplo, se usan para eliminar células cancerosas en la radioterapia. También se usan para examinar las estructuras internas del cuerpo. A un paciente se le inyecta un fluido que emite rayos gamma. Entonces el detector de rayos gamma forma una imagen del interior del cuerpo.

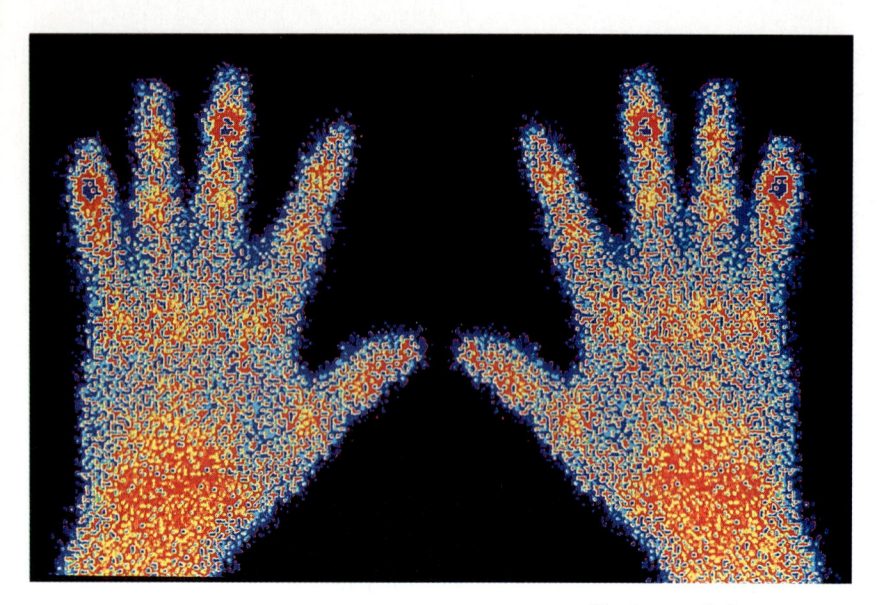

**Figura 14** Los médicos inyectan sustancias radiactivas en el cuerpo y usan rayos gamma para detectar su recorrido. Los detectores producen imágenes que los médicos usan para examinar el interior del cuerpo.

**INTEGRAR LAS CIENCIAS DEL ESPACIO** Algunos objetos en el espacio exterior emiten rayos gamma. Los rayos gamma viajan miles de millones de años antes de llegar a la Tierra. La atmósfera terrestre bloquea estos rayos gamma. Es por ello que los telescopios de rayos gamma deben estar en órbita. Los astrónomos creen que las colisiones de estrellas agonizantes en galaxias distantes producen ese tipo de rayos. Algunos telescopios también detectan los rayos gamma más fuertes que se emiten a la atmósfera como resultado de las pruebas terrestres de armas nucleares.

### Repaso de la sección 2

1. ¿En qué se parecen las ondas electromagnéticas? ¿En qué son diferentes?
2. Haz una lista, de menor a mayor frecuencia de las clases de ondas del espectro electromagnético. Menciona un uso para cada uno.
3. Explica cómo se usan las ondas de radio para determinar la velocidad de un objeto.
4. ¿Cómo se utilizan los rayos X? ¿Por qué son peligrosos?
5. **Razonamiento crítico Aplicar los conceptos** A medida que disminuye la longitud de las ondas electromagnéticas, ¿qué pasa con la frecuencia? ¿Y con la energía?

**PROYECTO DEL CAPÍTULO 3**

### Comprueba tu aprendizaje

Escribe las preguntas para tu encuesta. Algunas categorías que quizá quieras incluir corresponden a tipos de aparatos de comunicación, con qué frecuencia se usan, cuándo y dónde se usan, y los propósitos por los cuáles se usan. ¿Las personas usan estos aparatos por razones personales o por negocio? (*Sugerencia*: Para que sea fácil completar tu encuesta, haz preguntas que requieran respuestas cortas.) Da la encuesta a tus compañeros y a otros estudiantes de la escuela para que la contesten sus familiares y vecinos.

# Ciencias y Sociedad

## Alimentos irradiados

La comida muchas veces tiene que recorrer un largo camino para llegar a tu plato. Las fresas de Florida o de México deben estar frescas cuando te las comas. Pero a veces la comida enferma a las personas. Cada año millones de estadounidenses se enferman por comida contaminada o descompuesta.

Una forma de prevenir tales enfermedades es la comida irradiada. En el método más común, los alimentos frescos o congelados pasan por rayos gamma. La radiación retarda la descomposición y mata organismos que podrían enfermar a las personas. También hace que la comida permanezca fresca por más tiempo. Cinco minutos de radiación permiten a las fresas nueve o diez días más de frescura.

Algunas personas se preocupan por los posibles riesgos de comer alimentos irradiados. Más de 40 países, incluyendo Estados Unidos, permiten la radiación de la comida. Otros la prohíben. ¿Son seguros los alimentos irradiados?

## Temas de debate

### ¿Destruye la radiación los nutrientes de los alimentos?
La radiación mata células vivas. Pero también produce cambios químicos en los alimentos. Quizá destruya nutrientes útiles, como las vitaminas A, B-1, E y K. Más del 10% de estas vitaminas pueden perderse cuando el alimento se expone a radiación. Otros métodos para proteger y preservar los alimentos (refrigeración o enlatado de frutas y verduras) también llevan pequeñas pérdidas nutritivas. Aun cocinar produce pérdida de algunas vitaminas.

### ¿Cambian los alimentos con la radiación?
Exponer a irradiación los alimentos no los hace radiactivos, pero puede cambiar su estructura molecular, y crear sustancias químicas como el benzeno y los formaldehídos. En pequeñas dosis, estas sustancias tienen poco efecto, pero en grandes cantidades son dañinas. Los partidarios dicen que estas sustancias están de manera natural en la comida. Y algunos críticos dicen que la radiación no debe usarse hasta que haya más investigaciones al respecto.

Los investigadores quieren determinar si quienes comen alimentos irradiados durante un tiempo prolongado son más propensos a desarrollar cáncer. Otros dicen que la investigación a corto plazo muestra que la radiación es segura. Algunas alternativas, como rociar con pesticidas, son claramente más dañinas.

### ¿La radiación de alimentos hará que las personas sean menos cuidadosas al manejar la comida?
En Estados Unidos, todos los alimentos irradiados deben estar rotulados. Pero si las personas no tienen cuidado en lavarse las manos antes de prepararlos, la comida puede contaminarse. Además, las cantidades de radiación permitidas no eliminan todos los microorganismos dañinos. Es necesario cocinar los alimentos apropiadamente antes de comerlos, en especial la carne y los huevos. Algunos expertos en alimentos se preocupan de que la radiación haga sentirse seguras a las personas y sean menos cuidadosas al prepararlos.

## Tú decide

### 1. Identifica el problema
Con tus propias palabras, explica el problema de los alimentos irradiados.

### 2. Analiza las opciones
Haz una lista de pros y contras: (a) Pedir que todo alimento sea irradiado; (b) permitir, pero no exigir, los alimentos irradiados; (c) prohibir los alimentos irradiados.

### 3. Encuentra una solución
Ves dos contenedores de comida en el supermercado. Una está radiada; la otra no. El precio es el mismo. ¿Cuál comprarías? Explica por qué.

# SECCIÓN 3 Producir luz visible

## DESCUBRE ACTIVIDAD

### ¿En qué se diferencian las bombillas?

1. Tu maestro les proporcionará una bombilla incandescente y una fluorescente.
2. Examina las lámparas cuidadosamente. ¿Qué forma y tamaño tienen? Describe sus diferencias. Haz un dibujo de cada una y anota tus observaciones.
3. ¿Cómo piensas que producen luz?

**Reflexiona sobre**
*Plantear preguntas* Haz una lista de cinco preguntas que te ayuden a entender cómo funciona cada lámpara.

---

### GUÍA DE LECTURA

◆ ¿Cuáles son los tipos de bombillas de luz?

◆ ¿Qué colores de luz producen las bombillas incandescentes?

*Sugerencia de lectura* Al leer, compara y contrasta las diferentes maneras en que se produce luz.

**Figura 15** Las bombillas incandescentes se iluminan cuando la electricidad pasa por un filamento de tungsteno. *Inferir ¿Por qué las bombillas incandescentes se calientan tanto?*

Vidrio
Filamento de tungsteno

---

Mira tu cuarto. Muchos de los objetos son visibles porque reflejan la luz. Si no hubiera ninguna fuente de luz, no los verías. Un objeto que puede verse debido a que refleja la luz es un objeto **iluminado**. La luz ilumina la página que lees en tu pupitre. Un objeto que emite luz propia es un objeto **luminoso**. Una bombilla de luz, un cerillo encendido y el Sol son ejemplos de objetos luminosos.

Hay muchos tipos de iluminación. **Entre los tipos más comunes de iluminación están los que se producen por lámparas incandescentes, fluorescentes, de neón, de vapor de sodio y halógenas de tungsteno.** Algunas bombillas de luz producen un espectro de longitudes de onda continuo. Otras producen sólo algunas pocas longitudes de onda de luz. Puedes ver los colores de la luz que produce cada tipo de bombilla con un instrumento llamado **espectroscopio**.

## Lámpara incandescente

¿Has oído la expresión "al rojo vivo"? Cuando algunos objetos se calientan, arden y emiten una débil luz roja. Si se calientan aún más, la luz se vuelve blanca. Se dice que los objetos están al "blanco vivo". Las **lámparas incandescentes** brillan cuando se calienta el filamento dentro de ellas.

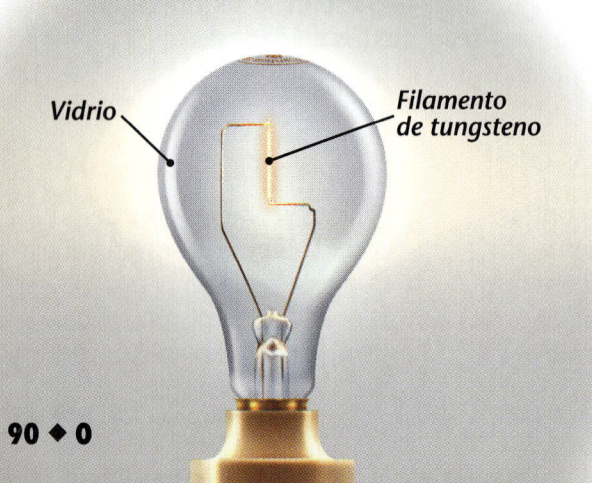

Observa una bombilla incandescente apagada. Notarás que adentro tiene un delgado alambre enrollado que se llama filamento. Está hecho de un metal llamado tungsteno. Cuando una corriente eléctrica pasa a través de este filamento, se calienta. Cuando se calienta lo suficiente, emite una luz roja de baja frecuencia. A medida que se calienta más, el filamento comienza a emitir luz con ondas de alta frecuencia. Una vez que los filamentos están lo suficientemente calientes para liberar luz violeta, todas las frecuencias de luz se combinan para producir luz blanca. **Las lámparas incandescentes emiten todos los colores de la luz visible: rojo, anaranjado, amarillo, verde, azul y violeta.**

Al inventor americano Thomas Edison se debe el haber desarrollado una bombilla de luz incandescente de larga duración en 1879. Edison sabía que si se pasaba una corriente eléctrica por un alambre, se calentaría y brillaría. Al experimentar con diferentes materiales para filamentos, Edison desarrolló una bombilla que brillaría por tiempo prolongado.

Las bombillas incandescentes no son muy eficientes para emitir luz. Menos de un diez por ciento de la energía se emite como luz. La mayoría de la energía producida por una bombilla incandescente se emite como rayos infrarrojos. Esto explica por qué las bombillas incandescentes pueden permanecer un poco calientes cuando se les deja encendidas por cierto tiempo.

### Lámparas fluorescentes

¿Has notado las bombillas largas y delgadas que hay en tiendas y oficinas? Son **lámparas fluorescentes.** Quizá haya algunas en la escuela. Cada tubo de vidrio contiene un gas y polvo.

Cuando una corriente eléctrica pasa por una lámpara fluorescente, causa que el gas emita ondas ultravioleta. Cuando las ondas ultravioleta chocan contra la cubierta de polvo dentro del tubo, la cubierta emite luz visible. A este proceso se le llama fluorescencia.

A diferencia de las lámparas incandescentes, las bombillas fluorescentes emiten la mayor parte de su energía como luz. Por lo general duran más que las bombillas incandescentes y usan menos electricidad, lo que los hace menos costosos.

*Punto clave* ¿Por qué las bombillas fluorescentes son más económicas que los incandescentes?

## Mejora tus destrezas

### Observar
ACTIVIDAD

Usa un espectroscopio para observar la luz que proviene de diferentes fuentes.
**PRECAUCION:** *No mires el sol con el espectroscopio.*

1. Mira una lámpara incandescente por el espectroscopio. Con lápices de colores, dibuja y rotula la banda de colores conforme aparecen en el espectroscopio.

2. Ahora, mira una lámpara fluorescente por el espectroscopio. Otra vez, dibuja y rotula lo que veas.

¿Por qué las dos bandas son del mismo color? ¿Por qué son diferentes? ¿Puedes explicar las diferencias?

**Figura 16** Las lámparas fluorescentes se usan por lo general en oficinas, tiendas y escuelas. Son eficientes y no son costosas.

Capítulo 3 **O ◆ 91**

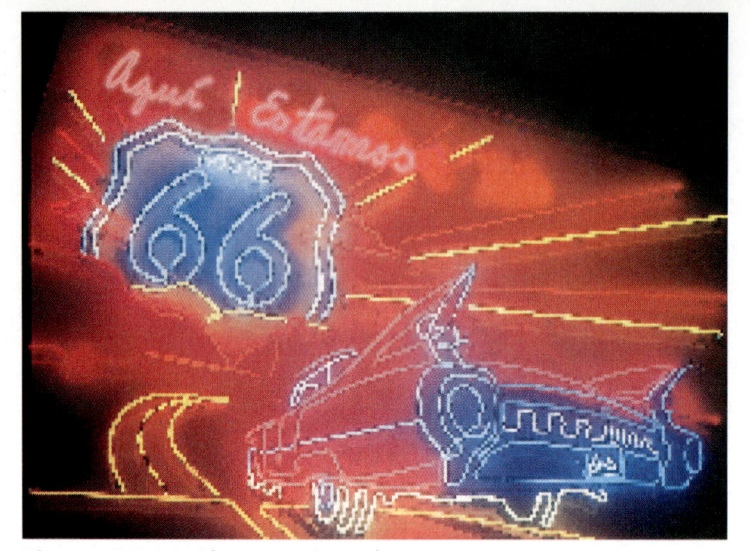

**Figura 17** Las lámparas de neón se usan en señales de advertencia y decoración. *Aplicar los conceptos* ¿Por qué son tan coloridas las luces de neón?

### Lámparas de neón

Algunos gases producen luz cuando una corriente eléctrica pasa por ellos. Por ejemplo, una **lámpara de neón** es un tubo de vidrio sellado lleno de neón. Cuando una corriente eléctrica pasa por el neón, las partículas del gas absorben energía. Sin embargo, las partículas del gas no pueden contener la energía por mucho tiempo. Esta energía es liberada en forma de luz. Este proceso se llama descarga eléctrica a través de gases.

El neón puro emite luz roja. Muchas veces, lo que se llama lámpara de neón tiene un gas diferente o una mezcla de gases en el tubo. Gases diferentes producen colores de luz diferentes. Por ejemplo, los vapores de argón y de mercurio producen luz azul verdosa. El helio da una luz amarilla oro. El kriptón da una luz violeta pálido. A veces los gases se ponen en tubos de vidrio de colores para producir otros colores. Las lámparas de neón se usan generalmente para señales brillantes y resplandecientes.

### Lámparas de vapor de sodio

Las **lámparas de vapor de sodio** contienen una cantidad pequeña de sodio sólido y un poco de gas argón y neón. Cuando el argón y el neón se calientan, brillan. Este brillo calienta el sodio y hace que cambie de sólido a gas. Las partículas de vapor de sodio liberan energía en forma de luz amarilla.

Las lámparas de vapor de sodio se usan por lo general para alumbrar las calles. Requieren muy poca electricidad para emitir una gran cantidad de luz, así que son muy económicas.

**Figura 18** Las lámparas de vapor de sodio emiten una luz amarilla. Generalmente se usan para iluminar calles y estacionamientos.

## Lámparas halógenas de tungsteno

Las **lámparas halógenas de tungsteno** funcionan en parte como las bombillas incandescentes. Tienen filamentos de tungsteno y contienen un gas del grupo de los llamados gases halógenos. Cuando la electricidad pasa por el filamento, éste se calienta y brilla. El halógeno hace que el filamento libere una luz blanca brillante.

Las lámparas halógenas de tungsteno son muy populares porque proporcionan luz blanca y brillante en bombillas pequeñas, además de que usan poca electricidad. Se usan en proyectores y en lámparas de piso. Debido a que las bombillas halógenas se calientan mucho, deben mantenerse lejos de materiales inflamables, como papel y cortinas.

**Figura 19** Las lámparas halógenas de tungsteno contienen gas halógeno y un filamento de tungsteno. Incluso las lámparas más pequeñas de este tipo producen una luz muy brillante.

## Bioluminiscencia

**INTEGRAR LAS CIENCIAS DE LA VIDA** ¿Has visto una luciérnaga? En la tarde de un verano cálido, sus luces resplandecen para atraer a su pareja. Las luciérnagas son ejemplos de organismos que producen su propia luz mediante un proceso llamado bioluminiscencia. La **bioluminiscencia** ocurre en un organismo como resultado de una reacción química entre proteínas y oxígeno. La reacción produce energía que se libera en forma de luz. A diferencia de una lámpara, que emite la mayor parte de su energía en rayos infrarrojos, la reacción que produce la bioluminiscencia libera casi toda su energía como luz.

También hay organismos bioluminiscentes en los océanos. Algunos tipos de aguamalas emiten luz cuando se les molesta. En el fondo del océano, donde no llega la luz solar, la bioluminiscencia es la única fuente de luz. Algunos peces del océano profundo usan la bioluminiscencia para buscar alimento o para atraer a su pareja.

**Figura 20** Esta aguamala produce luz por bioluminiscencia.

### Repaso de la sección 3

1. ¿Cuáles son los cinco tipos de iluminación más comunes?
2. ¿Cómo funciona una bombilla incandescente?
3. Compara los objetos luminosos con los objetos iluminados. Da dos ejemplos de cada uno.
4. ¿Por qué las lámparas fluorescentes se usan por lo general en establecimientos y escuelas?
5. **Razonamiento crítico  Formular juicios** Haz una lista de las habitaciones de tu casa. ¿Qué tipo de luz crees que es la mejor para cada habitación?

### Las ciencias en casa

Invita a algún miembro de tu familia a visitar establecimientos donde vendan bombillas. Pide al vendedor que describa las diferentes clases de bombillas que vende. Lee la información que incluye cada bombilla. Pide al vendedor que te explique los términos que no entiendas. Busca también el precio y la duración esperada de las bombillas. ¿Cómo ayuda esta información a tu familia a comprar bombillas más económicas?

Capítulo 3

## Laboratorio real

### Tú, el consumidor

# Comparar bombillas

En esta práctica, harás un experimento para comparar la iluminación de diferentes bombillas.

## Problema

¿Qué bombilla ilumina mejor?

## Enfoque en las destrezas

crear experimentos, controlar variables, medir, sacar conclusiones

## Materiales (por grupo)

una variedad de bombillas que se adapten a la misma lámpara o portalámparas
caja de cartón de tamaño mediano
portalámparas o lámpara (sin pantalla)
cinta métrica      papel de aluminio
tijeras            papel liso

## Procedimiento

1. Sigue las instrucciones para construir tu propia caja de luz. La caja te permite probar la iluminación que proporciona cada bombilla.
2. Con un compañero, examina diferentes bombillas. ¿Cuál es la potencia (vatios), iluminación (lumen) y duración (horas) de cada una?
3. ¿Cómo puedes probar tu predicción?
   ◆ ¿Qué tipo de bombillas incandescentes vas a usar?
   ◆ ¿Qué variables se mantendrán constantes? ¿Cuáles cambiarán?
4. Haz una tabla de datos como la que se muestra a la derecha para reunir tus datos.
5. Revisa tu plan. ¿Tu procedimiento te ayudará a hallar respuesta al problema?

### Cómo construir y usar una caja de luz

A. Usa una caja de cartón de tamaño mediano, como las cajas de papel para fotocopiadora. Si la caja tiene tapas, córtalas.

B. Corta un agujero para ver (de 2 × 4 cm) en el fondo de la caja. Estará en la parte de arriba al usar la caja. Es el agujero A.

C. Haz otro agujero (de 1 × 1 cm) en uno de los lados de la caja. Es el agujero B. Permitirá que la luz de la bombilla entre en la caja.

D. Para disminuir la cantidad de luz que pueda entrar, cubre el agujero B con dos capas de papel de aluminio.

E. Pon una de las bombillas en la lámpara y colócalas a un lado de la caja, como a 1 m del agujero B.

F. Pide a un compañero que escriba una letra secreta en un pedazo de papel liso. Pon el papel en la mesa. Coloca la caja de luz sobre el papel con el agujero para ver hacia él.

G. Ahora mira a través del agujero A.

H. Enciende la lámpara y mueve la luz hacia la caja hasta que puedas leer la letra secreta. Mide la distancia entre la bombilla y el agujero B.

### TABLA DE DATOS

| Bombilla # | Marca | Potencia (vatios) | Iluminación (lúmenes) | Vida (hrs) | Costo ($) | Distancia de la bombilla a la caja de luz (cm) |
|---|---|---|---|---|---|---|
|  |  |  |  |  |  |  |
|  |  |  |  |  |  |  |

6. Pide a tu maestro que revise tu procedimiento.
7. Antes de que repitas los pasos para la segunda bombilla, repasa tu procedimiento. ¿Cómo puedes mejorar la exactitud de tus resultados?
8. Prueba la iluminación del resto de las bombillas.

## Analizar y concluir

1. ¿De qué manera la distancia entre la bombilla y el agujero B afecta la facilidad con que puedes leer la letra secreta?
2. Con base en tus observaciones, ¿qué infieres acerca de la iluminación de cada bombilla? ¿Qué bombilla ilumina mejor?
3. ¿Cómo se comparan tus resultados con tu predicción? ¿Qué aprendiste que no hayas sabido cuando hiciste tu predicción?
4. ¿Qué factores afectan la iluminación que proporciona una bombilla?
5. **Aplicar** Con base en tus resultados, ¿crees que la bombilla más cara es la mejor?

## Explorar más

Modifica tu caja de luz y repite la actividad. ¿Qué otros materiales usarías? ¿Harías tu caja de luz más grande o más pequeña que la primera? ¿Cómo se comparan las cajas de luz al probar la iluminación de las bombillas?

### INTEGRAR LA TECNOLOGÍA

# SECCIÓN 4 Comunicación inalámbrica

## DESCUBRE ACTIVIDAD

### ¿Cómo pueden cambiarse las ondas de radio?

1. Traza el diagrama de una onda en una hoja de papel copia. Después, transfiere el diagrama a una parte plana de una pelota o de un globo de látex.
2. Estira el látex horizontalmente. ¿Qué diferencia hay entre la onda estirada y la que está en el papel?
3. Ahora estira el látex verticalmente. ¿Qué diferencia hay entre esta onda y la que está en el papel? ¿En qué es diferente de la onda del Paso 2?

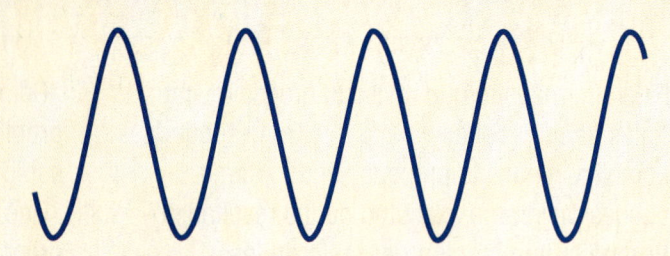

**Reflexiona sobre**
*Hacer modelos* ¿Cuál estiramiento cambia la amplitud de la onda? ¿Cuál estiramiento cambia la frecuencia de la onda?

### GUÍA DE LECTURA

◆ ¿Cómo se usan las ondas de radio para transmitir información?

◆ ¿Cómo funcionan las ondas electromagnéticas en los teléfonos celulares y los radiolocalizadores?

◆ ¿Cómo se usan los satélites para retransmitir información?

*Sugerencia de lectura* Antes de leer, mira los diagramas y las leyendas de la sección. Haz una lista de los términos que no conozcas. A medida que leas, escribe la definición de cada término de tu lista.

Los cambios recientes de la tecnología han convertido a nuestro mundo en una aldea global. Actualmente es posible comunicarse en segundos con personas del otro lado del mundo. Podemos ver la transmisión de un juego de fútbol en Europa o un noticiero del Medio Oriente. Una vez que los científicos descubrieron que los mensajes pueden enviarse en ondas electromagnéticas, hicieron que las señales de comunicación viajaran a la velocidad de la luz.

## Radio y televisión

¿Cómo es que tu estación de radio o tu programa de televisión favorito llegan hasta ti? Estos programas son traídos, o transmitidos, por ondas de radio. Las radiotransmisiones se producen cuando partículas cargadas se mueven de ida y vuelta por antenas de transmisión. Estas transmisiones son emitidas, o enviadas, en todas direcciones. Las ondas de radio llevan información de la antena de una estación emisora a la antena receptora de tu radio o de tu televisor. No confundas el sonido que viene de tu radio con las ondas de radio. Tu radio convierte la radiotransmisión en ondas de sonido.

Hay muchas estaciones de radio y televisión, y todas envían señales. ¿Entonces, cómo llega con claridad cada programa o canción? Al recorrer el cuadrante puedes oír diferentes estaciones de radio. Ve el cuadrante de un radio en la Figura 21. Cada número del cuadrante representa una frecuencia diferente que se mide ya sea en kilohertz (kHz) o en megahertz (MHz).

**Figura 21** El cuadrante del radio muestra las bandas de frecuencia AM y FM. Cada estación de radio tiene asignada una frecuencia portadora.

Recuerda que un hertz es un ciclo por segundo. Si algo vibra 1000 veces en un segundo, tiene una frecuencia de 1,000 Hz, o 1 kilohertz (kHz). (El prefijo *kilo-* significa "mil".) Si algo vibra 1,000,000 de veces en un segundo, tiene una frecuencia de 1,000,000 Hz, o 1 megahertz (MHz). (El prefijo *mega-* significa "un millón".)

En Estados Unidos, la Comisión Federal de Comunicaciones (Federal Communications Commission, o FCC), asigna diferentes frecuencias de ondas de radio para usos diferentes. Las estaciones de radio están autorizadas para usar una parte del espectro, y las estaciones de televisión otras. Los radios de taxis y de la policía también tienen asignados un grupo de frecuencias. De esta manera, el espectro completo de las ondas de radio se divide en bandas que se usan para diferentes propósitos.

Cada estación de radio o televisión tiene asignada una frecuencia de transmisión básica, conocida como frecuencia portadora. Cada estación es identificada por la frecuencia en que transmite. Las estaciones de radio transmiten en una de las dos principales bandas de frecuencia: AM y FM.

**Radio AM** AM quiere decir **amplitud modulada**. En una transmisión de AM, la frecuencia de la onda permanece constante. La información que se convertirá en sonido, como la locución y la música, se codifica en cambios, o modulaciones, en la amplitud de la onda. **En una estación emisora, la música y la locución son convertidas de sonido a señales electrónicas. Luego, las señales electrónicas de las emisiones de AM son convertidas en patrones de cambios en la amplitud de las ondas de radio.**

**Figura 22** Las señales del sonido se transportan por variaciones en la amplitud (AM) o la frecuencia (FM) de las ondas de radio. *Interpretar diagramas* ¿Qué permanece constante en la onda de AM? ¿Y en la onda de FM?

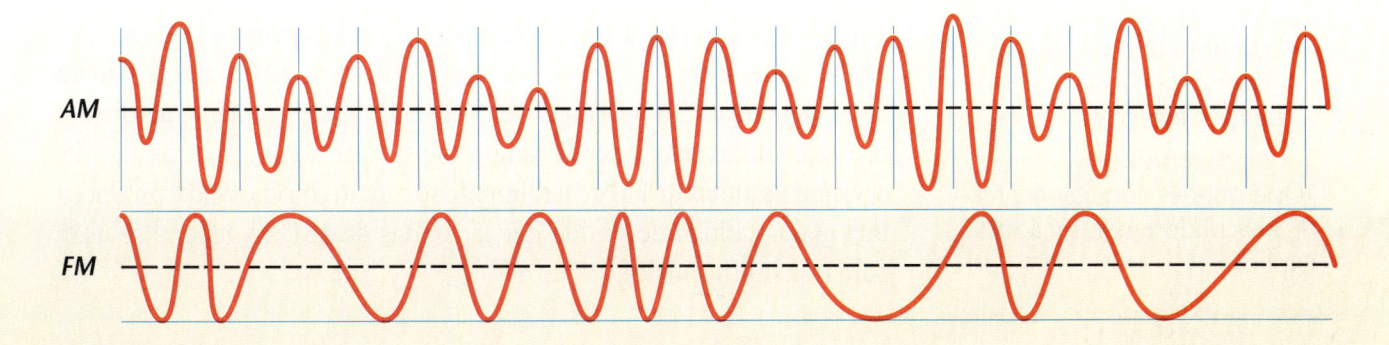

Capítulo 3 **O ◆ 97**

**Figura 23** Las ondas de radio de AM se reflejan en la ionosfera. Las de FM pasan a través de ella.
*Aplicar los conceptos* ¿Qué tipo de emisión tiene un rango de mayor duración en la Tierra?

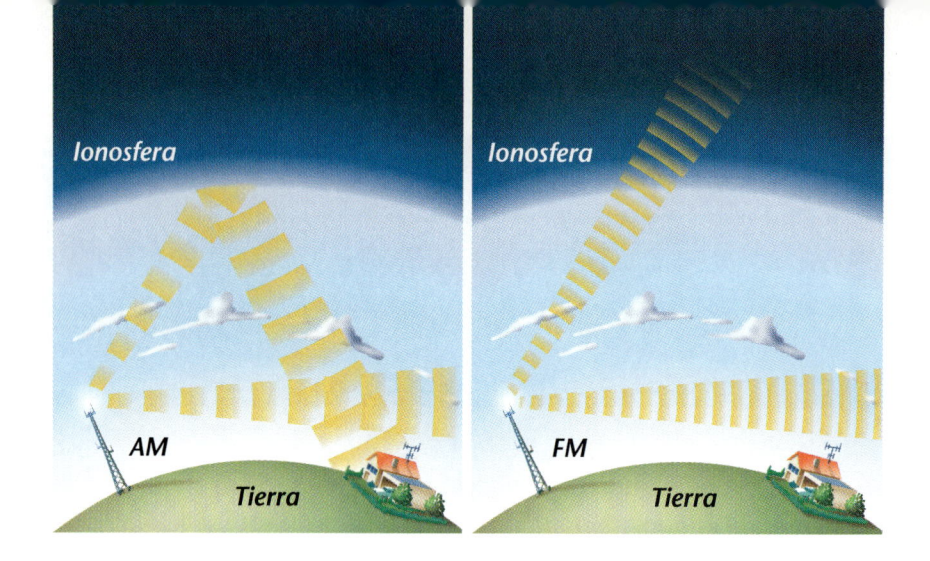

Tu radio capta una onda y convierte la información codificada en señal electrónica. Esta señal va al altavoz del radio y sale como ondas de sonido.

Las frecuencias de AM usadas por la radio transmiten en un rango de 535 kHz a 1,605 kHz. Estas ondas de radio vibran en un rango de frecuencias de 535 mil a 1,605 mil veces por segundo.

Las ondas de AM tienen longitudes de onda relativamente largas y se reflejan fácilmente por la ionosfera de la Tierra. La ionosfera es una capa eléctricamente cargada que está arriba de la atmósfera. La Figura 23 muestra cómo esta reflexión permite a las ondas de AM "curvarse" en torno a la curvatura de la superficie de la Tierra. Por eso las estaciones de radio de AM pueden transmitir a grandes distancias, especialmente por las noches, cuando la absorción de las ondas de radio por la ionosfera es mínima. Sin embargo, la recepción de las ondas de AM a veces no es muy clara. Por eso, las estaciones de radio de AM generalmente transmiten más programas hablados que de música.

**Radio FM** FM quiere decir **frecuencia modulada**. En las transmisiones de FM, la amplitud de la onda permanece constante. **Las señales de FM viajan como cambios, o modulaciones, en la frecuencia de la onda.**

Si ves en el cuadrante de un radio, las estaciones transmiten a frecuencias de 88 MHz a 108 MHz. Las ondas de radio de FM vibran de 88 millones a 108 millones de veces por segundo. Las frecuencias de las estaciones de FM son mucho más altas que las de AM, que vibra sólo miles de veces por segundo.

Debido a que las ondas de FM tienen frecuencias altas y más energía que las de AM, penetran la atmósfera y no son reflejadas a la Tierra. Por eso las ondas de FM no viajan tan lejos como las de AM. Si has tenido un largo viaje en automóvil con el radio encendido, seguramente perdiste la recepción de las estaciones de radio y tuviste que sintonizar otras durante el viaje. Las ondas de FM generalmente se captan con claridad y producen una mejor calidad de sonido que las ondas de AM. En general se usan para transmitir música.

## INTÉNTALO

### Genera interferencia electromagnética

Descubre qué aparatos producen ondas de radio.

**ACTIVIDAD**

1. Enciende un televisor que no esté conectado a la televisión por cable. Baja el volumen. Observa la imagen de la pantalla.
2. Conecta una licuadora o una secadora de pelo y enciéndela.
3. Cambia la velocidad de la licuadora o la secadora. ¿Qué pasa con la imagen de la televisión?

*Sacar conclusiones*
¿Qué puedes concluir acerca de la licuadora o la secadora? Explica.

**Televisión** Las transmisiones de televisión son parecidas a las de radio, excepto porque las ondas electromagnéticas transportan tanto señales visuales como sonoras. Hay dos bandas principales de frecuencias de ondas de televisión: Frecuencia muy alta (Very High Frecuency, VHF) y frecuencia ultra alta (Ultra High Frecuency, UHF). La banda de frecuencias de los canales de televisión de VHF es de 54 MHz a 216 Mhz, y corresponde a los canales 2 al 13 en tu televisión. Esta banda de frecuencias incluye algunas frecuencias de radio FM, así que las estaciones de televisoras están restringidas al uso de frecuencias reservadas para las estaciones de radio. La banda de frecuencias de los canales de UHF es de 470 MHz a 806 MHz y corresponde a los canales 14 al 69.

El clima puede afectar la recepción de las señales de televisión. Para tener una mejor recepción, las compañías de cable captan las señales, las mejoran y las envían a las casas a través de cables. La recepción por cable es por lo general más clara que la recepción por antena. Hoy día, la mitad de los hogares estadounidenses tiene televisión por cable.

*Punto clave* ¿Qué significan las iniciales VHF y UHF?

## Teléfonos celulares

Los teléfonos celulares son hoy en día muy comunes. **Los teléfonos celulares transmiten y captan señales mediante ondas de radio de alta frecuencia, o microondas.** El sistema celular funciona en regiones divididas en células muy pequeñas. Cada célula tiene su propio transmisor y su receptor. Las células próximas a otras tienen asignadas frecuencias diferentes, sin embargo puede asignarse la misma frecuencia a las que no están próximas. Las ondas de los teléfonos celulares son lo suficientemente fuertes para alcanzar sólo a pocas células cercanas. No pueden viajar grandes distancias. Esto permite que muchos teléfonos en diferentes áreas usen la misma frecuencia al mismo tiempo sin que se interfieran.

Como los usuarios viajan de una célula a otra, las señales se transfieren de una célula a otra con interrupciones muy pequeñas. Si viajan fuera del área de una compañía, otra se hace responsable de transmitir las señales.

La mayoría de los teléfonos celulares son más costoso que los que usan alambres. Pero se están volviendo más fáciles de adquirir. Los teléfonos celulares permiten a los usuarios hacer y recibir llamadas sin tener que usar el teléfono de otro o buscar uno de paga.

**Figura 24** Los teléfonos celulares transmiten y captan ondas de radio que viajan distancias cortas.

### Teléfonos inalámbricos

Los teléfonos celulares no deben confundirse con los inalámbricos, puesto que los inalámbricos se conectan a la línea telefónica igual que los ordinarios. La única diferencia es que no hay alambre entre el auricular y la base. La información se transmite del auricular a la base por ondas de radio, así que se puede alejar de la base mientras se habla por teléfono.

### Radiolocalizadores

Los radiolocalizadores son aparatos electrónicos pequeños que pueden llevarse en los bolsillos o prendidos en la ropa. Para enviar un mensaje a alguien, se debe marcar el número telefónico del radiolocalizador. Esto

## CIENCIAS e Historia

# Comunicación inalámbrica

Desde finales del siglo XIX, muchos sucesos en las comunicaciones han convertido a nuestro mundo en una aldea global.

### 1895
**Primera transmisión inalámbrica**

Guglielmo Marconi usó ondas de radio para enviar una señal codificada, sin alambre, a más de 2 km.

### 1923
**Comunicación entre barcos**

Por primera vez, la tripulación de un barco pudo hablar con la de otro barco. Las señales se enviaron como ondas electromagnéticas, captadas por antena y convertidas en sonido.

--- 1900 --- 1920 ---

### 1888
**Onda electromagnética**

Heinrich Hertz probó la predicción de James Clerk Maxwell de que existían las ondas de radio. Demostró que las ondas se reflejan, refractan, difractan y polarizan igual que las ondas de luz.

### 1901
**Primeras señales trasatlánticas**

El 12 de diciembre, la primera señal de radio trasatlántica se envió de la ensenada Poldhu cove, Cornwall, Inglaterra, a Signal Hill, Newfoundland. Las ondas electromagnéticas codificadas viajaron más de 3,000 km a través del aire.

Signal Hill, Newfoundland

Cornwall, Inglaterra

puede hacerse desde un teléfono o desde otro radiolocalizador. Dependiendo del aparato, puede señalarse el número telefónico o dejar un mensaje de voz. Algunos radiolocalizadores incluso permiten que el usuario reciba mensajes en texto.

**Cuando se deja un mensaje para un radiolocalizador, la información se envía primero a una estación receptora. Ahí es codificada y enviada como ondas electromagnéticas al radiolocalizador.** Entonces el aparato suena o vibra para hacer saber al propietario que tiene un mensaje. Algunos radiolocalizadores son de dos direcciones. Esto significa que el aparato puede enviar señales electromagnéticas a la estación receptora, que les envía la persona que envió el mensaje original.

### En tu diario

En la biblioteca de tu localidad o de tu escuela, busca más información sobre Guglielmo Marconi. Imagina que has sido contratado como su asistente. Escribe a un amigo una carta que describa tu nuevo trabajo.

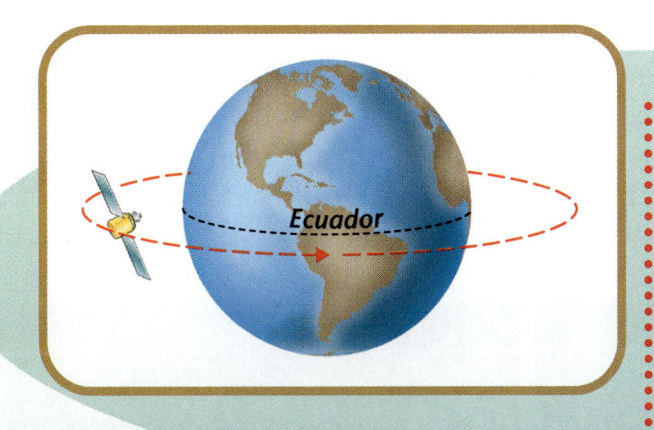

### 1963
#### Órbita geosíncrona

Satélites de comunicación orbitan a altitudes de 35,000 km. A esta altitud, un satélite gira a la misma velocidad de rotación de la Tierra. Un satélite cuya órbita está arriba del ecuador se mantiene en la misma localización conforme la Tierra gira.

**1940** — **1960** — **1980**

### 1957
#### Sputnik I

El 4 de octubre, la Unión Soviética se convirtió en el primer país que tuvo éxito en poner en órbita un satélite artificial. Este avance condujo a una nueva era en las comunicaciones. Desde entonces, más de 5,000 satélites artificiales se han puesto en órbita.

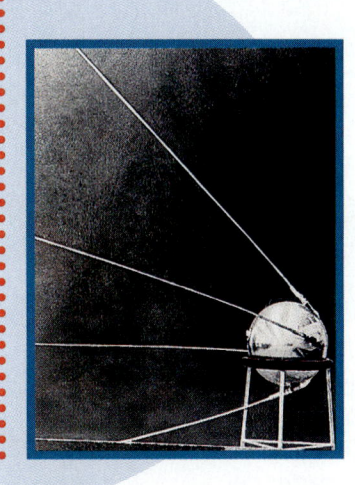

### 1979
#### Red de teléfonos celulares

La primera red de teléfonos celulares se estableció en Japón. Esto permitió hacer y recibir llamadas sin cable telefónico.

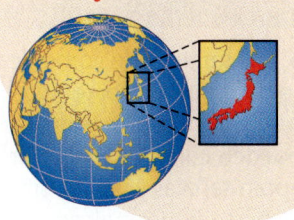

Capítulo 3 ◆ 101

## Satélites de comunicaciones

A partir del desarrollo de la tecnología de los satélites, las comunicaciones se han vuelto más rápidas y baratas. Así, los satélites de comunicaciones funcionan como los transmisores y los receptores de un sistema telefónico celular. Los satélites que orbitan la Tierra captan señales de radio, televisión y teléfono, y las transmiten por todo el mundo. **Las ondas de radio son enviadas de la Tierra al satélite, que retransmite las ondas hacia otros receptores de la Tierra.** La mayoría de los satélites refuerzan las señales antes de enviarlas de regreso a la Tierra. Los satélites de comunicaciones pueden retransmitir varias señales al mismo tiempo.

Debido a que un satélite sólo puede "ver" parte de la Tierra en un momento dado, es necesario tener más de un satélite en órbita para cualquier propósito determinado. De esta manera, las señales pueden ser enviadas alrededor del mundo todo el tiempo.

**Sistemas telefónicos por satélite** En los años recientes, el uso de los teléfonos ha crecido tanto que muchas compañías telefónicas han tenido que desarrollar nuevas maneras de transmitir ondas electromagnéticas. Varias compañías han desarrollado sistemas telefónicos de satélite. Las ondas de radio son enviadas a través de la atmósfera, captadas por uno de los satélites de comunicación, y transmitidas de regreso a la Tierra. Este sistema hace que las llamadas de larga distancia sean más fácilmente disponibles y de menor costo.

**Figura 25** Los satélites de comunicaciones son objetos espaciales guiados a control remoto que orbitan la Tierra. Debido a que las ondas electromagnéticas viajan en línea recta, no pueden curvarse alrededor de la Tierra. Los satélites captan señales y las transmiten a las partes del mundo que no se podrían alcanzar de otra manera.

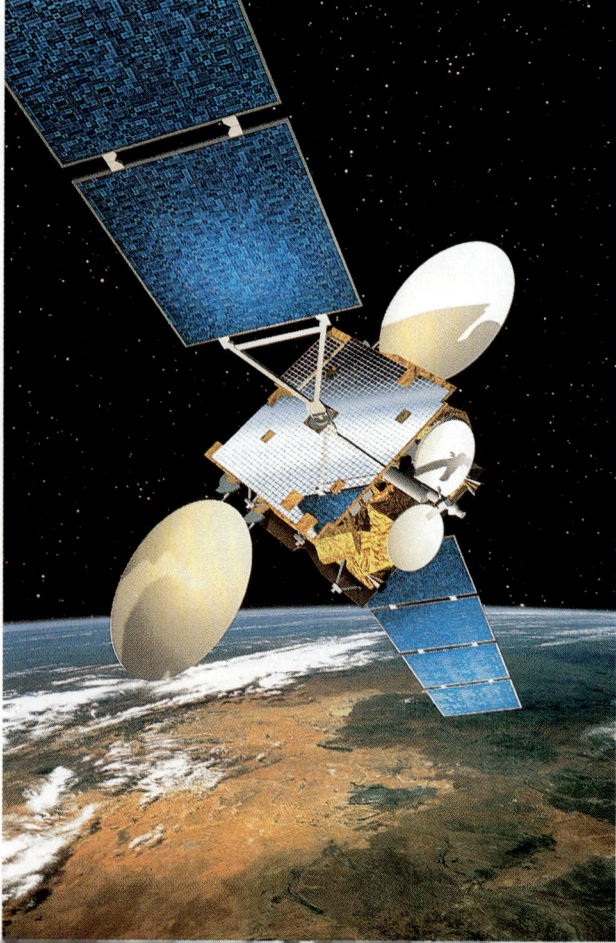

**Satélites de televisión** Las redes de televisión usan satélites de comunicaciones para enviar sus señales a las estaciones locales. La frecuencia modulada convierte las señales de televisión en ondas de radio.

Algunas personas tienen sus propias antenas para captar las señales directamente de los satélites. Debido a que las antenas tienen forma de plato, se conocen como antenas de plato. Las primeras antenas de plato eran muy grandes, pero a medida que cambiaron las frecuencias de las señales de transmisión, las antenas de plato se han hecho más pequeñas. Además, los satélites modernos son mucho más poderosos.

**El Sistema de Posicionamiento Mundial** El Sistema de Posicionamiento Mundial (Global Positioning System, GPS) se diseñó originalmente para usos militares de Estados Unidos. Hoy, miles de civiles usan el sistema para la navegación. El Sistema de Posicionamiento Mundial usa un grupo de 24 satélites de comunicación. Los satélites del GPS transmiten a la Tierra señales de radio. Estas señales pueden indicar tu lugar exacto en la superficie de la Tierra, e incluso en el aire. Con el GPS, cualquiera que esté en la Tierra puede recibir estas señales.

Actualmente, los receptores del GPS se vuelven cada vez más comunes en aviones, barcos e incluso en automóviles. En algunos automóviles puedes escribir tu lugar de destino en una computadora y obtener el mapa de tu ruta del GPS. Una voz computarizada podría incluso decir cuándo virar hacia la derecha o hacia la izquierda.

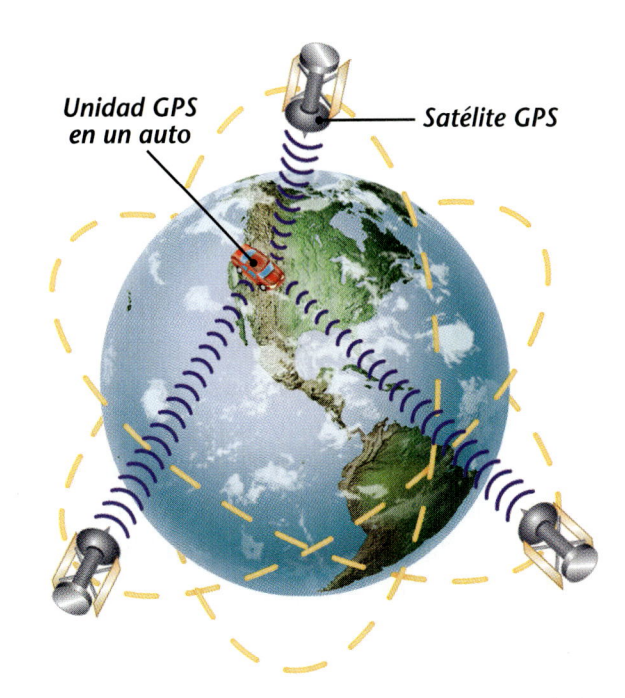

**Figura 26** El Sistema de Posicionamiento Mundial (GPS) usa un grupo de 24 satélites, cada uno en su propia órbita. Los receptores en autos, barcos y aviones usan las señales de al menos tres satélites para determinar su lugar exacto en la Tierra.

## Repaso de la sección 4

1. Describe cómo los sonidos de una estación de radio, como locución y música, se convierten en ondas de radio.
2. ¿Cuál es la diferencia entre las transmisiones de radio de AM y FM?
3. ¿Cómo funciona el sistema de telefonía celular?
4. ¿Cómo retransmite un satélite las señales de radio y televisión?
5. **Razonamiento crítico   Predecir** ¿Qué crees que pasaría si la Comisión Federal de Comunicaciones no controlara el uso de las frecuencias de las ondas de radio?

### Comprueba tu aprendizaje

Reúne tus encuestas y apunta tus resultados. Al analizar tus datos, busca patrones. Puedes usar gráficas de barras o de círculos para mostrar lo que encontraste. Incluye información sobre costo, duración y cualquier otro asunto que hayas preguntado en tu encuesta. Escribe uno o dos párrafos donde expliques tus conclusiones.

## Laboratorio real

### Cómo funciona

# Construir un radio de cristal

El primer radio, llamado de cristal, se inventó a principios de 1900. Al principio, las personas construyeron su propio equipo de cristal para captar las transmisiones emitidas por las estaciones de radio local. En este experimento, construirás tu propio radio de cristal y aprenderás cómo funciona.

## Problema

¿Cómo se puede construir un aparato que colecte y convierta las señales de radio?

## Enfoque en las destrezas

medir, observar, resolver problemas, sacar conclusiones

## Materiales (por grupo)

tubo de cartulina (rollo de toalla de papel)
3 piezas de alambre esmaltado o aislado, 1 de 30 m y 2 de 30 cm de largo
pinzas para pelar cables o lijas
2 pinzas de caimán
tijeras
papel de aluminio
2 piezas de cartulina (el tamaño puede variar entre 12.5 cm × 20 cm y 30 cm × 48 cm)
cinta adhesiva
diodo de cristal
audífono
2 piezas de cable de antena de cobre aisladas, uno de aproximadamente 30 m y otro de 0.5 m de largo.

## Procedimiento

### Parte 1 Enrolla la bobina del radio

(*Sugerencia:* Los extremos del alambre aislado deben pelarse para descubrir el metal. Si el alambre está esmaltado, deberán lijarse las puntas.)

1. Con cuidado, haz dos orificios separados aproximadamente 2.5 cm en cada extremo del tubo de cartulina. Los orificios deben ser lo suficientemente grandes para que el alambre aislado pase a través de ellos.
2. Inserta el extremo del alambre aislado de 30 m a través de dos orificios. Deja una punta de 50 cm en el extremo. Sujeta esta punta con la pinza de caimán #1. Observa la Figura 1.
3. Enrolla estrechamente el cable alrededor del tubo de cartulina. Asegúrate de que las vueltas queden juntas y no unas sobre otras.
4. Enrolla el cable hasta el final del tubo. Inserta el extremo del cable a través de los otros dos orificios, dejando una punta de 50 cm como antes. Sujeta esta punta con la pinza de caimán #2. Observa la Figura 2.

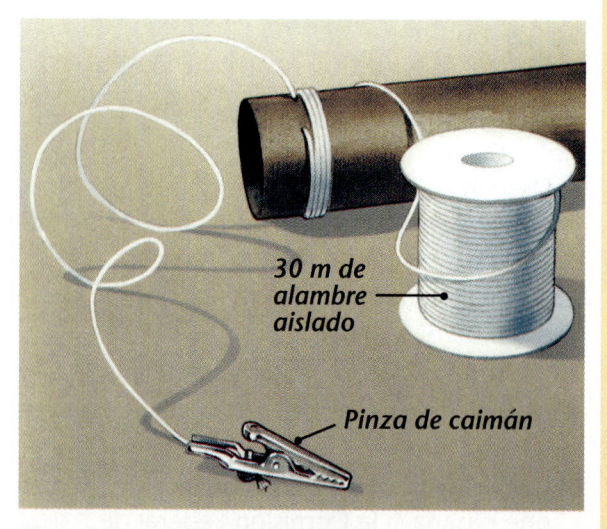

**Figura 1** Enrollando el cable

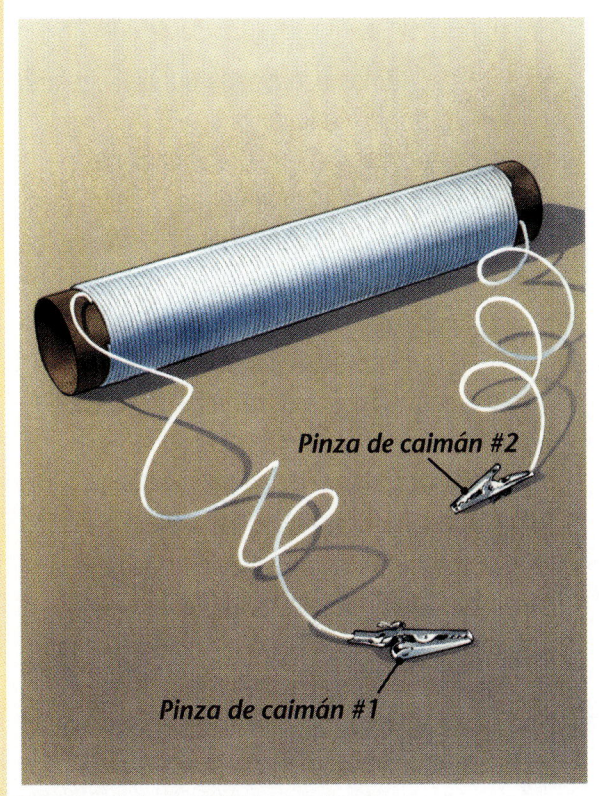

**Figura 2** La bobina terminada

## Parte 2 Haz los sintonizadores

5. Sin arrugar el papel de aluminio, cubre una parte de cada pieza de cartulina con el papel. Recorta el sobrante de papel y pégalo con cinta adhesiva.
6. Junta las piezas de cartulina con el papel de aluminio hacia adentro. Pégalas con cinta por el borde para formar una bisagra. Es importante que las piezas de papel de aluminio estén juntos pero que no se toquen. Observa la Figura 3.
7. Haz un orificio pequeño a través del papel y la cartulina en un lado junto a la esquina. Mete una pieza corta de cable aislado por el orificio y pégalo en el papel como se muestra. Pega la otra pieza corta de cable aislado en la otra esquina. Observa la Figura 4.
8. Conecta un extremo del cable del papel a la pinza de caimán #1. Conecta el otro cable del papel a la pinza de caimán #2.

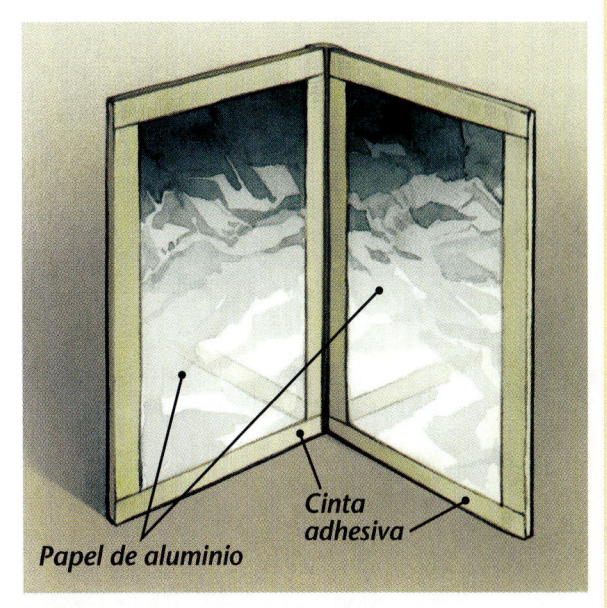

**Figura 3** Los sintonizadores

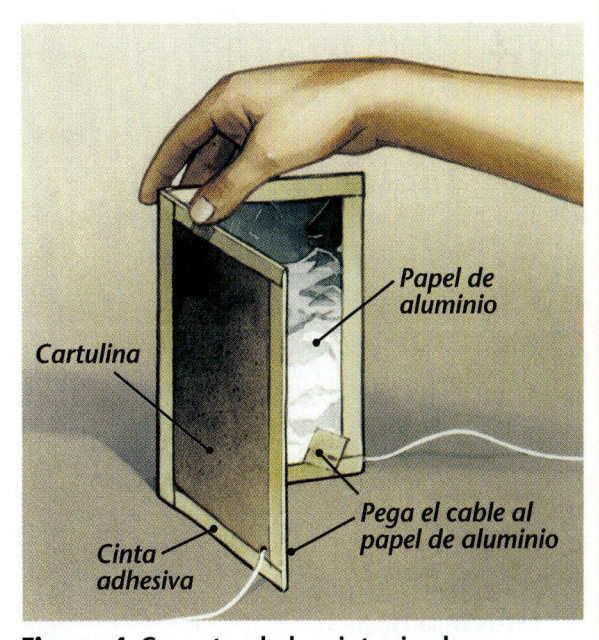

**Figura 4** Conectando los sintonizadores

## Parte 3 Prepara el audífono

9. Sostén con cuidado el diodo. Conecta un cable del diodo a la pinza de caimán #1. La flecha del diodo debe apuntar al audífono. Pega el otro extremo del cable del diodo con uno de los del audífono.
10. Conecta el otro cable del audífono con la pinza de caimán #2. Observa la Figura 5.

Capítulo 3 ◆ 105

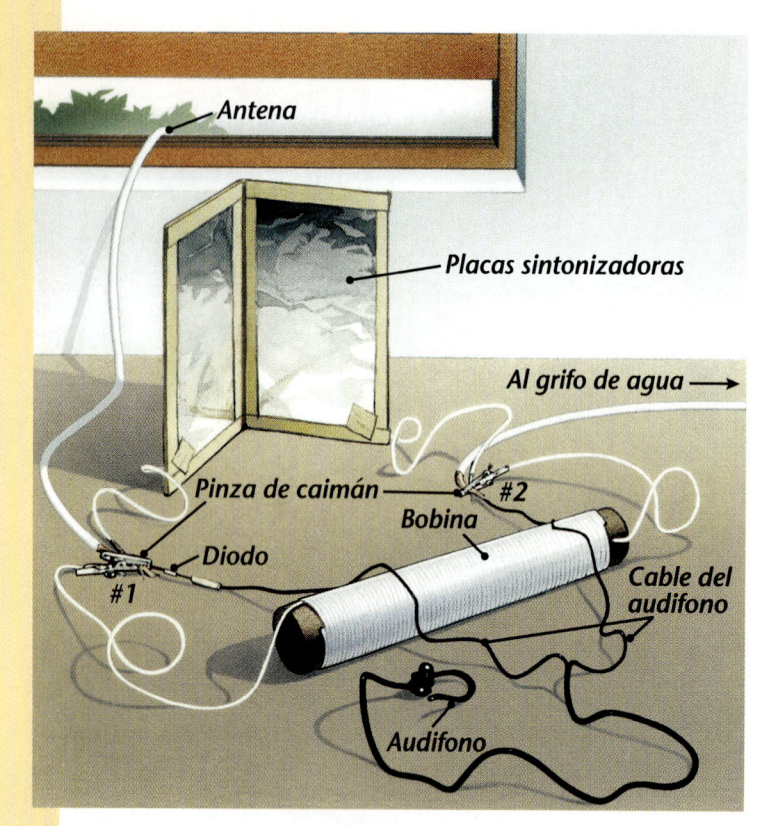

**Figura 5** El radio terminado

## Parte 4 Conecta la antena

11. Coloca la pieza larga de cable de antena por el piso hasta afuera de la ventana. Conecta el otro extremo del cable a la pinza de caimán #1.
12. Conecta un extremo de la pieza corta de cable de antena a una tubería de agua fría o a un grifo. Conecta el otro extremo a la pinza de caimán #2. Observa la Figura 5.
13. Enciende el audífono y trata de localizar una estación apretando ligeramente los sintonizadores hasta que oigas una señal. Algunas estaciones se oirán cuando los sintonizadores estén juntos, y otras cuando estén separados.

## Analizar y concluir

1. ¿Cuántas estaciones puedes captar? ¿Dónde se localizan geográficamente las estaciones? ¿Qué estaciones tienen la señal más fuerte? Lleva un registro de todas las estaciones que puedas captar.
2. ¿Cómo afecta el ajuste de los sintonizadores las señales de radio?
3. Un radio de cristal no es un receptor poderoso. Puedes mejorar la recepción con una buena antena.
4. **Aplicar** ¿Qué semejanzas y diferencias hay entre un radio moderno y uno de cristal?

## Crear un experimento

Con tu radio de cristal o con cualquier otro radio, prueba la recepción de la señal a diferentes horas del día. ¿Captas más estaciones por la mañana o por la noche? ¿Por qué crees que ciertas horas del día son mejores para captar ondas de radio?

# GUÍA DE ESTUDIO

## SECCIÓN 1 — Naturaleza de las ondas electromagnéticas

### Ideas clave
- Las ondas electromagnéticas pueden transferir energía sin un medio.
- Las ondas electromagnéticas transfieren energía por medio de cambios eléctricos y campos magnéticos.
- A veces la luz actúa como un grupo de ondas, y a veces como un flujo de partículas.

### Términos clave
ondas electromagnéticas
radiación electromagnética
luz polarizada
efecto fotoeléctrico
fotón

## SECCIÓN 2 — Ondas del espectro electromagnético

### Ideas clave
- Todas las ondas electromagnéticas viajan a la misma velocidad, pero tienen diferentes longitudes de onda y diferentes frecuencias.
- El espectro electromagnético se compone de ondas de radio, rayos infrarrojos, luz visible, rayos ultravioleta, rayos X y rayos gamma.
- Las ondas de radio y el efecto Doppler pueden usarse para conocer la velocidad de los objetos en movimiento.
- Los colores del espectro visible son rojo, anaranjado, amarillo, verde, azul y violeta.

### Términos clave
espectro electromagnético
ondas de radio
microondas
radar
resonancia magnética
rayos infrarrojos
termograma
luz visible
rayos ultravioleta
rayos X
rayos gamma

## SECCIÓN 3 — Producir luz visible

### Ideas clave
- Las bombillas pueden ser incandescentes, fluorescentes, de neón, de vapor de sodio, o halógenas de tungsteno.
- Las lámparas incandescentes emiten todos los colores del espectro visible.
- Algunos organismos producen luz por bioluminiscencia.

### Términos clave
iluminado
luminoso
espectroscopio
lámpara incandescente
lámpara fluorescente
lámpara de neón
lámpara de vapor de sodio
lámpara halógena de tungsteno
bioluminiscencia

## SECCIÓN 4 — Comunicación inalámbrica
INTEGRAR LA TECNOLOGÍA

### Ideas clave
- En las estaciones emisoras, la música y las palabras son convertidas de sonido a señales eléctricas y después en patrones de cambios de ondas de radio.
- Las emisiones de AM transmiten información modificando la amplitud de la señal mientras la frecuencia permanece constante. Las emisiones de AM cambian la frecuencia de la señal mientras que la amplitud de onda permanece constante.
- Los teléfonos celulares transmiten y reciben señales mediante ondas de radio de alta frecuencia.
- Cuando dejas un mensaje para un radiolocalizador, la información es enviada primero a una estación receptora. Ahí es codificada y direccionada al radiolocalizador correcto.
- Las señales de radio, televisión y teléfono son enviadas de la Tierra a los satélites de comunicaciones, que después retransmiten las señales a los receptores alrededor del mundo.

### Términos clave
amplitud modulada
frecuencia modulada

**ACTIVIDAD**
USAR LA INTERNET
www.science-explorer.phschool.com

Capítulo 3 **CAPÍTULO 3 REPASO**

# CAPÍTULO 3 REPASO

## Repaso del contenido

*Para repasar los conceptos clave, consulta el Interactive Student Tutorial CD-ROM.*

### Opción múltiple
*Elige la letra que complete mejor cada enunciado.*

1. Todas las ondas electromagnéticas tienen la misma
   a. frecuencia.
   b. velocidad.
   c. longitud de onda.
   d. energía.
2. Las ondas electromagnéticas que tienen la longitud de onda más grande son
   a. las ondas de radio.
   b. los rayos infrarrojos.
   c. los rayos X.
   d. los rayos gamma.
3. ¿Qué *no* pertenece al espectro electromagnético?
   a. los rayos X
   b. el sonido
   c. los rayos infrarrojos
   d. las ondas de radio
4. Las bombillas que brillan cuando se calienta un filamento dentro de ellas se llaman
   a. bioluminiscentes.
   b. fluorescentes.
   c. incandescentes.
   d. de neón.
5. Las señales de televisión se transmiten por
   a. rayos gamma.   b. rayos infrarrojos.
   c. rayos X.         d. ondas de radio.

### Falso o verdadero
*Si el enunciado es verdadero, escribe verdadero. Si es falso, cambia la palabra o palabras subrayadas para hacer verdadero el enunciado.*

6. El efecto fotoeléctrico es una evidencia de que la luz puede actuar como una <u>partícula</u>.
7. Los rayos <u>ultravioleta</u> pueden sentirse como calor.
8. Las lámparas fluorescentes emiten la mayor parte de su energía como <u>rayos infrarrojos</u>.
9. Una estación de radio se identifica por la <u>amplitud</u> a la que transmite.
10. Los transmisores de radio y televisión pueden ser colocados en <u>satélites</u> y puestos en órbita.

## Revisar los conceptos

11. ¿Cómo piensas que las ondas electromagnéticas pueden viajar a través del vacío?
12. ¿Cómo la polarización muestra que la luz puede actuar como ondas?
13. ¿Cómo se usa el efecto Doppler para conocer la velocidad de los objetos en movimiento?
14. Explica la diferencia entre los teléfonos celulares y los teléfonos inalámbricos.
15. Una persona perdida en el bosque por la noche debe enviar una señal de ayuda apagando y encendiendo una linterna según un código conocido como clave Morse. En la actualidad ésta es una señal modulada. ¿Es AM o FM? Explica tu respuesta.
16. **Escribir para aprender** Desarrolla una campaña de advertencia para vender lámparas fluorescentes. Tu anuncio debe describir dos ventajas de las lámparas fluorescentes sobre las incandescentes. Asegúrate de incluir un eslogan atractivo.

## Razonamiento gráfico

17. **Red de conceptos** En una hoja de papel, copia la red de conceptos sobre las ondas electromagnéticas. Después complétala y ponle un título. (Para más información acerca de las redes de conceptos, consulta el Manual de destrezas.)

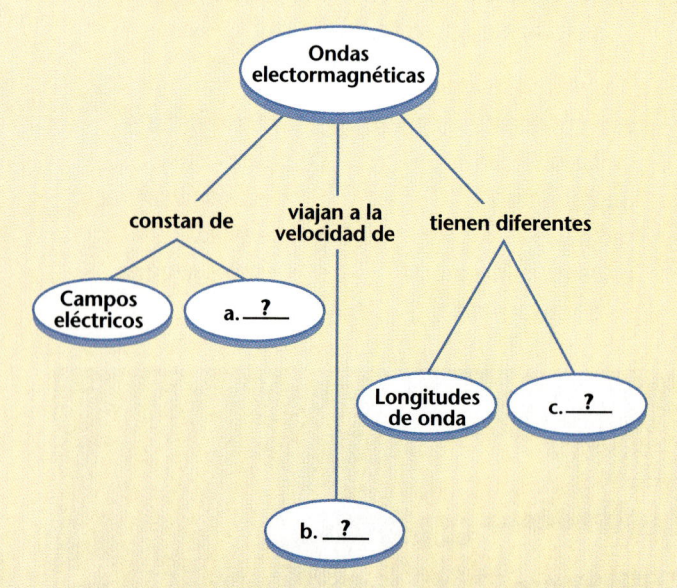

```
              Ondas
         electormagnéticas
        /        |         \
  constan de  viajan a la  tienen diferentes
              velocidad de
       |         |              |
   Campos      a. ?          Longitudes
  eléctricos                  de onda        c. ?
                                 |
                              b. ?
```

## Aplicar las destrezas

La tabla siguiente contiene información sobre cuatro estaciones de radio. Úsala para contestar las Preguntas 18-20.

| Estación | Frecuencia |
|---|---|
| KLIZ | 580 kHz |
| KMOM | 103.7 MHz |
| WDAD | 1030 kHz |
| WJFO | 89.7 MHz |

**18. Interpretar datos** ¿Qué estación de radio transmite con la mayor longitud de onda? ¿Y con la menor?

**19. Clasificar** ¿Cuáles estaciones de radio son de AM y cuáles de FM?

**20. Predecir** Haces un viaje en auto por los Estados Unidos. ¿Qué estación esperas captar a mayor distancia: KLIZ o KMOM?

## Razonamiento crítico

**21. Clasificar** Haz una lista de cinco ejemplos de objetos luminosos y cinco de objetos iluminados.

**22. Relacionar causa y efecto** Las ondas del espectro electromagnético que tienen la mayor frecuencia son también las más penetrantes y pueden causar más daño. Explica.

**23. Aplicar los conceptos** ¿Qué información importante puede reunirse del termograma de una casa?

**24. Comparar y contrastar** Haz una tabla donde compares los tipos de comunicación inalámbrica. Pon encabezados como: tipo de información transmitida, distancia a la que se puede transmitir la señal, comunicación de una línea o de dos líneas.

**25. Resolver problemas** Supón que estás construyendo una incubadora para polluelos que necesitan una fuente de calor. ¿Qué tipo de lámparas usarías? Explica.

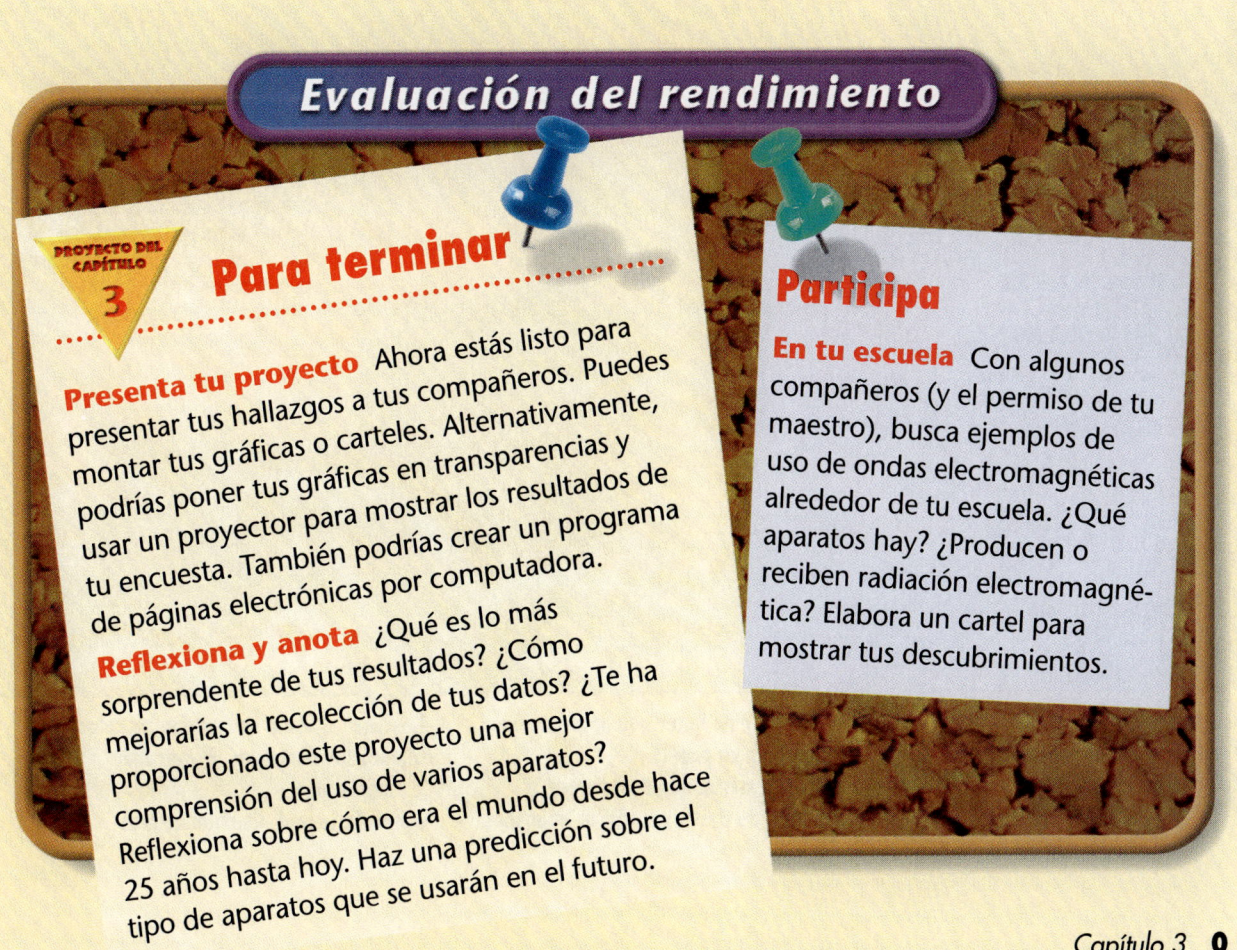

## Evaluación del rendimiento

### Para terminar

**Presenta tu proyecto** Ahora estás listo para presentar tus hallazgos a tus compañeros. Puedes montar tus gráficas o carteles. Alternativamente, podrías poner tus gráficas en transparencias y usar un proyector para mostrar los resultados de tu encuesta. También podrías crear un programa de páginas electrónicas por computadora.

**Reflexiona y anota** ¿Qué es lo más sorprendente de tus resultados? ¿Cómo mejorarías la recolección de tus datos? ¿Te ha proporcionado este proyecto una mejor comprensión del uso de varios aparatos? Reflexiona sobre cómo era el mundo desde hace 25 años hasta hoy. Haz una predicción sobre el tipo de aparatos que se usarán en el futuro.

### Participa

**En tu escuela** Con algunos compañeros (y el permiso de tu maestro), busca ejemplos de uso de ondas electromagnéticas alrededor de tu escuela. ¿Qué aparatos hay? ¿Producen o reciben radiación electromagnética? Elabora un cartel para mostrar tus descubrimientos.

# CAPÍTULO 4 Luz

Esta imagen de caleidoscopio está formada por dos espejos en ángulo recto. Los objetos de colores entre los espejos se reflejan y forman un diseño repetido.

### Lo que encontrarás

**SECCIÓN 1 Reflejos y espejos**
Descubre ¿Cómo te hace guiños tu imagen en el espejo?
Mejora tus destrezas Clasificar

**SECCIÓN 2 Refracción y lentes**
Descubre ¿Cómo hacer que aparezca una imagen en un papel?
Inténtalo El cristal que desaparece
Laboratorio de destrezas Mirar imágenes

**SECCIÓN 3 El color**
Descubre ¿Cómo se mezclan los colores?
Mejora tus destrezas Desarrollar hipótesis
Laboratorio real Cambiar colores

110 ◆ O

# PROYECTO 4

## ¡Qué vista!

Mira el interior de un caleidoscopio. Los caleidoscopios son instrumentos ópticos, artefactos que con una disposición de espejos y lentes crean imágenes.
En este capítulo, estudiarás que los espejos y los lentes reflejan y refractan la luz. Aprenderás por qué los objetos a tu alrededor tienen colores diferentes. Usarás estas ideas para hacer tu propio instrumento óptico.

**Tu objetivo** Construir un instrumento óptico útil para un propósito determinado. Puede ser un caleidoscopio, un telescopio, un periscopio, un microscopio, o algún otro de tu inspiración.

Para completar este proyecto con éxito, tendrás que:
◆ diseñar y hacer un instrumento óptico que tenga un espejo o una lente, como mínimo
◆ demostrar cómo funciona el instrumento
◆ preparar un manual que explique la finalidad de cada parte del instrumento

**Para empezar** Piensa en qué quisieras que hiciera tu instrumento óptico. ¿Qué te gustaría ver mejor, los objetos diminutos o los objetos distantes? ¿Te gustaría ver a la vuelta de las esquinas? ¡Quizá preferirías que tu instrumento produjera imágenes estrelladas!

**Comprueba tu aprendizaje** Trabajarás en este proyecto mientras estudias el capítulo. Para mantener tu proyecto en marcha, revisa los cuadros de Comprueba tu aprendizaje en los puntos siguientes:
**Repaso de la Sección 1,** página 116: Dibuja tu instrumento óptico.
**Repaso de la Sección 3,** página 127: Crea tu instrumento óptico.
**Repaso de la Sección 5,** página 142: Prueba y modifica tu instrumento. Prepara un manual que explique cómo funciona tu instrumento.

**Para terminar** Al final del capítulo (página 145), demostrarás el funcionamiento de tu aparato. También presentarás tu manual, donde muestres su diseño y su utilidad.

---

Integrar las ciencias de la vida

### SECCIÓN 4 Ver la luz
**Descubre** ¿Puedes ver todo con un solo ojo?
**Inténtalo** Colores verdaderos

### SECCIÓN 5 Usar la luz
**Descubre** ¿Cómo un agujero hecho con un alfiler hace funciones de visor?
**Inténtalo** ¡Qué vista!

# SECCIÓN 1 Reflejos y espejos

## DESCUBRE ACTIVIDAD

### ¿Cómo te hace guiños tu imagen en el espejo?

1. Mira tu cara en un espejo. Guiña tu ojo derecho. ¿Qué ojo guiña tu imagen?

2. Pega dos espejos juntos para que se abran y se cierren como un libro. Ábrelos para que formen un ángulo de 90° grados. **PRECAUCIÓN:** Ten cuidado con las orillas cortantes.

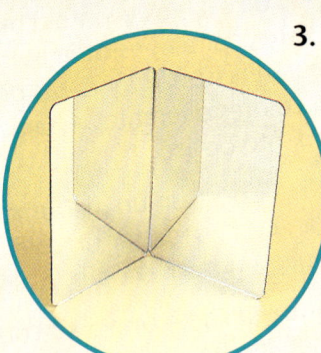

3. Viéndote en ambos espejos a la vez, guíñale a tu imagen una vez más. ¿Con qué ojo te guiña ahora tu imagen?

**Reflexiona sobre**
*Observar* ¿Cómo te guiña tu imagen? ¿Cómo se compara el segundo reflejo con el primero?

---

### GUÍA DE LECTURA

◆ ¿Qué pasa cuando la luz choca con un objeto?

◆ ¿Cuáles son los dos tipos de reflejos?

◆ ¿Qué tipo de imágenes producen los espejos planos, cóncavos y convexos?

*Sugerencia de lectura* Antes de leer, revisa la sección y anota las palabras nuevas. Conforme leas, encuentra el significado de cada término.

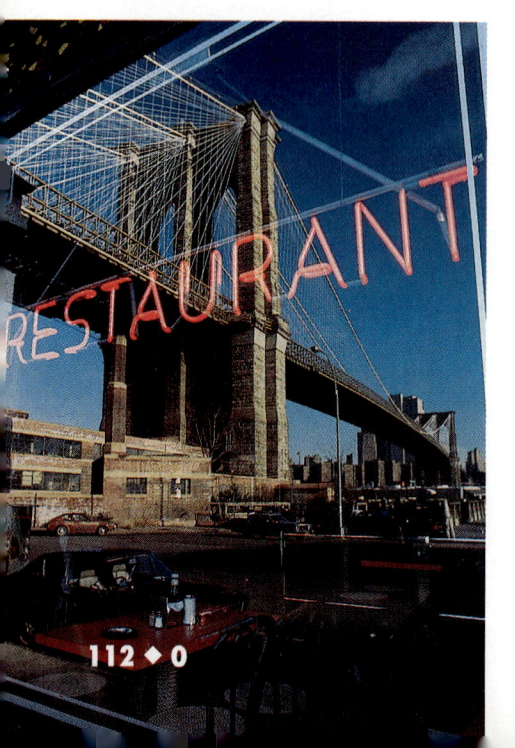

¿**H**as visto el aparador de una tienda en un día luminoso y soleado? Para ver el interior, quizá tuviste que bloquear el reflejo con las manos. El reflejo es, en realidad, luz reflejada. El reflejo del aparador muestra que el cristal refleja la luz. Pero si miras una ventana de cristal transparente sin reflejo, ves a través de ella.

## Cuando la luz choca con un objeto

**Cuando la luz choca con un objeto, la luz se refleja, absorbe o transmite.** La mayoría de los objetos reflejan o absorben la luz. Un material que refleja o absorbe toda la luz que choca en él es **opaco**. La mayoría de los objetos son opacos. No se puede ver a través de los objetos opacos porque la luz no pasa a través de ellos. La madera, el metal, y las telas de algodón y lana son ejemplos de materiales opacos.

Un material **transparente** conduce la luz. Cuando la luz choca con un objeto transparente, pasa a través de él, y permite ver lo que hay del otro lado. El vidrio transparente, el agua y el aire son ejemplos de materiales translúcidos.

Otros materiales permiten que pase un poco de luz por ellos. Este tipo de material es **translúcido.** Los materiales translúcidos dispersan la luz que los atraviesa. Con frecuencia puede decirse que hay algo detrás de un objeto translúcido, aunque no se puedan ver los detalles con total claridad. El vidrio escarchado y el papel encerado son translúcidos. La Figura 1 muestra objetos opacos, transparentes y translúcidos.

◀ Reflejo en una ventana

**Figura 1** Los carretes de hilo son opacos. Reflejan la luz de varios colores. La jarra y el vaso son transparentes. Transmiten la luz y permiten que veas la leche en su interior. La hoja es translúcida. La rana se ve a través de ella pero pierde detalles.

## Tipos de reflejos

Cuando ves algunos objetos, como un artículo de metal brillante o un espejo, puedes verte. Pero cuando miras otros objetos, como un libro, una tabla de madera o tu lápiz, únicamente ves el objeto. **La mayoría de los objetos pueden verse porque la luz se refleja o rebota en ellos.** Lo que se ve depende de cómo refleja la luz la superficie del objeto.

**Reflejo regular** Para mostrarte cómo la luz viaja y se refleja, representa las ondas lumínicas como líneas rectas llamados **rayos**. Los rayos de la luz se reflejan en una superficie de acuerdo con las leyes de reflexión: el ángulo de reflexión es igual al ángulo de incidencia.

Un **reflejo regular** ocurre cuando rayos paralelos de luz chocan con una superficie lisa y todos se reflejan en el mismo ángulo. Por ejemplo, si miras una hoja de metal brillante, verás tu reflejo. Los rayos de luz que llegan a ti golpean la superficie lisa y se reflejan en forma regular.

**Reflejo difuso** Cuando rayos paralelos de luz chocan con una superficie desigual o dispareja se produce un **reflejo difuso**. Cada rayo obedece las leyes de reflexión, pero como cada rayo choca con la superficie en ángulos diferentes, los rayos se reflejan en distintos ángulos. Al viajar los rayos reflejados en todas direcciones, la reflexión difusa permite que veas un objeto desde cualquier posición.

La mayoría de los objetos reflejan la luz difusamente, porque no tienen superficies planas o lisas. Aun las superficies que parecen ser lisas, como una pared recién pintada, tienen pequeñas protuberancias que dispersan la luz. Si miras una pared por una lente de aumento, verás que la pared no está lisa.

*Reflejo regular*

*Reflejo difuso*

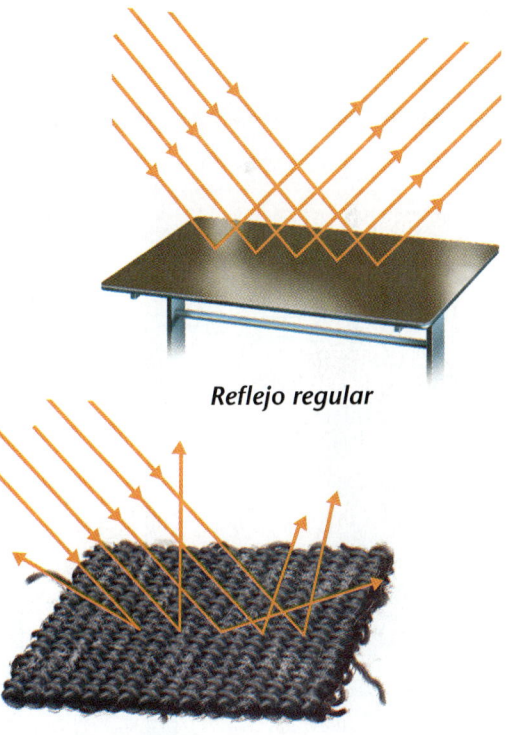

**Figura 2** Cuando la luz choca con una superficie en ángulo, se refleja con el mismo ángulo. Si la superficie es lisa, el reflejo es regular (arriba). Si la superficie es desigual, el reflejo es difuso (abajo).

Capítulo 4 **O ◆ 113**

## Mejora tus destrezas

### Clasificar  *ACTIVIDAD*

Ve el reverso de una cuchara brillante. ¿Qué clase de imagen ves? ¿Cómo la afecta cambiar la distancia entre tus ojos y la cuchara? ¿Qué clase de espejo es el reverso de la cuchara? Ahora mira el frente de la cuchara. ¿Qué tipo de espejo es? ¿Qué clase de imagen ves?

## Espejos

¿Te viste en algún espejo por la mañana? Quizá peinaste tu cabello o cepillaste tus dientes frente a uno. Un espejo es una extensión de vidrio con una superficie lisa recubierta de plateado. Cuando la luz pasa por el vidrio, el recubrimiento del reverso refleja la luz en forma regular y permite que uno vea una imagen. Una **imagen** es la copia de un objeto formada por el reflejo o la refracción de los rayos de luz.

Hay espejos planos y curvos. La forma de su superficie determina cómo se ve la imagen. Dependiendo de la forma del espejo, la imagen puede ser del mismo tamaño, más pequeña o más grande.

**Espejos planos** Mírate en un **espejo plano** y verás una imagen del mismo tamaño que tú. Tu imagen parecerá estar a la misma distancia atrás del espejo de lo que tú estás frente a él. **Un espejo plano produce una imagen virtual derecha del mismo tamaño que el objeto reflejado.**

La imagen que ves cuando miras un espejo plano es una **imagen virtual**. Las imágenes virtuales son derechas, verticales o rectas. "Virtual" describe algo que ves, pero que en realidad no existe. Puedes alcanzar un espejo y tocar tu imagen.

¿Por qué ves una imagen virtual? La Figura 3 muestra cómo la imagen de una bailarina se forma en un espejo plano. Los rayos lumínicos que reflejan a la bailarina viajan en todas direcciones. Chocan con el espejo y se reflejan al ojo. El cerebro humano asume que la luz viaja en línea recta. Aunque se reflejen los rayos, el cerebro los considera como si vinieran de la parte posterior del espejo. Las líneas punteadas muestran los puntos de donde parece venir la luz. Como las líneas punteadas parecen venir de la parte de atrás del espejo, aquí es donde la imagen de la bailarina parece localizarse.

✓ *Punto clave* ¿Qué es una imagen virtual?

*Bailarina*        *Espejo plano*        *Imagen*

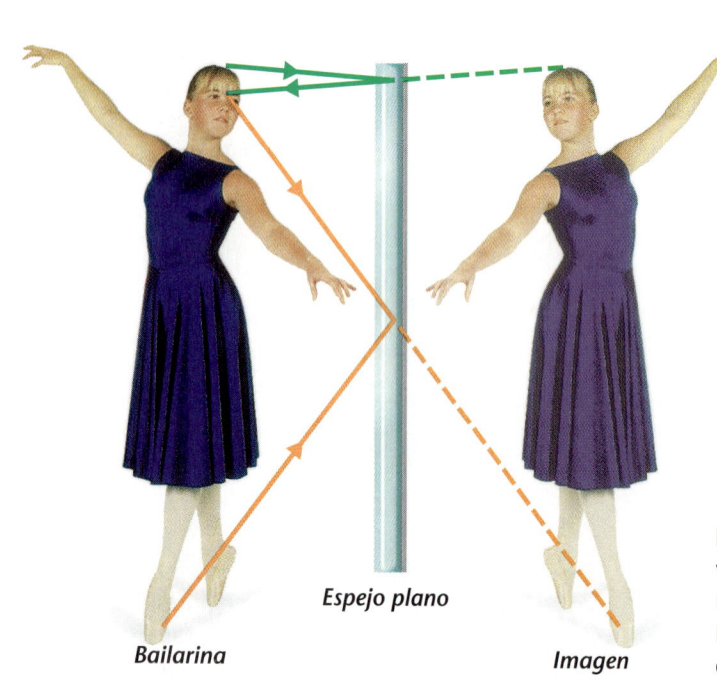

**Figura 3** Un espejo plano forma una imagen virtual. Cuando la bailarina se ve en el espejo, los rayos de luz de su cuerpo se reflejan en torno suyo. Los rayos parecen venir de la parte posterior del espejo, lugar donde se forma la imagen.

**Espejos cóncavos** Un espejo que tiene una superficie curvada hacia dentro como el interior de un tazón es un **espejo cóncavo**. La Figura 4 muestra que el espejo cóncavo refleja los rayos de luz en paralelo de modo que se juntan en un punto. El punto donde se juntan los rayos se llama **punto focal**.

**Los espejos cóncavos forman tanto imágenes virtuales como reales.** Esto depende de la posición del objeto en relación con el punto focal. La Figura 5 muestra cómo forman sus imágenes los espejos cóncavos. Si el objeto está más alejado del espejo que el punto focal, los rayos reflejados forman la imagen real. Una **imagen real** se forma cuando los rayos de luz en realidad se juntan en un punto. Las imágenes reales son invertidas. Una imagen real puede ser más grande o más pequeña que un objeto. Si el objeto está entre el punto focal y el espejo, la imagen parece estar detrás del espejo y derecha. Entonces es una imagen virtual.

Algunos espejos cóncavos se usan para proyectar rayos de luz. Por ejemplo, los faros de un carro tienen un foco en el punto focal de un espejo cóncavo. Cuando la luz de un foco se dispersa y choca contra un espejo, los rayos se reflejan paralelos. Esto proyecta la luz hacia adelante en el camino. Los espejos cóncavos también se usan para agrandar imágenes, como los espejos para maquillarse.

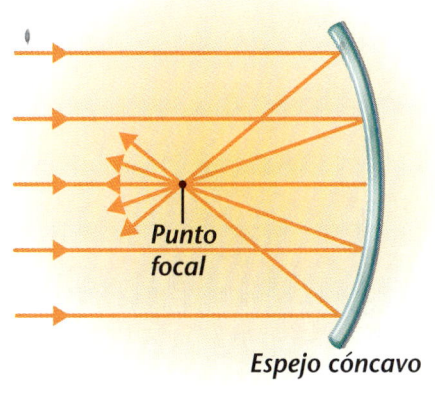

**Figura 4** Un espejo cóncavo refleja los rayos paralelos de luz de regreso al punto focal.

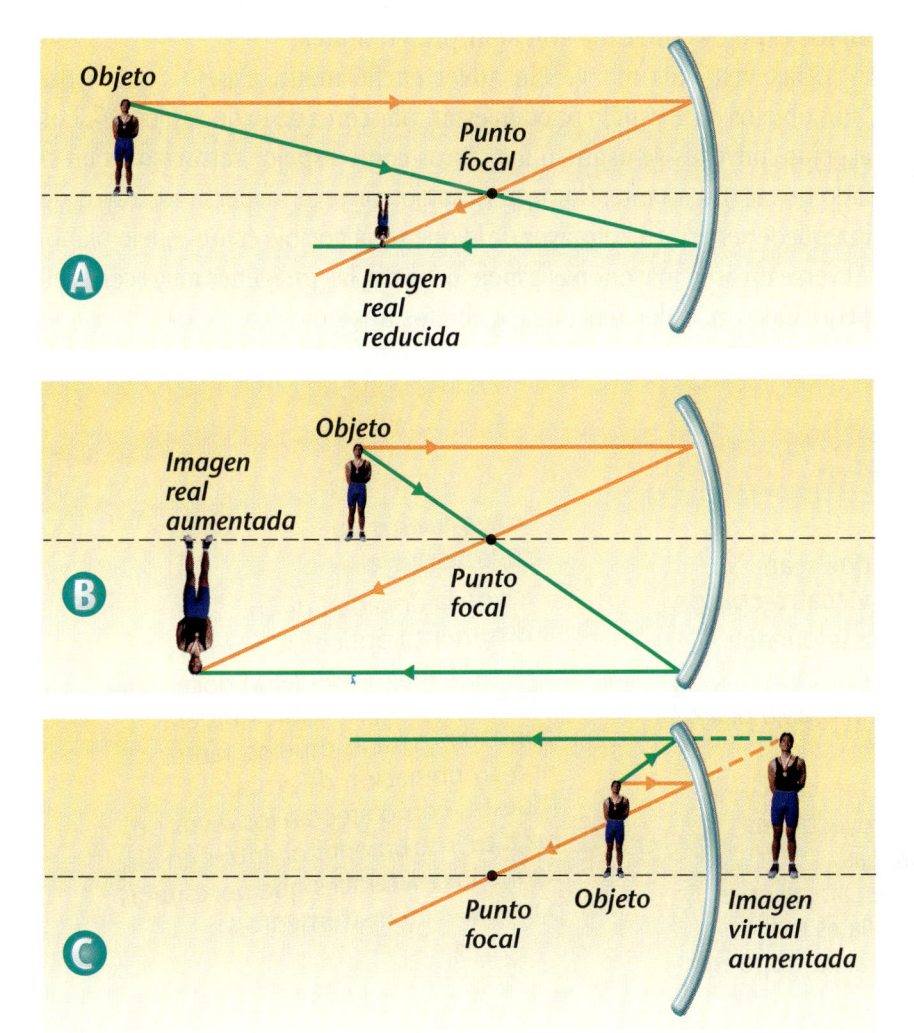

**Figura 5** El tipo de imagen que forma un espejo cóncavo depende de la posición del objeto con relación al punto focal. **A,B.** Si el objeto está más lejos del espejo que del punto focal, la imagen es real e invertida. **C.** Si el objeto está entre el espejo y el punto focal, la imagen es virtual y derecha.
*Interpretar diagramas* ¿Por qué puedes decir que las imágenes de A y B son reales?

Capítulo 4 **O ◆ 115**

*Punto focal*

*Espejo convexo*

*Objeto* — *Imagen virtual reducida* — *Punto focal*

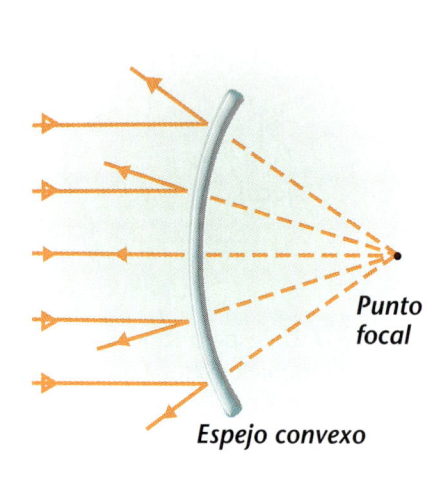

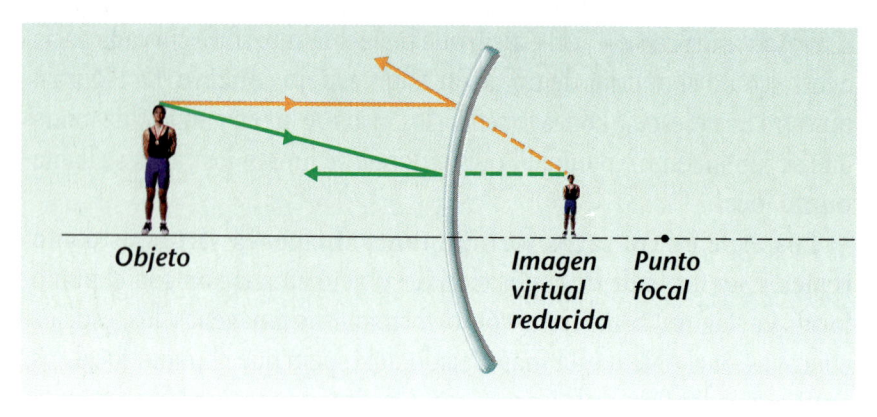

**Figura 6** Un espejo convexo refleja rayos paralelos de luz como si vinieran del punto focal detrás del espejo. La imagen que se forma en un espejo convexo siempre es virtual.
*Aplicar los conceptos* ¿Qué es un espejo convexo?

**Espejos convexos** Un espejo con una superficie que se curva hacia fuera se llama **espejo convexo.** La Figura 6 muestra que algunos espejos convexos reflejan rayos paralelos de luz. Los rayos se dispersan pero parecen venir de un punto focal detrás del espejo. El punto focal en un espejo convexo es el punto de donde los rayos parecen venir. **Puesto que los rayos en realidad no se juntan, las imágenes que se forman en los espejos convexos son siempre virtuales.**

¿Has visto alguna vez la advertencia en un espejo retrovisor? "Los objetos en el espejo pueden estar más cerca de lo que aparece". Los espejos convexos se usan en los carros como espejos retrovisores en el lado del acompañante. Como un espejo convexo dispersa los rayos de luz, puede verse un área mayor de lo que sería posible en un espejo plano. Al verse un área mayor en el espejo convexo, las imágenes aparecen más pequeñas y más alejadas que los objetos mismos.

## Repaso de la sección 1

1. Haz una lista de cuatro materiales que sean transparentes, cuatro translúcidos y cuatro opacos.
2. Describe dos maneras en que la luz se puede reflejar.
3. ¿Qué clase de imágenes produce un espejo plano? ¿Y uno cóncavo? ¿Y uno convexo?
4. **Razonamiento crítico Aplicar los conceptos** Un proyector de transparencias proyecta una imagen derecha en una pantalla. Las transparencias deben colocarse de cabeza en el proyector. ¿La imagen en la pantalla es real o virtual? Da dos razones para explicar tu respuesta.

### Comprueba tu aprendizaje

**PROYECTO DEL CAPÍTULO 4**

Decide la finalidad de tu instrumento óptico. ¿Cómo lo usarás? Dibuja y rotula un boceto del instrumento óptico que quisieras construir. ¿Usarás espejos, lentes o una combinación de ambos? Muestra cómo afectan los rayos de luz a tu instrumento al entrar en él. Reúne los materiales que necesitarás para hacer tu instrumento.

## SECCIÓN 2 Refracción y lentes

### DESCUBRE

**¿Cómo hacer que aparezca una imagen en un papel?**

1. Sostén una lupa como a dos metros de una ventana. Mira a través de la lente. ¿Qué ves?
   **PRECAUCIÓN:** *No veas el sol.*

2. Aleja la lupa de tu ojo. ¿Qué cambio notas?

3. Ahora sostén la lupa entre la ventana y una hoja de papel, pero más cercana al papel. Lentamente aléjala del papel hacia la ventana. Sigue observando el papel. ¿Qué ves? ¿Qué pasa conforme mueves la lupa?

**Reflexiona sobre**
*Observar* Cómo se forma una imagen en una hoja de papel? Descríbela. ¿Es real o virtual? ¿Cómo lo sabes?

---

Una pecera puede hacerle trucos a tus ojos. Si miras a través de un lado, el pez parece estar más cercano que si lo miras desde arriba. Si la ves desde la esquina, es posible que veas al mismo pez dos veces. Ves una sola imagen de un pez por el frente y otra imagen por un lado. ¡Las dos imágenes aparecen en diferentes lugares!

### Refracción de la luz

Si ves dentro de una pecera, estás viendo luz que se desvía conforme pasa a través de tres medios diferentes. Los medios son el agua, el vidrio de la pecera y el aire. La luz se refracta cuando pasa de un medio a otro. **Cuando los rayos de luz entran en ángulo en un nuevo medio, el cambio de velocidad provoca que se desvíen o cambien de dirección.**

La refracción hace que veas algo que quizá realmente no esté ahí. Por ejemplo, la refracción puede formar un espejismo. También puede dar una vista hermosa, un arco iris.

### GUÍA DE LECTURA

◆ ¿Qué pasa cuando los rayos de luz entran a un medio en ángulo?

◆ ¿Cómo forman sus imágenes las lentes convexas y cóncavas?

*Sugerencia de lectura*
**Conforme leas, dibuja diagramas para mostrar cómo la luz se refracta con cada tipo de lente.**

**Figura 7** Hay un solo pez en esta pecera, pero la refracción de la luz hace que parezcan dos.

*Capítulo 4* **0 ◆ 117**

## INTÉNTALO

### El cristal que desaparece
**ACTIVIDAD**

Haz esta actividad para ver cómo se refracta la luz en diferentes líquidos.

1. Pon un vaso de vidrio pequeño dentro de uno grande. ¿Ves el vaso chico dentro del grande?
2. Llena ambos vasos con agua. Ve los vasos por un lado. ¿Aún ves el vaso pequeño?
3. Vacía y seca los vasos y llénalos con aceite vegetal. Describe lo que veas.

*Inferir* ¿Por qué el aceite vegetal tiene un efecto diferente que el del agua?

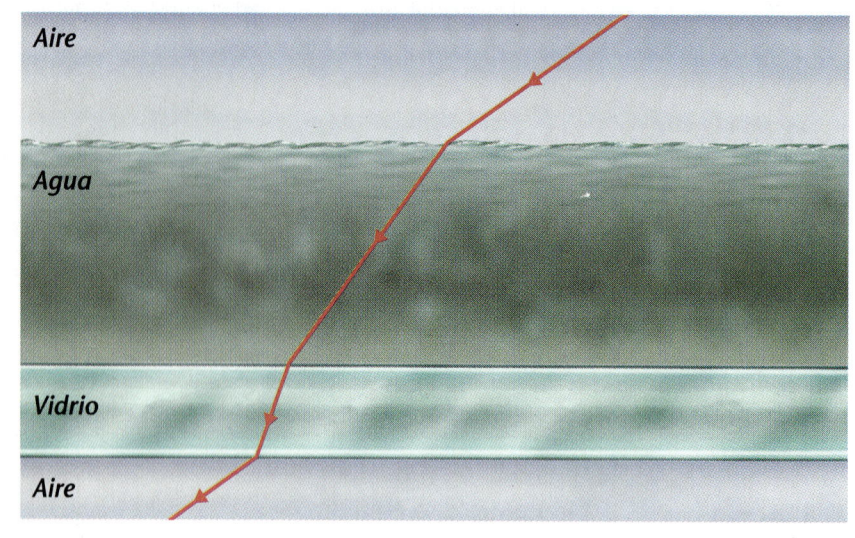

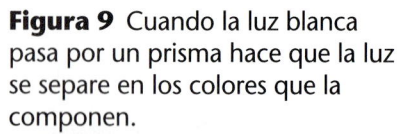

**Figura 8** Conforme la luz pasa de un medio menos denso a otro más denso, disminuye su velocidad y se refracta. *Inferir* ¿Por qué la luz que deja el vidrio y entra al aire viaja en su dirección original?

**Índice de refracción** Algunos medios hacen que la luz se desvíe más que otros. La Figura 8 muestra cómo la luz pasa del aire al agua, del agua al vidrio, y del vidrio al aire nuevamente. Cuando la luz pasa del aire al agua, la luz disminuye su velocidad. La luz disminuye su velocidad todavía más cuando pasa del agua al vidrio. La luz viaja más rápido en el aire, un poco más lento en el agua y todavía más lento en el vidrio. Cuando la luz pasa del vidrio de regreso al aire, la luz aumenta su velocidad. Observa que el rayo que deja el vidrio está viajando en la misma dirección en la que lo hacía antes de entrar al agua.

El vidrio hace que la luz se desvíe más que el aire o el agua porque el vidrio refracta más la luz. Otra manera de decir esto es que el vidrio tiene un índice de refracción más alto que el aire o el agua. El **índice de refracción** de un material es la cantidad de inclinación de un rayo de luz cuando entra en ese material. A mayor índice de refracción de un medio más se desvía la luz. El índice de refracción de un vacío es 1. El índice de refracción de un diamante es 2.42.

**Figura 9** Cuando la luz blanca pasa por un prisma hace que la luz se separe en los colores que la componen.
*Aplicar los conceptos* ¿Qué determina el orden en el que aparecen los colores?

**Prismas** La Figura 9 muestra que un rayo de luz blanca puede separarse y mostrar todos los colores del espectro visible. Recuerda que la luz blanca es en realidad una mezcla de muchas longitudes de onda de la luz, cada cual con su color. Cuando la luz blanca entra a un prisma, cada longitud de onda se refracta en diferente cantidad. A mayor longitud de onda, la onda será desviada menos por el prisma.

**Arco iris** Cuando la luz blanca del Sol ilumina diminutas gotas de agua, aparece un arco iris. Las gotas de lluvia actúan como pequeños prismas que refractan y reflejan la luz y la separan en colores. Los colores del arco iris siempre aparecen en el mismo orden porque las gotas de lluvia refractan la mayoría de longitudes de onda corta. El rojo, que tiene la mayor longitud de onda se refracta menos. El violeta, con menor longitud de onda se refracta más. El resultado es que la luz blanca se separa en los colores del espectro visible: rojo, anaranjado, amarillo, verde, azul y violeta.

**INTEGRAR LAS CIENCIAS DE LA TIERRA**

**Espejismos** Imagina que estás en un carro recorriendo un camino en un día caluroso y soleado. Hacia adelante el camino se ve mojado. Sin embargo, cuando llegas allá, está seco. ¿Desaparecieron los charcos justo antes de que llegaras? ¡No, nunca estuvieron allí! Lo que viste fue un espejismo. Un **espejismo** es una imagen de un objeto distante causada por la refracción de la luz.

La Figura 11 muestra cómo se forma un espejismo. El aire que está arriba está más frío que el aire cerca del camino. La luz viaja más rápido cuando alcanza al aire más caliente. En consecuencia los rayos se desvían conforme viajan hacia abajo. Cerca del suelo, los rayos están viajando casi paralelamente al piso pero continúan desviándose hasta que empiezan a viajar hacia arriba. Cuando viajan hacia arriba se desvían en otra dirección. Tu cerebro asume que los rayos han viajado en línea recta. Se ven como rayos reflejados en una superficie lisa, como el agua. Entonces el observador ve un espejismo.

*Punto clave* ¿Qué produce un espejismo?

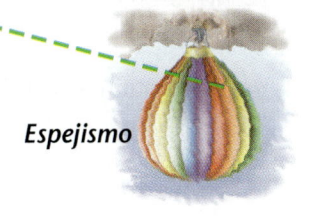

**Figura 10** Un arco iris se forma cuando diminutas gotas de agua refractan la luz del sol.

**Figura 11** La luz viaja más rápido por el aire caliente que por el aire frío. Esto hace que la luz del cielo se curve a medida que se aproxima al suelo. Se ve un espejismo cuando la luz refractada parece venir del suelo.

Capítulo 4 **O ◆ 119**

**Figura 12** El rayo que viaja horizontalmente desde arriba del objeto se refracta como si viniera del punto focal en el mismo lado de la lente que el objeto. El rayo que viaja en dirección al otro punto focal, se refracta si se desplaza horizontalmente.
*Interpretar diagramas* ¿Por qué los rayos de una lente cóncava nunca se juntan?

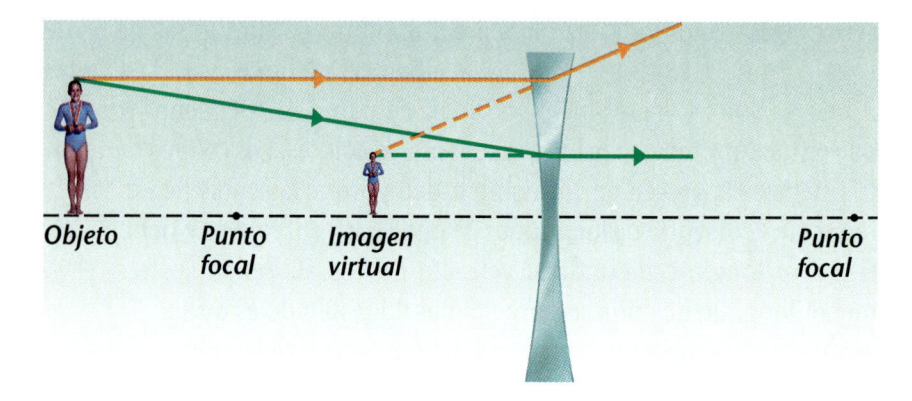

*Objeto     Punto focal     Imagen virtual     Punto focal*

## Lentes

¿Alguna vez has visto por unos binoculares, usado un microscopio o una cámara, o unas gafas gastadas? Si es así, has usado lentes para desviar la luz. Una lente es una pieza curvada de cristal u otro material transparente empleada para refractar la luz. Una **lente** forma una imagen por refracción de los rayos luminosos que pasa a través de ella. Como los espejos, las lentes tienen formas variadas. El tipo de imagen formada por una lente depende de su forma.

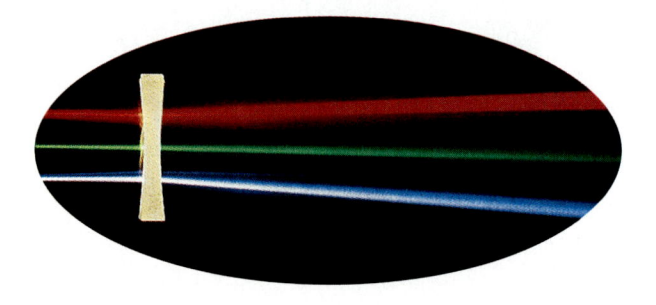

**Lentes cóncavas** Una **lente cóncava** tiene más delgado el centro que los bordes. Cuando los rayos paralelos de luz pasan por una lente cóncava, se desvían y alejan del centro de la lente. La Figura 12 muestra cómo los rayos se dispersan, pero parecen venir del punto focal en el lado opuesto de la lente. **Las lentes cóncavas sólo producen imágenes virtuales, porque los rayos de luz nunca se juntan.**

**Lentes convexas** Una **lente convexa** es más gruesa en el centro que en los bordes. Cuando los rayos paralelos de luz pasan a través de una lente convexa, se desvían hacia el centro de la lente. Los rayos se juntan en el punto focal de la lente y luego continúan su camino. Mientras más curva sea una lente, más refracta la luz.

Una lente convexa actúa de algún modo como un espejo cóncavo, porque enfoca los rayos de luz. **La imagen que una lente convexa forma depende de la posición del objeto en relación con el punto focal.** La Figura 14 muestra tres ejemplos. Si el objeto está más alejado que el punto focal, los rayos refractados forman una imagen real en el otro lado de la lente. Si el objeto está entre la lente y el punto focal, una imagen virtual se forma del mismo lado de la lente como el objeto.

*Lente cóncava*

*Lente convexa*

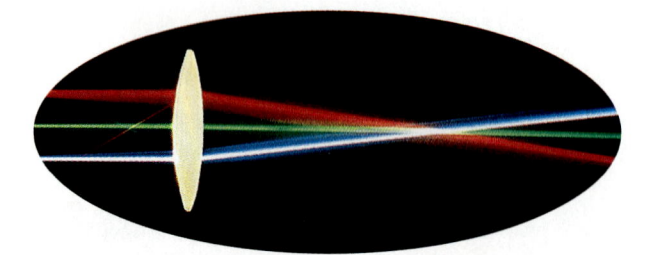

**Figura 13** Una lente cóncava refracta los rayos paralelos de luz de manera que parecen venir de uno de los puntos focales. Una lente convexa refracta los rayos paralelos de luz de manera que se encuentran en el punto focal.

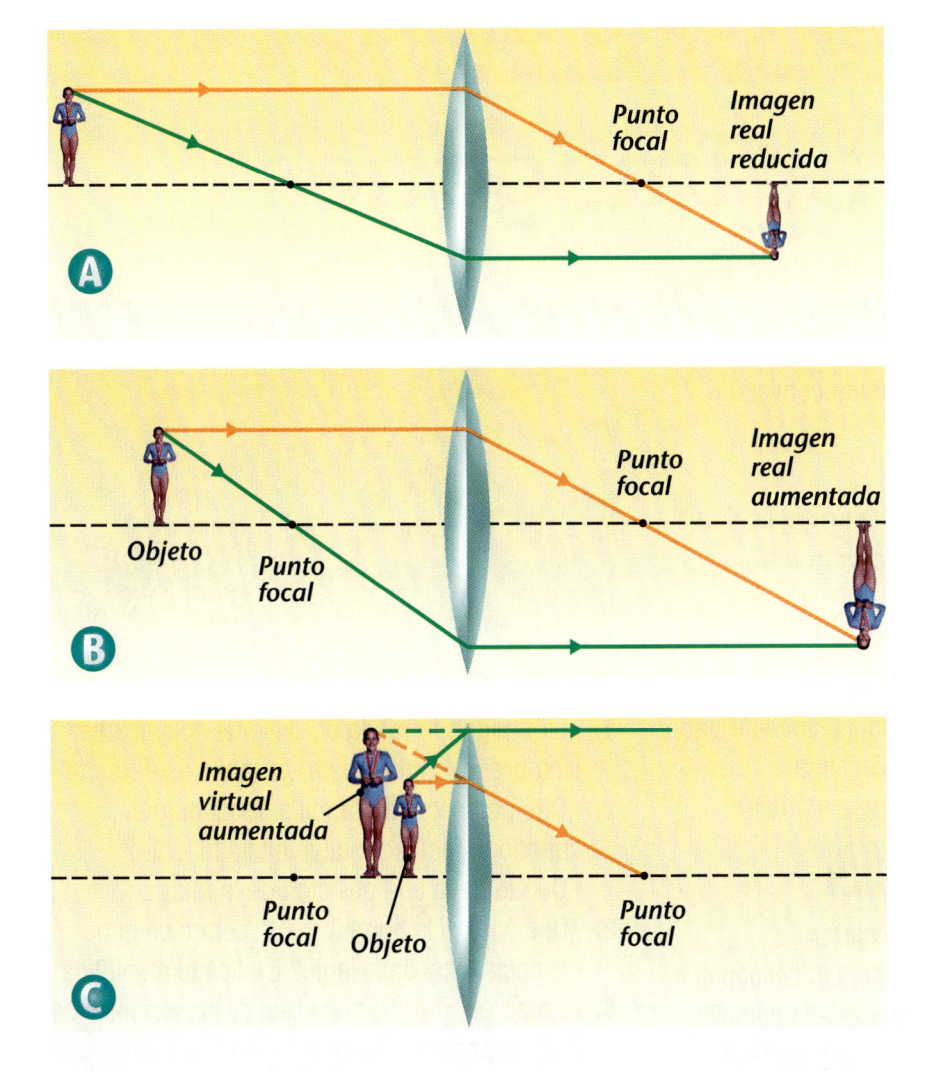

**Figura 14** El tipo y el tamaño de una imagen que se forma en una lente convexa depende de la posición del objeto. **A, B.** Si el objeto está más lejos del punto focal que de la lente, la imagen es real e invertida. **C.** Si el objeto está entre el punto focal y la lente, la imagen es virtual.

## Repaso de la sección 2

1. ¿Qué le sucede a los rayos de luz cuando pasan de un medio a otro?
2. ¿Qué determina el tipo de imagen que se forma en una lente convexa?
3. ¿Por qué es imposible que una lente cóncava forme una imagen real?
4. Explica por qué algunas veces se ve un arco iris durante una lluvia o un poco después de ésta.
5. **Razonamiento crítico Resolver problemas** Supón que quieres examinar de cerca la hoja de una planta. ¿Qué tipo de lente usarías? Explica tu respuesta.

### Las ciencias en casa

Aquí tienes cómo desviar un lápiz sin tocarlo. Coloca un lápiz en un vaso con agua, como se ve en la foto. Pide a tus familiares que lo vean desde un lado. Usando el concepto de la refracción, explica a tu familia por qué el lápiz aparece como se ve.

Capítulo 4 **O ◆ 121**

## Laboratorio de destrezas

### Controlar variables

# Mirar imágenes

En este experimento, controlarás variables conforme explores cómo se forman las imágenes en una lente convexa.

## Problema

¿Cómo afecta la distancia entre un objeto y una lente convexa a la imagen que se forma?

## Materiales (por grupo)

cinta
atril de cartón
bombilla y portalámpara
batería y alambres
lente convexa
hoja blanca de papel
plastilina
regla métrica

## Procedimiento

1. Pega el papel en el atril de cartón.
2. Coloca una bombilla a más de 2 m del papel. Usa la lente para enfocar la luz de la bombilla en el papel. Mide la distancia de la lente al papel. Ésta es aproximadamente la distancia focal de la lente que estás usando.
3. Copia la tabla de datos en tu cuaderno.
4. Ahora coloca la bombilla a más del doble de la distancia focal de la lente. Anota la posición y el tamaño de la imagen enfocada en el papel. Mide la altura de la bombilla.
5. Ahora, mueve la bombilla para que esté alejada de la lente justo a una distancia focal. Anota la posición y el tamaño de la imagen.

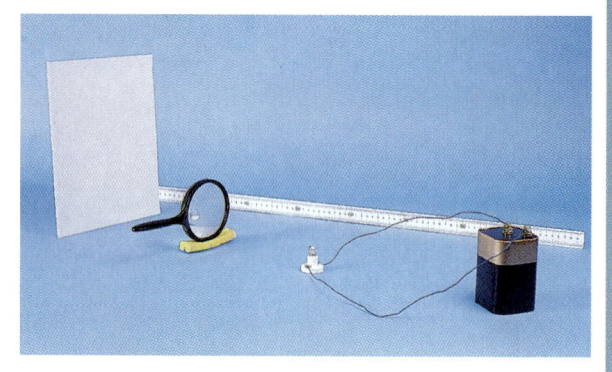

## Analizar y concluir

1. ¿La imagen formada por la lente convexa es siempre invertida? Si no, ¿cuándo es derecha?
2. ¿Qué pasa con la bombilla de la imagen cuando el foco se mueve hacia la lente? ¿Qué le pasa a la posición de la imagen?
3. ¿Qué pasa si la bombilla está dentro de una distancia focal de la lente? Explica tu respuesta.
4. **Piensa en esto** Haz una lista de las variables de este experimento. ¿Qué variables mantuviste constantes? ¿Qué variables fueron manipuladas? ¿Cuál fue la variable de respuesta?

## Crear un experimento

Con la aprobación y la supervisión de tu maestro, crea un experimento para estudiar las imágenes que se forman en las lentes convexas de varias distancias focales. ¿Cómo afecta la distancia focal de una lente a la posición y al tamaño de las imágenes producidas?

### TABLA DE DATOS

Distancia focal de la lente: _____ cm         Altura de la bombilla: _____ cm

| Distancia de la bombilla a la lente (cm) | Posición de imagen (derecha o invertida) | Tamaño de la imagen (altura en cm) |
|---|---|---|
| | | |

## SECCIÓN 3 El color

### DESCUBRE ACTIVIDAD

#### ¿Cómo se mezclan los colores?

1. Con cuidado corta un disco de unos 10 cm de diámetro en un cartón fuerte y blanco. Divide el disco en tres partes iguales. Usa lápices de colores para iluminar una parte roja, otra verde y la tercera azul.
2. Con cuidado perfora dos agujeros, separados unos 2 cm, en el centro del disco. 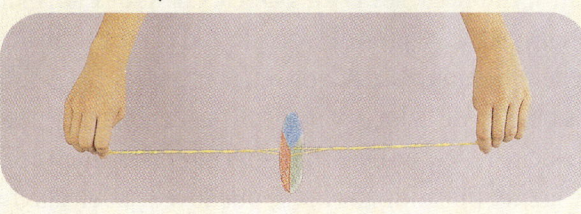
3. Ensarta una cuerda de un metro a través de los agujeros. Ata las puntas de la cuerda para que sea un lazo que pase por ambos agujeros.
4. Con la cuerda del mismo tamaño en cada lado del disco, gíralo para que dé vueltas. Predice qué color(es) verías si el disco girara muy rápido.
5. Gira el disco jalando y soltando la cuerda.

**Reflexiona sobre**
*Observar* ¿Qué color ves cuando la rueda gira rápido? ¿Fue correcta tu predicción?

---

Conforme el sol de la mañana se levanta lentamente sobre el jardín florido, la luz empieza a revelar las amapolas de brillantes colores rosa y anaranjado, los pensamientos violetas, y un despliegue impresionante de muchos otros colores. Cada flor es hermosa, aunque diferente. La luz del Sol permite ver cada color claramente. Pero la luz del Sol es una luz blanca. ¿Qué hace que cada flor parezca ser de un color diferente?

### El color de los objetos

El color de una flor depende de cómo refleja la luz. Cada flor absorbe algunas longitudes de onda y refleja otras longitudes de onda. **Ves un objeto del color de la luz que refleja.**

### GUÍA DE LECTURA

◆ ¿Qué determina el color de un objeto?
◆ ¿Cuáles son los colores primarios de la luz?
◆ ¿Por qué es diferente mezclar pigmentos y mezclar luces?

*Sugerencia de lectura* Antes de leer, usa los títulos de las secciones para hacer un esquema acerca del color. Deja espacio para hacer notas conforme vayas leyendo.

**Los objetos bajo la luz blanca** Las flores y otros objetos reflejan diferentes colores de la luz. Por ejemplo, cuando la luz blanca choca con los pétalos anaranjados de un lirio, los pétalos reflejan la mayoría de longitudes de onda anaranjadas. Los pétalos absorben las otras longitudes de onda. Ves los pétalos anaranjados porque las longitudes de onda anaranjadas se desvían y entran a tus ojos. Por otro lado, el tallo y las hojas son verdes, porque reflejan la mayoría de longitudes de onda verdes y absorben los otros colores.

¿Qué pasa con los objetos blancos y negros? Un zorrillo se ve negro y blanco porque algunas partes reflejan todas las longitudes de onda de la luz mientras que otras partes no reflejan nada de luz. Cuando la luz blanca choca con la banda del zorrillo, todos los colores se reflejan. Los colores se combinan y, entonces, ves la luz blanca. Cuando la luz blanca choca con las partes negras del zorrillo, toda la luz se absorbe, nada se refleja y, entonces, tus ojos ven el negro.

Aun los objetos de colores y blancos pueden parecer negros si no hay luz que se refleje en ellos. Imagina que estás en un cuarto oscuro. No hay luz, así que ninguna luz se puede reflejar en las cosas del cuarto. Ninguna luz entra a tus ojos, no ves nada. Si hay una pequeña cantidad de luz en el cuarto, serías capaz de distinguir las formas de los objetos. Sin embargo, no serás capaz de decir de qué color son.

**Los objetos bajo la luz de colores** Los objetos pueden verse de diferente color dependiendo del color de la luz en la que se ven. La Figura 17 muestra dos fotografías de la superficie de un escritorio, cada una tomada bajo diferente luz. La primera fotografía se tomó con luz blanca normal. En ella se aprecia que el teclado es azul y la carpeta es roja. La segunda fotografía se tomó con luz verde. Como en este caso la luz

**Figura 15** Los pétalos de este lirio son anaranjados porque reflejan la luz anaranjada. Los tallos y las hojas son verdes porque reflejan la luz verde.

**Figura 16** La parte blanca de este zorrillo refleja todos los colores de la luz. *Aplicar los conceptos* ¿Por qué las piernas del zorrillo se ven negras?

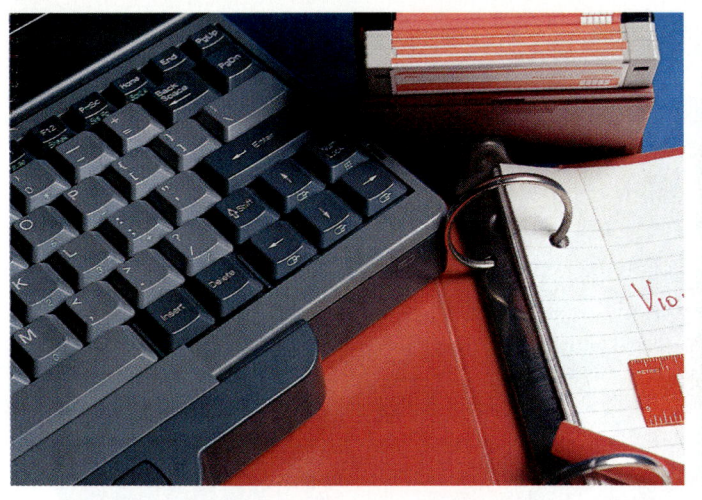

**Figura 17** Con luz blanca, los objetos aparecen de muchos colores diferentes (izquierda). Vistos con una luz verde, los mismos objetos aparecen en tonos de verde o negro (derecha). *Predecir* ¿Cómo se verían estos objetos con una luz azul?

verde ilumina un objeto, entonces el objeto puede tanto absorber como reflejar la luz verde. Como los objetos rojos y azules sólo reflejan luz roja y azul, absorben toda la luz verde. Por eso la carpeta se ve negra.

**Los objetos vistos con filtros** Algunos materiales transparentes permiten que sólo ciertos colores de la luz pasen por ellos. Reflejan o absorben los otros colores. Esos materiales se llaman filtros. Por ejemplo, un filtro rojo es una pieza de vidrio o plástico que sólo permite el paso de la luz roja. Las luces en el escenario de un teatro con frecuencia usan filtros de colores para producir distintos efectos de colores. También, las transparencias fotográficas son filtros de colores. Un proyector de transparencias proyecta luz blanca por una combinación de filtros de colores. La imagen que ves en la pantalla muestra los colores que cada parte de la transparencia permite pasar.

✓ *Punto clave* ¿Qué es un filtro de color?

## Combinar colores

Entender el color es muy útil en fotografía, arte, iluminación teatral e impresión. Las personas que trabajan con el color deben saber cómo producir una amplia gama de colores a partir de unos pocos colores básicos. Se puede producir cualquier color mezclando colores del espectro en cantidades variables. Los tres colores que pueden usarse para hacer otro color se llaman **colores primarios**. Dos colores primarios que se combinan en cantidades iguales producen un **color secundario**.

**Mezclar colores de la luz** Los colores primarios de la luz son el rojo, el verde y el azul. Cuando se combinan en cantidades iguales, los colores primarios producen luz blanca. Pero si se combinan en cantidades variables, pueden producir cualquier otro color. Por ejemplo, el rojo y el verde combinados forman el amarillo. El amarillo es un color secundario porque se hace de dos colores primarios.

### Mejora tus destrezas

**Desarrollar hipótesis**

1. Con cuidado, **ACTIVIDAD** haz un disco de colores con ocho segmentos. Usa lápices de colores para iluminar alternadamente segmentos de azul y amarillo.
2. Predice qué color verías si giraras el disco. Escribe tu hipótesis acerca de qué color será. Asegúrate de escribir tu hipótesis en un enunciado así: "*Si ...entonces*".
3. Gira el disco. ¿Qué ves? ¿Se confirma tu hipótesis?
4. Repite la actividad con discos de colores con pares de colores diferentes.

*Capítulo 4* **O ◆ 125**

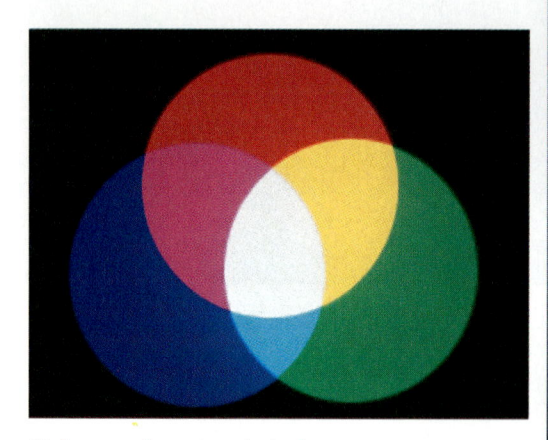

Colores primarios de la luz

**Figura 18** Los colores primarios de la luz son el rojo, el verde y el azul. Cuando se combinan en cantidades iguales, los colores primarios de la luz forman el blanco. Una televisión de color produce todos los colores de la luz combinando el rojo, el verde y el azul en diferentes cantidades. *Interpretar fotografías ¿Cómo se muestra el negro en la televisión?*

## Artes visuales
### CONEXIÓN

Hace 20,000 años, desde que los artistas pintaron las primeras cuevas, los pigmentos hechos de materiales naturales se han usado para crear pinturas. En el siglo xv, los pintores renacentistas como Leonardo da Vinci y Raphael usaron mucho más pigmentos de colores para crear sus vívidas pinturas. Los pigmentos se derivaban de minerales, plantas y animales.

### En tu diario

Mira los nombres de los colores de marcadores, pinturas y creyones. ¿Ves el bermellón (rojo), el azul celeste (azul) y el ocre (café)? Estos colores originalmente se hacían de minerales. Ahora se fabrican de sustancias químicas. ¿Puedes encontrar el nombre de otros colores que originalmente también se hacían de minerales?

Los colores secundarios de la luz son el amarillo (rojo + verde), el cian (verde + azul) y el magenta (rojo + azul). La Figura 18 muestra los colores primarios de la luz.

Un color primario y un color secundario se combinan para hacer el blanco. Dos colores cualesquiera que al combinarse formen el blanco se llaman **colores complementarios**. El amarillo y el azul son colores complementarios, como el cian y el rojo, y el magenta y el verde.

**INTEGRAR LA TECNOLOGÍA** La pantalla de una televisión a color produce sólo tres colores de luz. La Figura 18 muestra la porción aumentada de una pantalla de una televisión a color. Observa que la imagen en la pantalla está formada por luces rojas, verdes y azules. Variando la brillantez de cada luz de color, la televisión produce imágenes de muchos colores diferentes.

**Mezclar pigmentos** ¿Cómo hacen los artistas los tonos de colores tan variados que se aprecian en las pinturas? Las pinturas y los colorantes tienen diferentes colores por los pigmentos que contienen. Los **pigmentos** son sustancias que se usan para colorear otros materiales. Los de colores son sustancias opacas que reflejan colores particulares.

Mezclar colores de pigmentos es diferente de mezclar colores de luz. **Como los pigmentos se agregan unos a otros, menos colores de la luz son reflejados y más son absorbidos.** Mientras más pigmentos se combinen, la mezcla se ve más oscura.

126 ◆ O

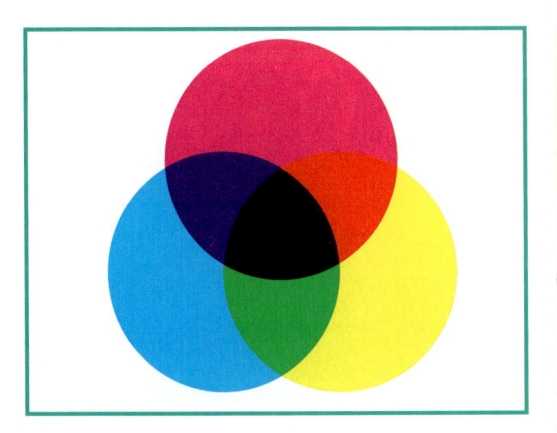

*Pigmentos de colores primarios*

Los pigmentos de colores primarios son el cian, el amarillo y el magenta. Si combinas los tres pigmentos de colores primarios en cantidades iguales, obtienes el negro. Si combinas dos pigmentos de colores primarios en cantidades iguales, obtienes un color secundario. Los pigmentos de colores secundarios son el rojo (magenta + amarillo), el verde (cian + amarillo) y el azul (magenta + cian). Combinando pigmentos en cantidades variables, puedes producir cualquier otro color. La Figura 19 muestra los pigmentos de colores primarios.

Si usas una lupa para ver las imágenes a color de este libro, verás que éstas están formadas por pequeños puntos de colores diferentes de tinta. Los colores usados son cian, amarillo y magenta. La tinta negra también se usa para oscurecer las imágenes. Debido a los cuatro colores de tinta que se usan, el proceso mediante el cual se produjo este libro se llama impresión a cuatro tintas.

**Figura 19** Los pigmentos de colores primarios son el cian, el amarillo y el magenta (izquierda). La fotografía muestra una amplificación de una página impresa. La impresión a cuatro tintas usa los pigmentos de colores primarios, más el negro.

## Repaso de la sección 3

1. ¿Por qué los objetos tienen diferentes colores?
2. ¿Qué son los colores primarios de la luz? ¿Qué pasa cuando los colores primarios de la luz se mezclan en cantidades iguales?
3. ¿Qué pasa cuando los pigmentos de colores primarios se mezclan en cantidades iguales?
4. ¿Qué colores se usan en la impresión a cuatro tintas?
5. **Razonamiento crítico Comparar y contrastar** Haz una tabla donde compares y contrastes los colores y los pigmentos primarios y secundarios de la luz.

### Comprueba tu aprendizaje

**PROYECTO DEL CAPÍTULO 4**

Crea tu instrumento óptico con el diagrama que preparaste. ¿Cómo usa tu instrumento la reflexión y la refracción para producir y aclarar las imágenes? ¿Necesitas cambiar el foco de la imagen? ¿Tiene partes movibles? ¿Cómo combinarás sus diferentes partes?

## Laboratorio real

### Cómo funciona

# Cambiar colores

Los iluminadores teatrales usan filtros de colores para controlar la luz de colores en el escenario. En este experimento estudiarás el efecto de filtros de color en la luz blanca.

### Enfoque en las destrezas
observar, predecir, inferir

### Materiales (por grupo)
caja de zapatos    lámpara
tijeras    cinta desprendible
un objeto rojo (como un jitomate maduro)
un objeto amarillo (como un limón maduro)
un objeto azul (como un cartón azul)
celofán rojo, verde y azul, suficiente para cubrir la caja de zapatos

### Procedimiento

1. Con cuidado corta un agujero grande y rectangular en la tapa de la caja de zapatos. El agujero debe ser un poco más pequeño que la misma tapa de la caja.
2. Con cuidado, corta un agujero pequeño y redondo en el centro de un lado de la caja de zapatos.
3. Pega el celofán rojo debajo de la tapa de la caja de zapatos, para cubrir el agujero.
4. Coloca los objetos en la caja y ponle la tapa.
5. En un cuarto oscuro, prende la lámpara y dirígela a la caja de zapatos a través del agujero lateral. Observa el color aparente de cada objeto dentro de la caja.
6. Repite los Pasos 3–5 usando otros colores de celofán.

### Analizar y concluir

1. ¿Qué viste cuando miraste por el celofán rojo? Explica por qué cada objeto parecía del color que tenía.
2. ¿Qué viste cuando miraste por el celofán azul? Explica tu respuesta.
3. ¿Qué color de luz permite ver cada celofán?
4. Predice qué verías bajo cada pieza de celofán si pusieras un objeto blanco en la caja. Prueba tu predicción.
5. Usa diagramas para mostrar cómo cada color de celofán afecta la luz blanca de la lámpara.
6. **Piensa en esto** ¿Sirven más los filtros de colores que los pigmentos o las luces de colores? ¿Qué pasaría si prendieras una lámpara con un filtro rojo y verde al mismo tiempo? Explica tu respuesta.

### Participa

Visita un teatro local o habla con un iluminador a fin de descubrir cómo se usan los filtros de colores para producir distintos efectos en el escenario.

INTEGRAR LAS CIENCIAS DE LA VIDA

## SECCIÓN 4 Ver la luz

### DESCUBRE ACTIVIDAD

#### ¿Puedes ver todo con un solo ojo?

1. Escribe una X y una O en una hoja de papel. Deben estar separadas unos 5 cm.
2. Sostén la hoja de papel al largo de tu brazo.
3. Cierra o cubre tu ojo izquierdo. Mira fijamente la X con tu ojo derecho.
4. Lentamente mueve el papel hacia tu cara mientras sigues mirando fijamente la X. ¿Qué observas?
5. Repite esta actividad, manteniendo ambos ojos abiertos. ¿Qué diferencia observas?

**Reflexiona sobre**
**Plantear preguntas** Escribe dos preguntas acerca de la vista que puedas investigar usando la X y la O.

---

La excitación sube cuando el lanzador está llegando a su acción final. Conforme realiza su movimiento, mantiene su ojo en la zona de bateo. El bateador observa al lanzador aventar la pelota, se balancea. ¡Crac! El bateador golpea la pelota, tira el bate y corre a la primera base. Desde tu asiento detrás de la pantalla casera ves cómo la pelota viaja fuera del campo. ¿Será un batazo sencillo? El jardinero izquierdo observa que la pelota deja el bate y que se dirige hacia él. Va sobre su cabeza en ¡un batazo doble!

Todos los involucrados han seguido la primera regla del béisbol: Mantener los ojos en la pelota. Conforme la pelota se mueve, los ojos deben ajustarse continuamente para mantenerlos en foco. Por fortuna, este cambio de foco se realiza de manera automática.

### GUÍA DE LECTURA

◆ ¿Cómo tus ojos te permiten ver?
◆ ¿Qué tipo de lentes se usan para corregir los problemas de la vista?

**Sugerencia de lectura**
Conforme leas, haz un diagrama de flujo que muestre cómo la luz viaja por el ojo y cómo el cerebro interpreta la imagen.

**Figura 20** Cuando la pelota se mueve por el aire, tus ojos deben ajustar continuamente el foco para verla.

Capítulo 4 O ◆ 129

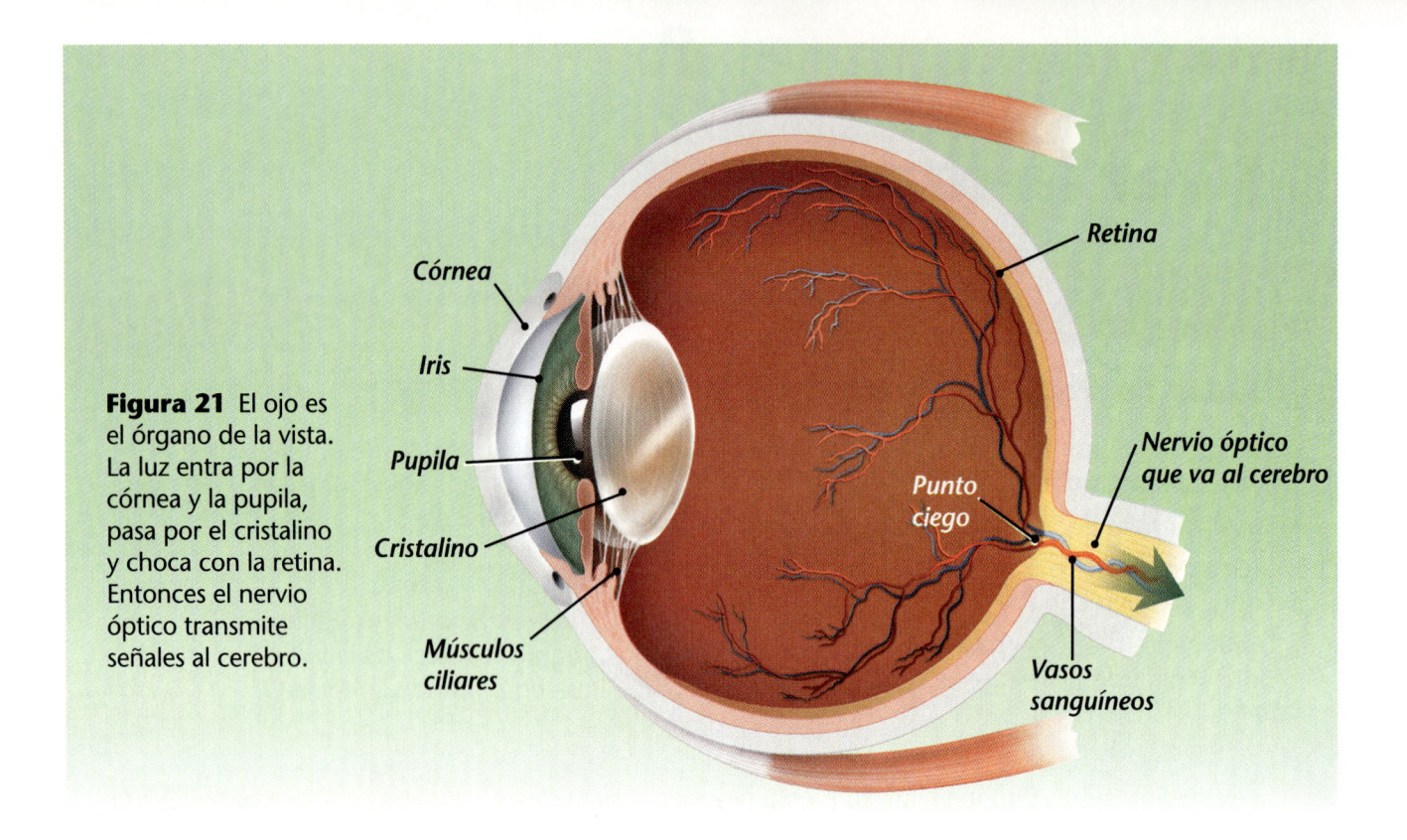

**Figura 21** El ojo es el órgano de la vista. La luz entra por la córnea y la pupila, pasa por el cristalino y choca con la retina. Entonces el nervio óptico transmite señales al cerebro.

## El ojo humano

Tus ojos son unos órganos complicados, donde cada parte desempeña su función para que puedas ver. **Ves objetos por una serie de pasos que involucran a las estructuras del ojo y el cerebro.**

**La córnea** La luz entra por una capa transparente en la superficie frontal del ojo llamada **córnea**. La córnea protege al ojo del polvo. También actúa como una lente desviando los rayos de luz cuando entran al ojo. Cada vez que parpadeas, tus párpados actúan como unos pequeños limpiaparabrisas, limpiando y humedeciendo la córnea.

**El iris** El **iris** es un músculo en forma de anillo que se contrae y se relaja para cambiar la cantidad de luz que entra al ojo. El iris le da a los ojos su color. La mayoría de las personas tiene el iris café; otras, azul o verde.

**La pupila** La **pupila** es la parte del ojo que se ve negra. En realidad es un orificio cubierto por la córnea transparente. La pupila se ve negra porque es una abertura en el interior oscuro del ojo. La Figura 22 muestra cómo el tamaño de la pupila depende de si el iris está contraído o relajado. Con una luz tenue, la pupila se agranda y permite que entre más luz. Con una luz muy fuerte o brillante, la pupila se achica reduciendo la cantidad de luz que entra al ojo.

**Figura 22** Con una luz tenue, el iris se contrae. La pupila se agranda y permite que más luz entre al ojo. *Relacionar causa y efecto ¿Qué pasa cuando hay una luz fuerte?*

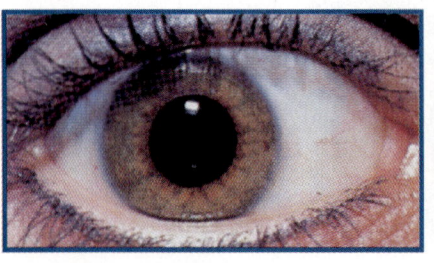

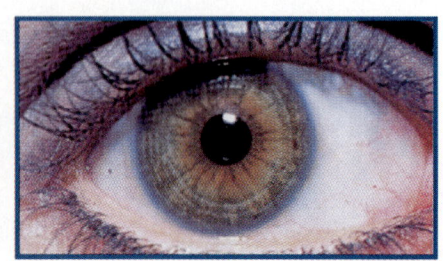

**El cristalino** Justo detrás de la pupila está el cristalino, que es una lente convexa. El cristalino refracta la luz, formando una imagen en el recubrimiento del globo ocular. La Figura 23 muestra cómo el cristalino cambia el foco. Cuando enfocas un objeto distante, los músculos ciliares que sostienen al cristalino se contraen, haciendo al cristalino más alargado y más delgado. Cuando enfocas un objeto cercano, los músculos se relajan y el cristalino se vuelve más pequeño y más gordo.

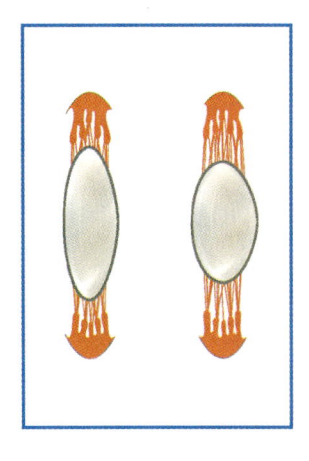

**Figura 23** Los músculos ciliares sostienen el cristalino en su lugar y se contraen para alargarlo. Los músculos se relajan para acortar al cristalino.

**La retina** La capa de células que reviste el interior del globo ocular constituyen la **retina**. Cuando la córnea y el cristalino refractan la luz, una imagen invertida se forma en la retina. La retina está hecha de millones de diminutas células sensibles a la luz llamadas bastoncillos y conos. Los bastoncillos y los conos generan pequeñas señales nerviosas cuando la luz choca con ellos.

Los **bastoncillos** contienen un pigmento que reacciona a pequeñas cantidades de luz. Los bastoncillos distinguen entre el blanco y el negro, y los tonos de gris. Permiten que veas la luz tenue, por lo que son importantes para la visión nocturna.

Los **conos** responden a los colores. Hay tres tipos de conos: los que detectan la luz roja, los que perciben la luz verde y aquellos que son sensibles a la luz azul. Las células cónicas sólo funcionan con luz intensa. Por esta razón es difícil distinguir colores con una luz tenue.

**El nervio óptico y el cerebro** Las señales generadas por los bastoncillos y los conos viajan al cerebro a lo largo de un nervio corto y grueso llamado **nervio óptico**. Cuando las señales llegan al cerebro, de inmediato vuelve la imagen al derecho. Tu cerebro también combina las dos imágenes, una de cada ojo, en una sola imagen tridimensional.

Hay un punto en la retina que no tiene ni bastoncillos ni conos. Este punto ciego es la parte de la retina donde comienza el nervio óptico. No se puede ver la luz que cae sobre ese punto ciego. Sin embargo, un objeto cuya luz cae en el punto ciego de un ojo puede ser visto por el otro ojo. Si mantienes ambos ojos abiertos, no notarás el efecto de los puntos ciegos.

✓ **Punto clave** ¿Dónde se forma la imagen en el ojo?

## Corregir la visión

En algunas personas el globo ocular es ligeramente más largo o más corto de lo debido, por lo que la retina está escasamente fuera de foco. Por fortuna, usar gafas o lentes de contacto corrige estos problemas de la visión. **Algunas lentes de las gafas son convexas y algunas son cóncavas. El tipo de gafas que se usen depende de si el globo ocular es demasiado largo o demasiado corto.**

### INTÉNTALO

**Colores verdaderos**

ACTIVIDAD

Cuando miras fijamente por mucho tiempo un color, los conos de tus ojos se cansan.

1. Observa fijamente la estrella inferior derecha de la bandera, al menos por 60 segundos. No muevas tus ojos o parpadees durante ese tiempo.

2. Ahora observa con fijeza una hoja de papel blanco.

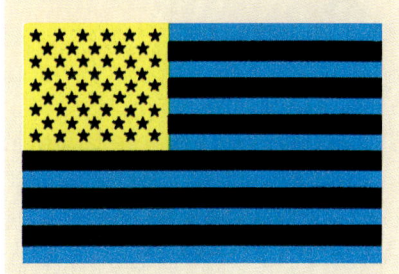

**Observar** ¿Qué ves cuando miras el papel blanco? ¿Cómo se relacionan los colores que ves con los colores de la imagen original?

Capítulo 4 **0 ◆ 131**

*Miopía (globo ocular muy largo)*

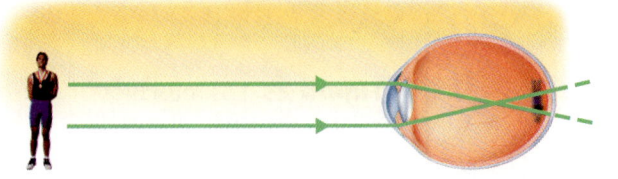

*La imagen se forma frente a la retina*

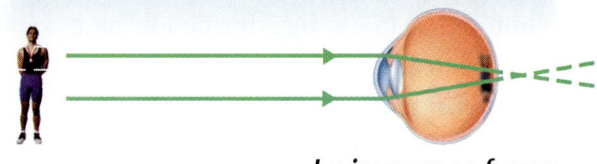

*Hipermetropía (globo ocular muy corto)*

*La imagen se forma atrás de la retina*

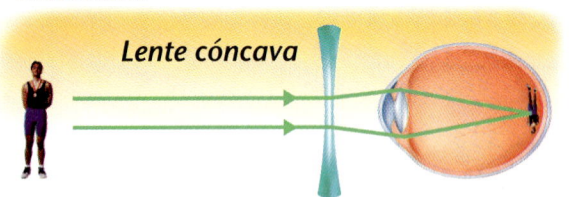

*Corrección*

*Lente cóncava*

*La imagen se forma en la retina*

*Corrección*

*Lente convexa*

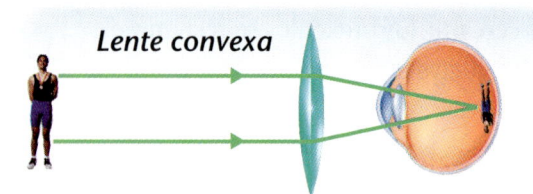

*La imagen se forma en la retina*

**Figura 24** La miopía y la hipermetropía se deben a que el globo ocular está demasiado largo o corto. Ambas pueden corregirse usando lentes.

**La miopía** Una persona **miope** es una persona que puede ver claramente las cosas cercanas, pero los objetos a distancia aparecen borrosos. Esto ocurre porque el globo oculares demasiado largo. El cristalino enfoca la imagen enfrente de la retina. Una persona miope puede usar gafas con lentes cóncavas para ver más claramente. Una lente cóncava difunde los rayos un poco antes de que entren al cristalino del ojo, lo que hace que la imagen se forme un poquito más atrás, en la retina.

**La hipermetropía** Una persona **hipermétrope** puede ver los objetos distantes, pero los objetos cercanos pueden parecerle borrosos. Esto ocurre cuando el globo ocular es demasiado corto. El cristalino enfoca los rayos de luz de tal forma que se encuentran detrás de la retina. La imagen que se forma en la retina está fuera de foco. Una persona hipermétrope puede usar gafas con lentes convexas. Una lente convexa hace que los rayos se desvíen entre sí un poco antes de entrar al ojo. Una imagen clara se forma entonces en la retina.

## Repaso de la sección 4

1. Describe brevemente la función de cada una de estas estructuras que permiten ver a una persona: la córnea, la pupila, el cristalino, la retina, el nervio óptico y el cerebro.
2. ¿Cómo y por qué la pupila cambia de tamaño?
3. ¿Qué provoca la miopía? ¿Y la hipermetropía? ¿Cómo pueden corregirse ambas?
4. **Razonamiento crítico Comparar y contrastar** Compara y contrasta las funciones de los bastoncillos y los conos.

### Las ciencias en casa

Enrolla una hoja de papel en un tubo y sostén un extremo en tu ojo derecho. Sostén tu mano izquierda contra el lado izquierdo de la terminación más alejada del tubo con la palma de la mano viendo hacia ti. Mantén ambos ojos abiertos, observa un objeto distante. Dibuja y rotula un diagrama de lo que ves. ¿Qué crees que produce la ilusión óptica?

## SECCIÓN 5 Usar la luz

### DESCUBRE

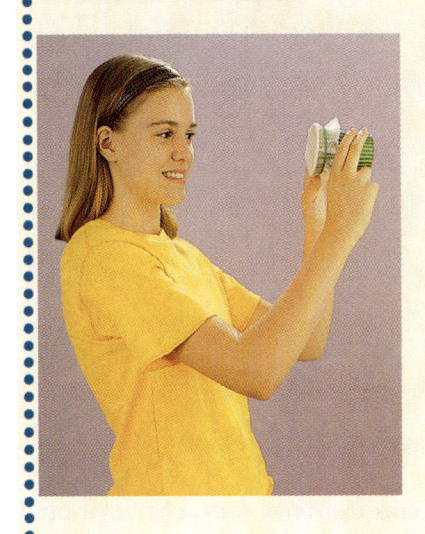

**¿Cómo un agujero hecho con un alfiler hace funciones de visor?**

1. Usa con cuidado un alfiler para hacer un pequeño agujero en el centro del fondo de un vaso de papel.
2. Pon un pedazo de papel encerado sobre el lado abierto del vaso. Sostén el papel en su lugar con una liga.
3. Apaga las luces del cuarto. Señala el lado del vaso con el agujero en una ventana iluminada. **PRECAUCIÓN:** *No veas directo al sol.*
4. Mira la imagen formada en el papel encerado.

**Reflexiona sobre**
*Clasificar* Describe la imagen que ves. ¿Está invertida o derecha? ¿Es más grande o más pequeña que el objeto verdadero? ¿Qué clase de objeto es?

---

¿Alguna vez has visto las lunas de Júpiter? ¿Has pensado que sería emocionante viajar cerca de los anillos de Saturno? Claro que sabes que viajar en el espacio se ha hecho sólo durante unas cuantas décadas. Pero te sorprendería saber que las lunas de Júpiter y los anillos de Saturno no los habían visto nadie antes del año 1600. Fue en 1609 cuando un invento nuevo, el telescopio, hizo esos objetos visibles para los terrícolas.

Desde el siglo XVII, los astrónomos han construido telescopios más poderosos que permiten ver los objetos del espacio que están muy alejados de la Tierra. La nebulosa Trifidia, por ejemplo, es una nube de gas y polvo a 28,380 kilómetros de la Tierra. Llevaría unos 3,000 años luz viajar de esta nebulosa a la Tierra.

En esta sección aprenderás qué sencillo aparato es un telescopio. ¡Te preguntarás por qué no lo inventaron antes!

### GUÍA DE LECTURA

◆ ¿Cómo funcionan los telescopios y los microscopios?
◆ ¿Cómo funciona una cámara?
◆ ¿En qué difiere una luz láser y la luz común?

*Sugerencia de lectura* Antes de leer, revisa la sección para identificar los aparatos que usan la luz. Al leer, anota el uso común de cada aparato.

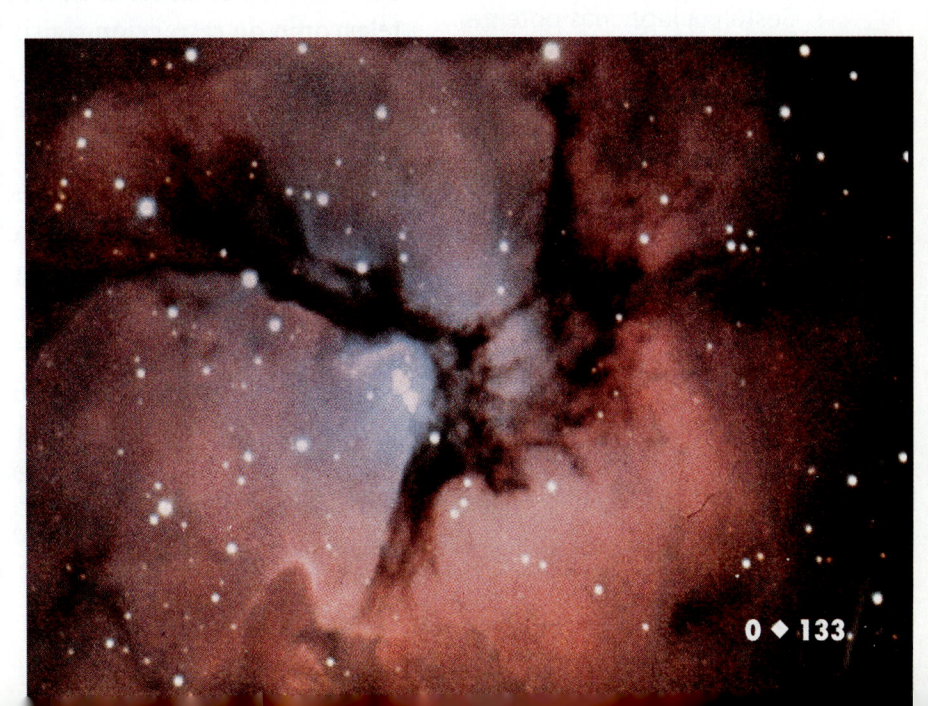

La nebulosa Trifidia ▶

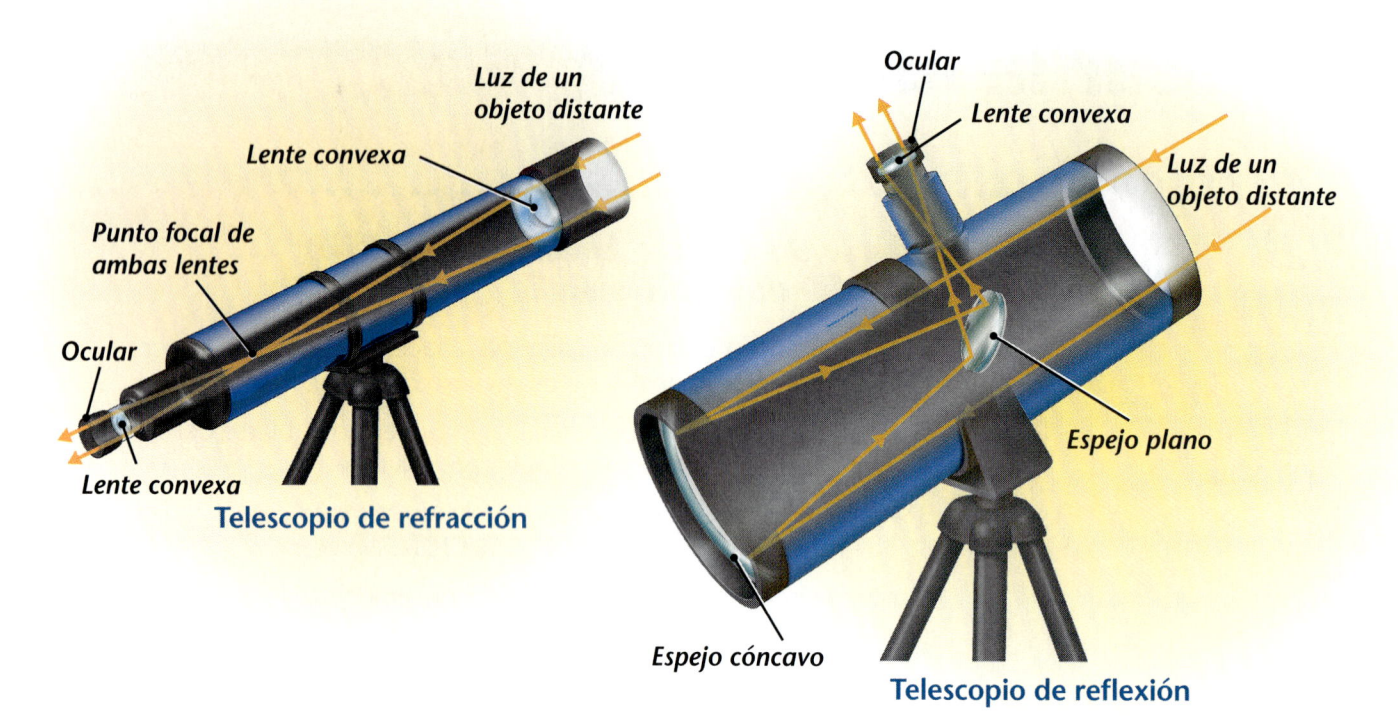

**Figura 25** Un telescopio de refracción (izquierda) usa una combinación de lentes para formar una imagen. Un telescopio de reflexión (derecha) usa una combinación de lentes y espejos para formar una imagen.

## Telescopios

Los objetos distantes son difíciles de ver porque la luz de ellos se difunde en el momento que llega a tus ojos. Tus ojos son muy pequeños para recoger mucha luz. Un **telescopio** forma imágenes agrandadas de objetos distantes. **Los telescopios usan lentes y espejos para reunir y enfocar la luz de objetos distantes.** El uso más común del telescopio es reunir luz del espacio. Esto permite a los astrónomos ver objetos que no podrían ver sólo con sus ojos.

Hay dos principales tipos de telescopios: los telescopios de refracción y los telescopios de reflexión. Ambos tipos se ven en la Figura 25. Un **telescopio de refracción** consiste en dos lentes convexas, una a cada lado de un tubo. La lente mayor es la **lente objetivo**. La lente objetivo acumula la luz reflejada por un objeto y enfoca los rayos para formar una imagen real. La lente cercana al ojo es una **lente ocular**. La lente ocular amplifica la imagen para que puedas verla claramente. La imagen que ves a través de un telescopio de refracción es invertida.

Un **telescopio de reflexión** usa un espejo cóncavo grande para captar la luz. El espejo reúne la luz de objetos lejanos y enfoca los rayos para formar una imagen real. Un espejo pequeño dentro del telescopio refleja la imagen hacia la lente ocular. La lente ocular puede reemplazarse por una cámara para grabar la imagen. La imagen que ves por un telescopio de reflexión también es invertida.

*Punto clave* ¿Cuáles son los dos tipos principales de telescopios?

---

### INTÉNTALO

**¡Qué vista!** ACTIVIDAD

Puedes usar dos lupas de diferente potencia para formar una imagen.

1. Sostén la lupa más potente cerca de tu ojo.
2. Sostén la otra lupa a la extensión de tu brazo.
3. Usa la combinación de estas lentes para ver un objeto distante.
   **PRECAUCIÓN:** *No veas al sol.* Ajusta la distancia de la lente más alejada hasta que la imagen sea clara.

**Clasificar** ¿Qué clase de imagen ves? ¿Qué tipo de telescopio es semejante a esta combinación de lentes?

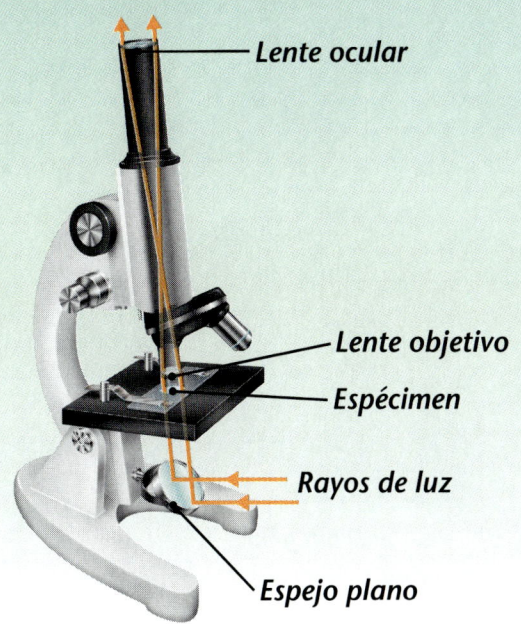

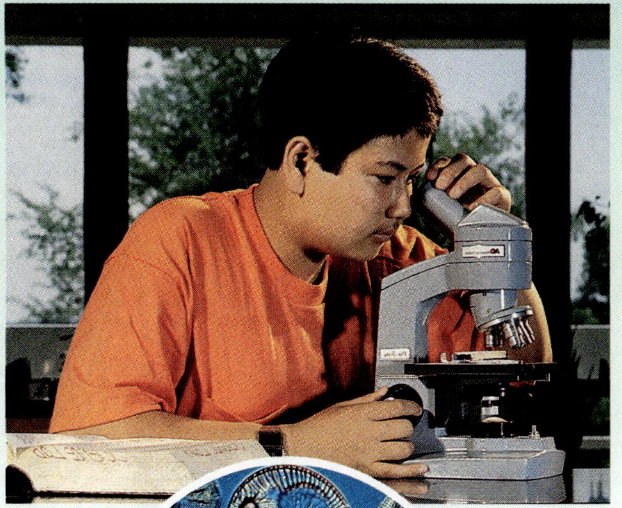

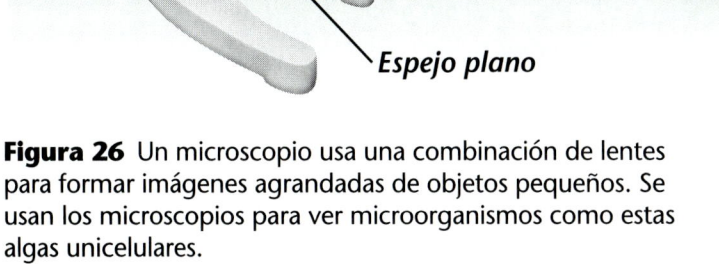

**Figura 26** Un microscopio usa una combinación de lentes para formar imágenes agrandadas de objetos pequeños. Se usan los microscopios para ver microorganismos como estas algas unicelulares.

## Microscopios

¿Qué pasaría si usaras un telescopio para mirar de cerca objetos pequeños? El principio del telescopio de refracción también puede usarse para agrandar objetos muy pequeños. Un **microscopio** forma imágenes agrandadas de objetos pequeños. **Un microscopio usa una combinación de lentes para producir y amplificar la imagen.**

La Figura 26 muestra cómo trabaja un microscopio. El espécimen para ser visto se coloca en una placa de vidrio o de plástico y se cubre con otra placa semejante. El portaobjetos se pone entonces en la plataforma del microscopio. Una fuente de luz o un espejo ilumina el portaobjetos desde abajo. La lente objetivo, colocada muy cerca del objeto, forma una imagen real, pero amplificada, del mismo. La lente ocular agranda la imagen aún más. La imagen puede ser cientos de veces más grande que el objeto en sí mismo. Muchos microscopios tienen dos o tres lentes objetivo, lo que cambia el poder de amplificación.

## Cámaras

Una **cámara** usa lentes para fijar la luz y grabar la imagen de un objeto. La variedad de cámaras va de las cámaras sencillas a los modelos de alta tecnología usados por los fotógrafos profesionales.

En una cámara de agujerito, los rayos de luz del objeto entran a una caja pequeña a través de un agujerito. La luz forma una imagen real derecha en el fondo de la caja. Sin embargo, la mayoría de las cámaras son mucho más complejas.

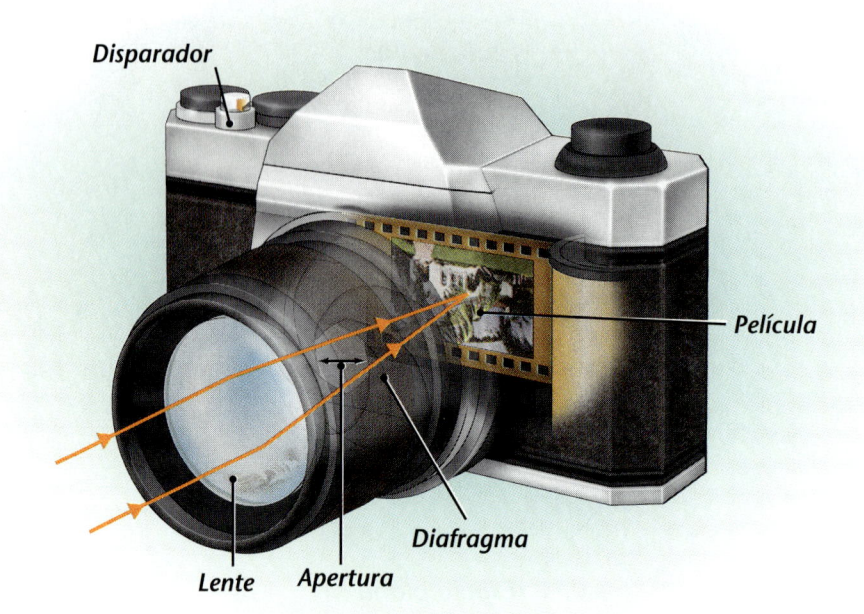

**Figura 27** Una cámara usa lentes para proyectar una imagen en una película. *Comparar y contrastar* Compara las lentes, el diafragma, la apertura y la película con las partes correspondientes del ojo.

*Disparador*
*Película*
*Diafragma*
*Lente*  *Apertura*

La Figura 27 muestra la estructura de una cámara. El obturador es una pequeña puerta detrás de la apertura o agujero. **Cuando presionas el botón de una cámara para tomar una fotografía, abres brevemente el disparador. Esto permite que la luz choque con la película.** La velocidad del disparador es la cantidad de tiempo que el disparador está abierto, o el tiempo de exposición. El diafragma controla la cantidad de luz que entra a la cámara al cambiar el tamaño de la apertura. Esto se parece a la manera en que el iris de tu ojo controla la cantidad de luz que entra por la pupila.

Dentro de la cámara, la luz pasa por un lente convexo o por una combinación de lentes. La lente enfoca la luz para formar una imagen real en la película. Para obtener una imagen clara y correctamente afocada, la lente se debe acercar o alejar de la película, dependiendo de si el objeto está más cerca o más alejado. En la mayoría de las cámaras puedes mover las lentes girando un anillo en la parte delantera de la cámara. Una cámara automática mueve la lente por sí misma hasta que la imagen está enfocada.

La película fotográfica es un material que pasa por cambios químicos cuando se expone a la luz. La película se revela, tratándola con químicos, y se obtienen negativos. El negativo se usa para imprimir la imagen en papel. El resultado es una fotografía.

*Punto clave* ¿Qué parte de una cámara controla la cantidad de luz que entra a una cámara?

## Rayos láser

En un espectáculo de rayos láser, un delgado rayo de luz cruza las paredes y el techo. Éstos no son rayos de luz ordinarios. La luz puede ser enfocada en un rayo estrecho con muy poca difuminación. Puede producirse una imagen clara y bien marcada en una superficie plana. Las propiedades de estos rayos de luz nos permiten darles muchos usos diferentes.

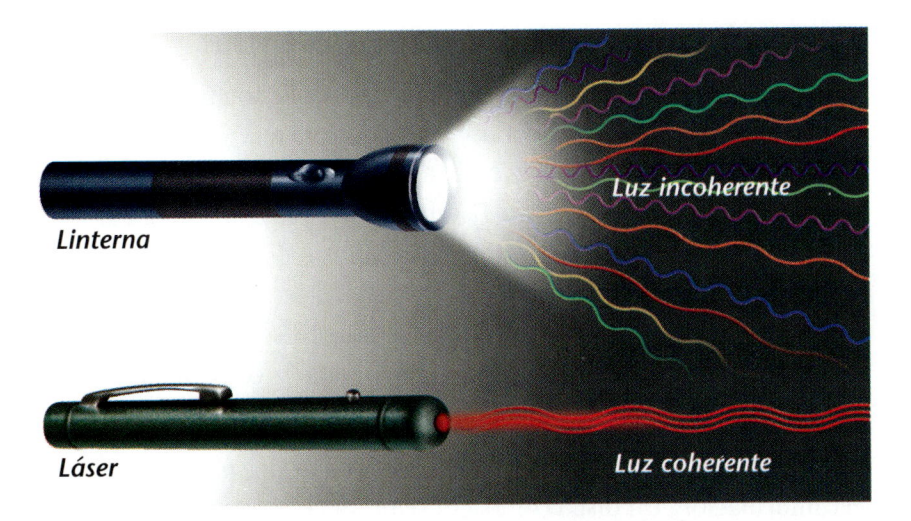

**Figura 28** La luz blanca está formada de muchas longitudes de onda o colores. La luz láser consiste en luz de una sola longitud de onda. Todas las crestas de la luz láser coinciden.

Cuando prendes una bombilla común y corriente, la luz se difunde y se hacen visibles los objetos de un cuarto. La luz blanca ordinaria está hecha de luz de muchos colores y longitudes de onda. **Un rayo láser está formado por ondas que tienen la misma longitud de onda o color. Las ondas son coherentes, coinciden.** Todas las crestas se alinean unas con otras, así como los senos.

La palabra **láser** viene de las primeras letras de las palabras en inglés que describen cómo funciona: **l**ight **a**mplification by **s**timulated **e**mission of **r**adiation (ampliación de luz por emisión estimulada de radiación). *Amplificación de la luz* significa que la luz es fortalecida, o sea que se le da más energía. *Emisión estimulada* significa que los átomos emiten luz cuando se exponen a la radiación.

Un láser consta de un tubo que contiene material como un rubí o una mezcla de helio y neón. El material empleado determina la longitud de onda y la intensidad de la luz que se produce.

La electricidad, un rayo de luz o una reacción química hacen que el material del tubo emita luz. La luz viaja de arriba abajo en el tubo. Uno de los extremos del tubo está cubierto con un espejo. El espejo refleja todos los fotones que chocan con él. Entonces, los fotones viajan a un espejo parcialmente reflejante al otro extremo del tubo. Conforme los fotones viajan en el tubo, chocan con otros átomos. Los átomos emiten más fotones con la misma cantidad de energía que la que provocó la colisión. Los fotones viajan juntos en total coincidencia. Este proceso continúa hasta que hay un flujo de fotones coherentes que viaja de arriba abajo en el tubo. Algo de luz se escapa por el espejo parcialmente reflejante. La luz que se escapa del tubo es el rayo láser.

**Figura 29** Este diagrama de un láser de rubí muestra fotones moviéndose de arriba abajo. La luz que sale del tubo es el rayo láser.

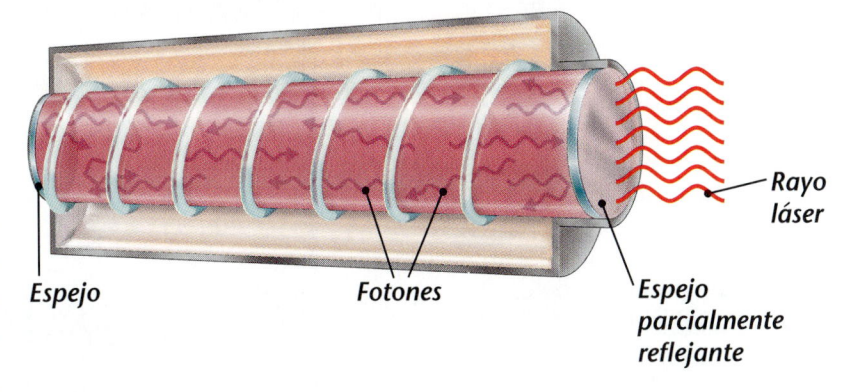

*Capítulo 4* **0 ◆ 137**

## Uso de los rayos láser

Los rayos láser tienen muchas aplicaciones práticas. Son muy usados por topógrafos e ingenieros. Un rayo láser es tan directo que puede usarse para asegurarse de que las superficies están niveladas y que los puentes y túneles están bien alineados. Por ejemplo, un rayo láser se usó para guiar a las excavadoras del túnel en el Gran Canal entre Inglaterra y Francia. Algunos láser muy poderosos pueden cortar acero. Muchas tiendas y supermercados usan láser. Un láser lee el código universal de un producto, mejor conocido como código de barras, para que la computadora de las tiendas muestre el precio del producto.

**Discos compactos** El láser también puede usarse para almacenar y leer información. Un disco compacto se produce convirtiendo datos en señales eléctricas. Éstas son convertidas por un rayo láser, el cual corta un patrón de surcos en un disco sin grabar. Cuando tocas un disco compacto o lees uno en la computadora, un rayo láser ilumina la superficie y la refleja. Los patrones de reflexión varían debido a los surcos. El

# CIENCIAS e Historia

## Instrumentos ópticos

El desarrollo de los instrumentos ópticos ha cambiado la manera como vemos el mundo y más allá de él. Ha permitido descubrimientos científicos mayores.

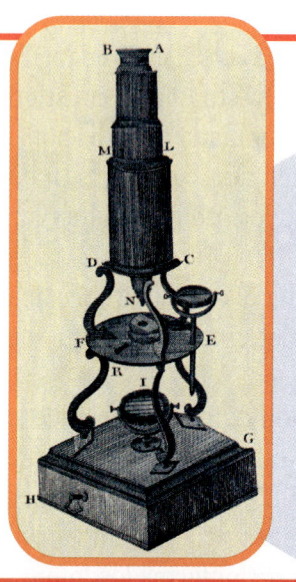

### 1595 Los Países Bajos
#### Microscopios
El primer microscopio útil se piensa que fue construido por Zacarías Jansen o por su padre Hans. Este microscopio aumentaba las imágenes nueve veces el tamaño del objeto. A mediados del siglo XVII, los microscopios se veían como el que se muestra.

| 1300 | 1400 | 1500 | 1600 |

### 1350 Italia
#### Anteojos
Los artesanos hicieron pequeños discos de vidrio que podían enmarcarse y usar frente a los ojos. Los primeros anteojos tenían lentes convexas y se usaban como gafas para leer.

### 1607 Los Países Bajos
#### Telescopios
El primer telescopio se hizo con lentes convexas. A partir de este sencillo invento, el italiano Galileo desarrolló otros telescopios más poderosos.

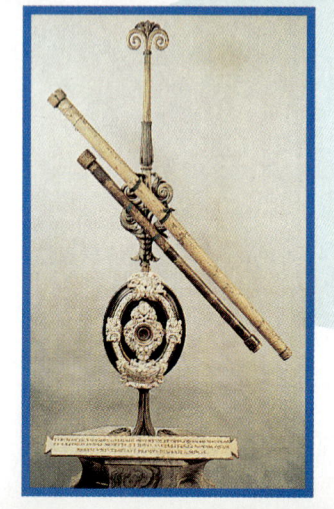

reproductor de discos compactos o la unidad de disco cambian esta información en señales eléctricas, las cuales se envían a bocinas por las que escuchas el sonido.

**Cirujía** Los médicos usan los láseres en lugar de bisturíes para hacer incisiones. El rayo de luz puede ser tan poderoso como para cortar los tejidos humanos. Cuando se hace una incisión con un láser, se sellan los vasos sanguíneos, lo que reduce la cantidad de sangre que pierde un paciente. Los cortes con láser por lo general sanan más rápido que las hechas con bisturí, así que el paciente se recupera más rápido.

INTEGRAR LA SALUD

Los oculistas usan láseres para reparar las retinas desprendidas. Si la retina se ha alejado del interior del ojo, los bastoncillos y los conos ya no pueden enviar señales al cerebro. Esto puede llevar a la ceguera total o parcial. El médico usa un láser para "soldar" o quemar la retina en el fondo del globo ocular. Los láseres también se usan para destruir o quitar manchas de la piel o crecimientos cancerosos.

### En tu diario

Investiga más acerca de los inicios de la fotografía y de las reacciones de las personas. Imagina que eres de los primeros fotógrafos y debes explicar qué es una foto a alguien que nunca ha visto una. Escribe un diálogo de unas dos páginas donde respondas a las preguntas de una persona acerca del proceso y de sus usos.

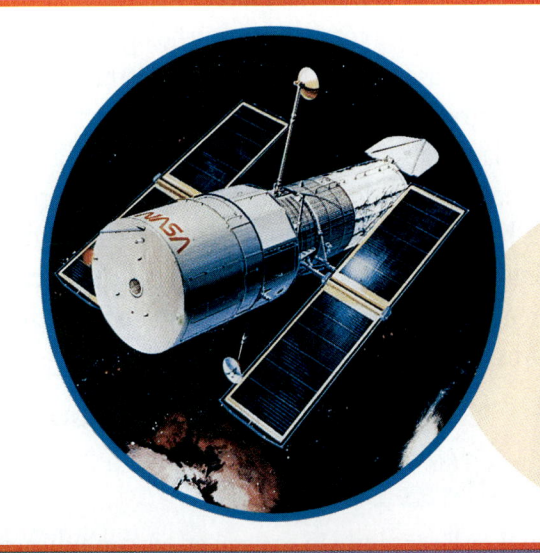

### 1990 ESTADOS UNIDOS
**Telescopio espacial Hubble**

El telescopio de reflexión lanzó la tripulación del transbordador espacial *Discovery*. Detecta rayos infrarrojos y ultravioleta, y luz visible del espacio y envía imágenes a la Tierra.

1700　　1800　　1900　　2000

### 1826 FRANCIA
**Cámaras**

La primera cámara, la cámara de agujerito, fue adaptada para obtener y grabar imágenes permanentes por Joseph Nicéphore Niepce y Louis-Jacques-Mandé Daguerre, de Francia. Ésta es una de las primeras imágenes de Nicéphore Niepce.

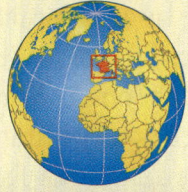

### 1960 ESTADOS UNIDOS
**Láser**

El primer láser, obra del estadounidense Theodore Maiman, usaba una barra de rubí para producir luz. Desde entonces, el láser se ha usado de muchas formas en ingeniería, medicina y comunicaciones.

Capítulo 4　**O ◆ 139**

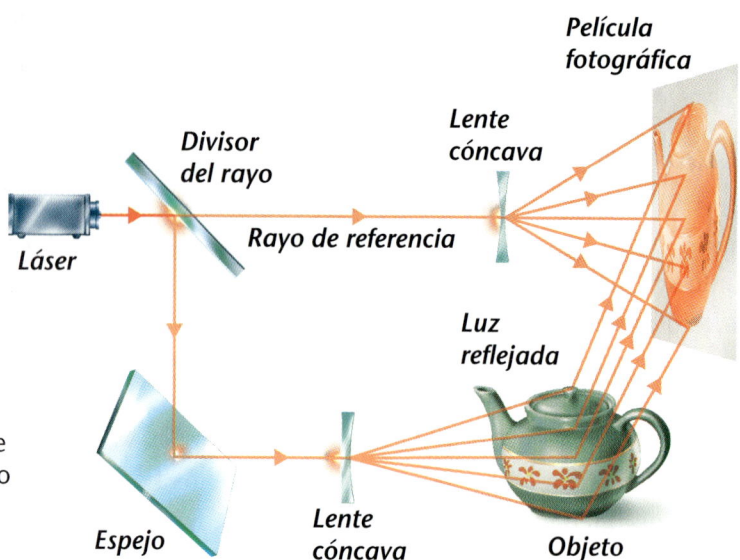

**Figura 30** Para hacer un holograma, la luz del láser se divide en dos rayos. Cuando los dos rayos chocan con una película fotográfica, un patrón de interferencia produce la imagen o el holograma.

**Holografía** Revisa la tienda de vídeo local o el exhibidor. Algunos videos y revistas tienen imágenes que parecen moverse cuando tu caminas. Un **holograma** es una fotografía tridimensional formada usando la luz de un láser. El proceso se llama holografía.

La Figura 30 muestra cómo se hace un holograma. Un rayo láser se divide en dos rayos. Uno pasa por una lente cóncava, detrás de la cual hay un pedazo de película fotográfica. La lente cóncava difunde los haces de luz antes de que choquen con la película. El segundo rayo es enviado a un espejo y reflejado hacia otra lente cóncava, detrás de la cual está el objeto que será fotografiado. Otra vez los haces de luz se difunden por la lente antes de que choquen con el objeto. Entonces, el objeto refleja estos haces de luz hacia la película, donde se interfieren con los del primero. El patrón de interferencia entre los dos haces de rayos crea una imagen tridimensional que es grabada en la película.

*Punto clave* ¿Cuáles son cuatro usos del láser?

**Figura 31** Las fibras ópticas son delgados filamentos de vidrio o plástico que conducen luz.

### Fibras ópticas

Los láser también se usan en las comunicaciones. Un láser es una radiación electromagnética de una sola longitud de onda. Es parecido a las ondas de radio y puede conducir señales por modulación. Pero a diferencia de las ondas de radio, los láser no son enviados a través del aire. En su lugar, se envían por fibras ópticas. Las **fibras ópticas** son filamentos largos y delgados de vidrio o plástico que pueden transportar luz por grandes distancias sin que se desvanezca. Es posible que hayas visto fibras ópticas en lámparas o en pequeñas linternas de mano que algunas veces se venden en circos y otros espectáculos.

# EXPLORAR el uso del láser

La invención del láser ha llevado a muchos avances tecnológicos y en las comunicaciones.

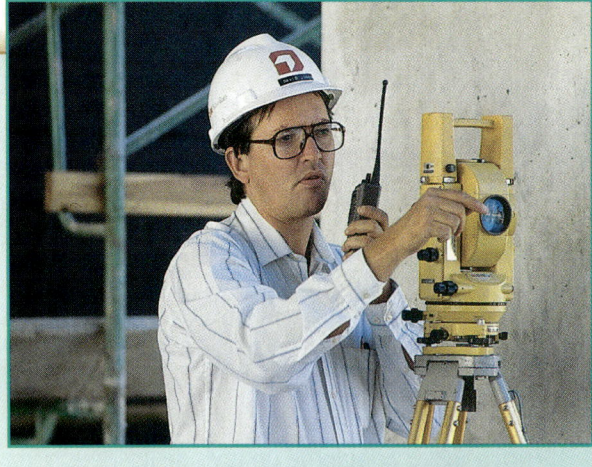

▲ Un rayo láser lee información de diminutos surcos en un disco compacto.

▲ Los ingenieros civiles usan los rayos láser para confirmar si los edificios están derechos.

▼ Las fibras ópticas conducen rayos láser por grandes distancias. Una pequeña fibra puede transportar cientos de conversaciones telefónicas más que el tradicional alambre de cobre.

▲ Un digitalizador de supermercado proyecta un láser sobre un patrón de líneas conocido como código de barras o UPC (Universal Product Code). Cada producto tiene un código único, que representa un número programado en la computadora de la tienda. La computadora, después, exhibe el nombre y el precio del producto en una pantalla cerca de la caja registradora.

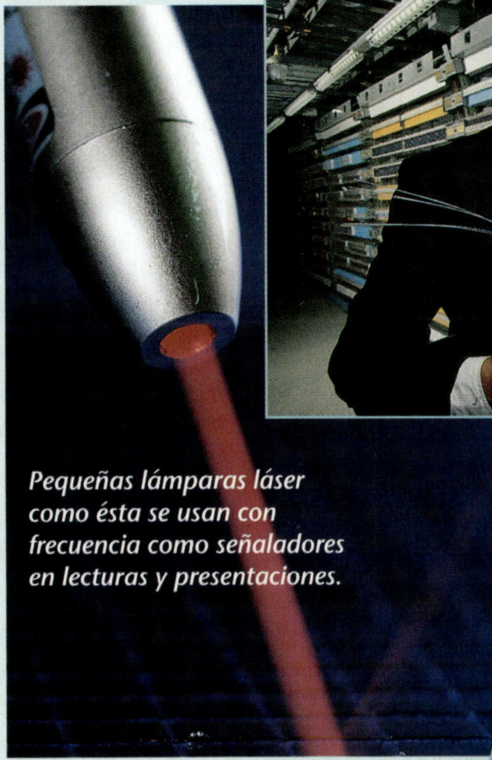

Pequeñas lámparas láser como ésta se usan con frecuencia como señaladores en lecturas y presentaciones.

◄ Ahora, por lo común, los bancos ponen pequeños hologramas en las tarjetas de crédito por razones de seguridad. El holograma hace que una tarjeta de crédito sea difícil de copiar.

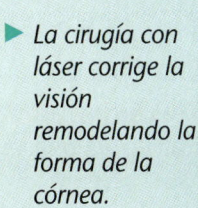

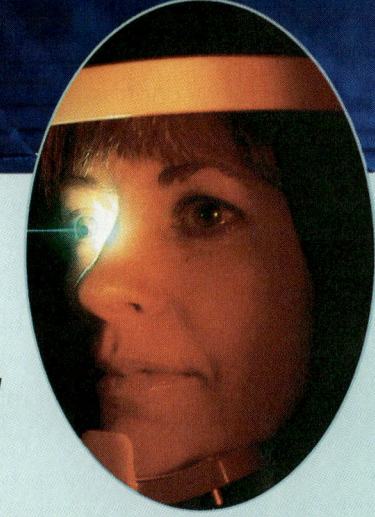

► La cirugía con láser corrige la visión remodelando la forma de la córnea.

Capítulo 4  O ◆ 141

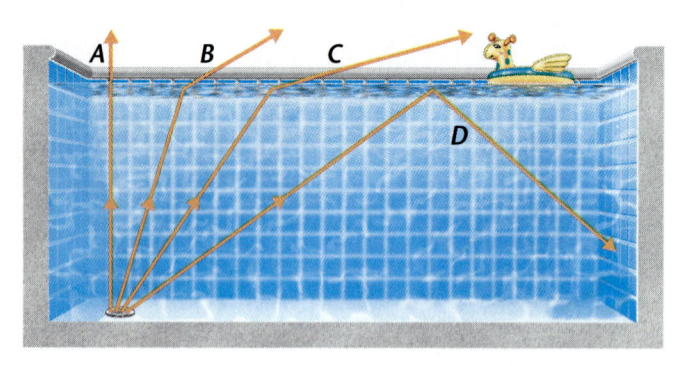

**Figura 32** El ángulo de un rayo de luz determina si puede dejar o no el medio. Si el ángulo es lo suficientemente grande, la luz se refleja de regreso al agua.

La Figura 32 muestra cómo la luz puede permanecer dentro de un medio y no pasar por su superficie hacia el exterior. Cuando un rayo de luz choca con una superficie con un ángulo de incidencia de 0°, pasa la superficie sin desviarse. Conforme se agranda el ángulo de incidencia, la luz se desvía más y más. Cuando viaja en paralelo cerca de una superficie, toda la luz se refleja. La reflexión total de la luz por la superficie interior de un medio se conoce como **reflejo interno total**. La Figura 33 muestra que un rayo láser se refleja en el interior de una fibra óptica y se mantiene, aunque la fibra se curve o se enrolle.

**Comunicaciones** Para enviar señales por fibras ópticas, las señales eléctricas que se ponen en camino en alambres de cobre se cambian a pulsos de luz por diminutos láseres. Entonces, las señales viajan grandes espacios en la fibra óptica. Las fibras ópticas han llevado a grandes avances en el servicio telefónico, redes de cómputo y sistemas de televisión por cable. Las señales enviadas en fibras ópticas son más rápidas y claras que aquéllas enviadas por alambre de cobre. Una diminuta fibra óptica puede llevar cientos de conversaciones telefónicas al mismo tiempo. Las fibras ópticas son mucho más delgadas que el alambre de cobre, por lo que más fibras pueden colocarse en el mismo lugar bajo el suelo.

**Medicina** En medicina las fibras ópticas se usan comúnmente en instrumentos. Los médicos insertan una fibra óptica muy fina dentro de diferentes partes del cuerpo, como el corazón o el estómago. La fibra óptica se sujeta a un microscopio o a una cámara. De esta manera, los médicos examinan órganos sin necesidad de realizar una cirujía.

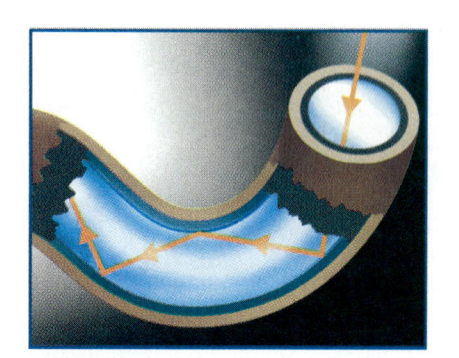

**Figura 33** La luz viaja por una fibra óptica mediante un reflejo interno total.

## Repaso de la sección 5

1. Compara y contrasta los telescopios de refracción con los de reflexión.
2. ¿Cómo funciona un microscopio?
3. ¿Por qué una cámara produce una imagen invertida?
4. ¿Cómo está constituido un rayo láser?
5. Describe dos usos de las fibras ópticas.
6. **Razonamiento crítico   Formular juicios** ¿Crees que es peligroso mirar un rayo láser? Explica tu respuesta.

### Comprueba tu aprendizaje

**PROYECTO DEL CAPÍTULO 4**

Ahora ha llegado el momento de probar tu instrumento óptico. ¿Funciona tal y como lo planeaste? ¿Puedes ajustar el espejo o las lentes para cambiar el foco de la imagen? ¿Las partes que se mueven lo hacen suave y fácilmente? Modifica cualquier parte de tu instrumento para ayudar a que funcione mejor. Prepara un manual donde describas y expliques cada una de las partes del instrumento.

# GUÍA DE ESTUDIO

## SECCIÓN 1 — Reflejos y espejos

### Ideas clave
- La luz que choca contra un objeto puede ser reflejada, absorbida o transmitida. Puedes ver los objetos porque la luz se desvía o se refleja en ellos.
- Un espejo plano produce una imagen derecha del mismo tamaño que el objeto.
- Los espejos cóncavos pueden formar tanto imágenes virtuales como imágenes reales. Las imágenes que se forman en los espejos convexos son siempre virtuales.

### Términos clave
opaco  
transparente  
espejo cóncavo  
espejo convexo  
imagen  
reflejo regular  
imagen virtual  
rayo  
imagen real  
espejo plano  
translúcido  
punto focal  
reflejo difuso

## SECCIÓN 2 — Refracción y lentes

### Ideas clave
- Cuando los rayos de luz golpean la superficie de un medio en ángulo, el cambio de velocidad hace que se desvíen o cambien de dirección.
- La imagen formada por lentes convexas depende de la posición del objeto con relación al punto focal.
- Las lentes cóncavas sólo crean imágenes virtuales.

### Términos clave
índice de refracción  
espejismo  
lentes  
lentes convexas  
lentes cóncavas

## SECCIÓN 3 — El color

### Ideas clave
- Ves un objeto cuando el color de la luz se refleja. Los colores primarios de la luz son el rojo, el verde y el azul.
- Cuando se mezclan pigmentos juntos, se reflejan menos colores de la luz y más son absorbidos.

### Términos clave
color primario  
color complementario  
color secundario  
pigmento

## SECCIÓN 4 — Ver la luz
**INTEGRAR LAS CIENCIAS DE LA VIDA**

### Ideas clave
- Ves los objetos debido a una serie de pasos que involucran las estructuras del ojo y del cerebro.
- Las lentes convexas pueden usarse para corregir la hipermetropía. Las lentes cóncavas pueden usarse para corregir la miopía.

### Términos clave
córnea  
iris  
pupila  
retina  
bastoncillos  
conos  
nervio óptico  
miopía  
hipermetropía

## SECCIÓN 5 — Usar la luz

### Ideas clave
- Un telescopio usa lentes y espejos para reunir grandes cantidades de luz.
- Un microscopio usa una combinación de lentes para producir y aumentar una imagen.
- Cuando presionas el botón de una cámara para tomar una fotografía, abres brevemente el obturador, permitiendo que la luz choque con la película.
- Un rayo láser está formado por ondas que tienen la misma longitud de onda y, por lo tanto, el mismo color. Las ondas son coherentes o van a compás.

### Términos clave
telescopio  
telescopio de refracción  
lente objetivo  
lente ocular  
telescopio de reflexión  
microscopio  
cámara  
láser  
holograma  
fibra óptica  
reflejo interno total

**USAR LA INTERNET** — ACTIVIDAD  
www.science-explorer.phschool.com

**CAPÍTULO 4 REPASO**

# CAPÍTULO 4 REPASO

## Repaso del contenido

*Para repasar los conceptos clave, consulta el Interactive Student Tutorial CD-ROM.*

### Opción múltiple
*Elige la letra que complete mejor cada enunciado.*

1. Una sustancia que no transmite la luz es
   a. translúcida.
   b. opaca.
   c. transparente.
   d. polarizada.

2. La difusión de la luz en una superficie desigual se llama
   a. reflejo regular.
   b. refracción.
   c. reflejo difuso.
   d. reflejo interno total.

3. Una lente convexa puede formar
   a. tanto una imagen real como virtual.
   b. una imagen virtual.
   c. una imagen real.
   d. un reflejo.

4. La parte de color del ojo es
   a. retina.
   b. córnea.
   c. iris.
   d. pupila.

5. Un láser produce luz que
   a. tiene muchos colores.
   b. se difunde en muchas direcciones.
   c. es incoherente.
   d. es coherente.

### Falso o verdadero
*Si el enunciado es verdadero, escribe verdadero. Si es falso, cambia la palabra o palabras subrayadas para hacer verdadero el enunciado.*

6. Una imagen que sólo parece estar donde es vista es una imagen <u>real</u>.
7. Una lente que es más delgada en el centro que en los bordes es una lente <u>cóncava</u>.
8. Bajo una luz verde un objeto rojo parece <u>azul</u>.
9. La <u>hipermetropía</u> puede corregirse con lentes convexas.
10. Los <u>holograms</u> son extensos, y delgados filamentos de vidrio o plástico que transportan luz por grandes distancias.

## Revisar los conceptos

11. Describe las diferencias y similitudes entre una imagen real y una virtual. ¿Cómo se forma cada tipo de imagen?
12. Explica cómo se forma un espejismo.
13. ¿Por qué ves los pétalos de una rosa rojos y las hojas verdes?
14. ¿Cómo se relaciona el índice de refracción de una sustancia relacionada con la velocidad de la luz en la sustancia?
15. Explica cómo funciona una cámara.
16. **Escribir para aprender** Se te pide que premies un instrumento óptico. Escoge el que creas que ha jugado el papel más significativo en la sociedad. Escribe el discurso de premiación donde expliques varias razones para tu decisión.

## Razonamiento gráfico

17. **Tablas para comparar y contrastar** En una hoja de papel, copia las tablas acerca de los tipos de lentes y espejos. Después completa las tablas y ponles un título. (Para más información sobre las tablas para comparar y contrastar, consulta el Manual de destrezas.)

| Tipo de espejo | Cómo afecta la luz | Tipo de imagen formada |
|---|---|---|
| Plano | Refleja | a. ? |
| b. ? | c. ? | Real o virtual |
| Convexo | Refleja | d. ? |

| Tipo de lentes | Cómo afecta la luz | Tipo de imagen formada |
|---|---|---|
| Convexa | e. ? | f. ? |
| g. ? | h. ? | Virtual |

144 ◆ O

## Aplicar las destrezas

*Usa el diagrama para contestar las Preguntas 18–20.*

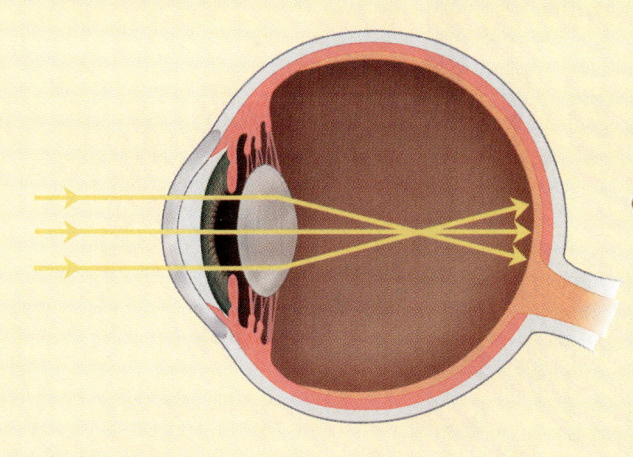

18. **Clasificar** ¿Qué tipo de problema de la vista tiene este ojo?
19. **Resolver problemas** ¿Qué tipo de lentes puede corregir su problema de la vista?
20. **Comunicar** Copia el diagrama en tu cuaderno. Agrega una lente correctiva al diagrama y muestra cómo la lente hace que la imagen se enfoque en la retina.

## Razonamiento crítico

21. **Aplicar los conceptos** ¿Puede un espejo plano producir una imagen real? Explica tu respuesta.
22. **Comparar y contrastar** ¿Por qué es diferente mezclar colores de la luz que mezclar pigmentos?
23. **Relacionar causa y efecto** Explica por qué se ven tonos de gris con una luz tenue.
24. **Comparar y contrastar** ¿Por qué es semejante un microscopio a un telescopio de refracción? ¿En qué son distintos?
25. **Resolver problemas** Un telescopio produce una imagen real, invertida. Si quieres ver un barco lejos en el mar, ¿cómo podrías modificar tu telescopio para que el bote apareciera derecho?
26. **Hacer generalizaciones** Explica por qué el láser nunca puede ser blanco.

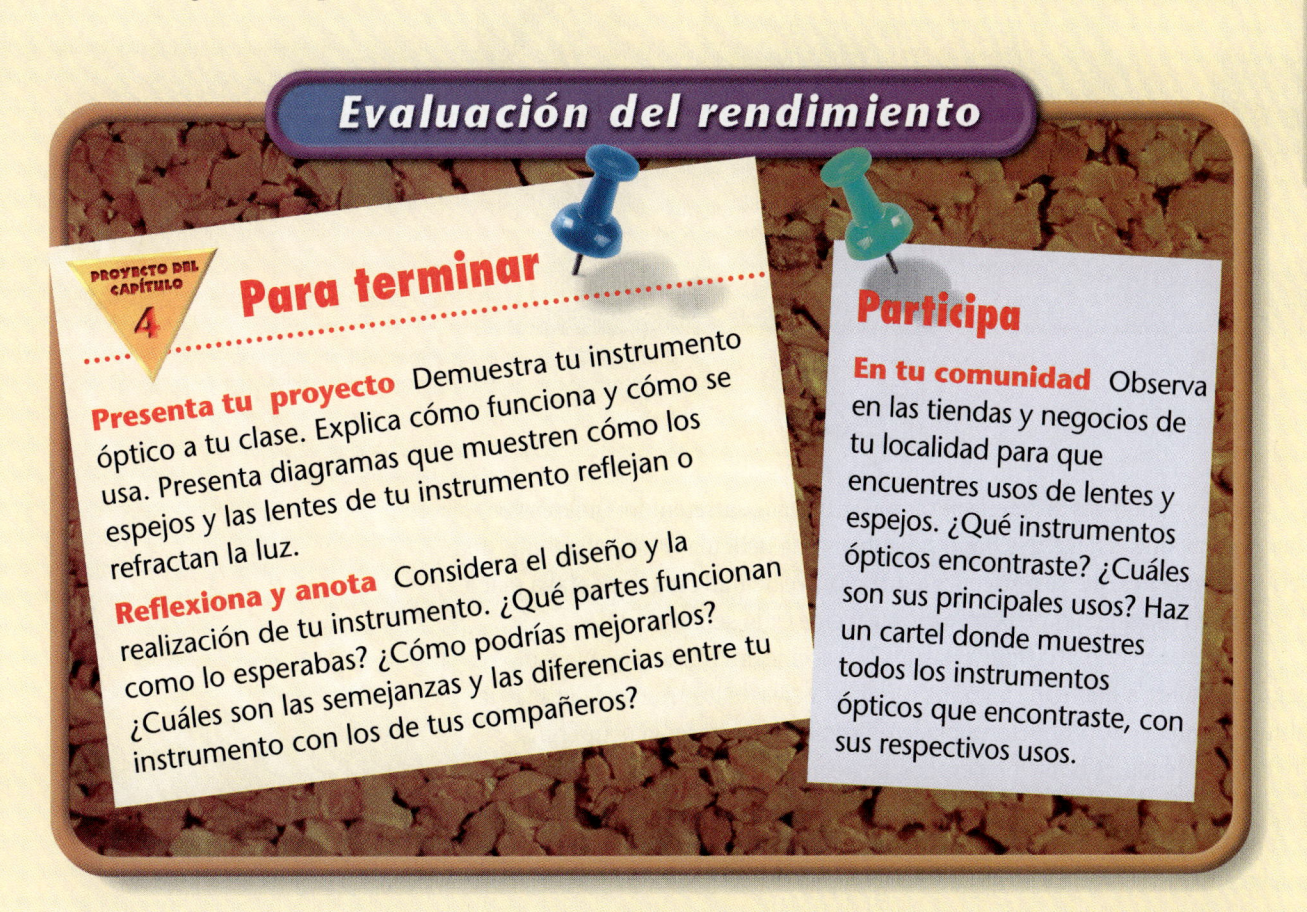

## Evaluación del rendimiento

### Para terminar

**Presenta tu proyecto** Demuestra tu instrumento óptico a tu clase. Explica cómo funciona y cómo se usa. Presenta diagramas que muestren cómo los espejos y las lentes de tu instrumento reflejan o refractan la luz.

**Reflexiona y anota** Considera el diseño y la realización de tu instrumento. ¿Qué partes funcionan como lo esperabas? ¿Cómo podrías mejorarlos? ¿Cuáles son las semejanzas y las diferencias entre tu instrumento con los de tus compañeros?

### Participa

**En tu comunidad** Observa en las tiendas y negocios de tu localidad para que encuentres usos de lentes y espejos. ¿Qué instrumentos ópticos encontraste? ¿Cuáles son sus principales usos? Haz un cartel donde muestres todos los instrumentos ópticos que encontraste, con sus respectivos usos.

**EXPLORACIÓN INTERDISCIPLINARIA**

# La Magia del Cine

### ¡LUCES! ¡CÁMARA! ¡ACCIÓN!

- **Un dinosaurio de 12 pies de alto sale rugiendo del bosque.**
- **Una nave extraterrestre aterriza en Washington, D. C.**
- **Un cerdo grita órdenes a un rebaño de ovejas.**

Cuando vas al cine, esperas pasar un rato entretenido. Quieres ver una película que te haga reír, llorar o temblar. Una película es, simplemente, una serie de imágenes que se proyectan a una gran velocidad en una pantalla plana. A pesar de eso, millones de personas van al cine cada semana.

El cine tiene unos 100 años. Hasta 1927, el cine era mudo y en blanco y negro. Después, a finales de los años veinte e inicios de los treinta, la industria fílmica cambió. Los productores pusieron sonido para hacer la primera "película hablada". No mucho después, apareció el color en el cine.

¿Qué hace a una película tan interesante? Mucha de la magia del cine viene de la manera en que los directores usan la luz, el color, los efectos especiales, las tomas con la cámara, la edición y la magia de las computadoras. Estas técnicas hacen que la escena de una película sea pavorosa, emocionante o romántica.

# Artes del lenguaje

## Escoger un punto de vista

Un escritor de escena escribe un guión o una historia de una película desde cierto punto de vista. Por ejemplo, cuando una película cuenta la historia desde el punto de vista del personaje principal, el público comparte los sentimientos y pensamientos del protagonista. El escritor quizá cuente partes de la historia en "voz alta". Si fueras el personaje principal que cuenta la historia, tal vez dirías "Cuando mi carreta llegó a lo alto del cerro, admiré el hermoso amanecer". Por el contrario, la "voz alta" algunas veces proviene de la voz de un narrador que no ves en la película. El narrador cuenta la misma historia, pero desde un punto de vista diferente. Por ejemplo, el narrador quizá describa la escena de la carreta diciendo que "Cuando la carreta llegó a lo alto del cerro, las luces del sol naciente descubrieron a un cansado caballo y a un conductor todavía más cansado".

La película *Babe* empieza con la voz de un narrador que describe qué pasa con los cerdos cuando dejan la granja. Después, la cámara realiza un acercamiento a Babe, un cerdito que tiene la habilidad de sostener conversaciones con sus amigos animales. La película alterna el punto de vista de Babe y del narrador.

Con frecuencia, el punto de vista cambia de un personaje a otro cuando la cámara se mueve. En una escena de hospital, por ejemplo, la cámara tomará el punto de vista del paciente. Después, quizá la cámara tomé hacia abajo al paciente y represente el punto de vista de sus familiares, de los doctores y de las enfermeras.

La edición es el punto clave del proceso de hacer películas. Los editores de la película, como el director, deciden qué verá el público en cada toma. Planean las acciones y las conversaciones que harán que la gente admire, guste de ciertos personajes o sienta desagrado por otros.

**Estos camarógrafos filman una película que tiene lugar en Francia durante los años 1830.**

### Actividad de las artes del lenguaje

Piensa en una historia o en un libro que hayas leído y que te gustaría ver en una película. En uno o dos párrafos, escribe un resumen del argumento de la película. Después explica qué punto de vista usarías para contar la historia en una película. ¿Por qué escogerías ese punto de vista?

## Ciencias

### Por qué parece que las imágenes se mueven

La película comienza. El rollo corre y la acción se inicia. ¿Qué pasa? Una película es una serie de pequeñas fotografías proyectadas en una pantalla a gran velocidad. Las imágenes aparecen tan rápido, como 24 fotos por segundo, que tus ojos las mezclan en un movimiento continuo. Pero tus ojos te están vacilando. Lo que ves es una ilusión óptica.

Cuando ves una película, tus ojos ven cada foto sólo por una fracción de segundo. Luego, la siguiente foto reemplaza a la anterior. Las imágenes se mueven tan rápido que aun cuando una imagen ya se haya ido, el cerebro continúa viéndola. Ver esta imagen anterior se conoce como "persistencia de la visión" y crea la ilusión de movimiento.

Muchos descubrimientos e inventos del siglo XIX se combinaron para hacer la primera película con movimiento. Por ejemplo, en 1834, se inventó un juguete llamado "zoetrope". Contenía imágenes dentro de un dispositivo con forma de tambor y con unas aberturas. Las personas podían girar el tambor mientras veían por esas ranuras. Al mover el zoetrope parecía que las imágenes estaban en movimiento.

A finales del siglo XIX, el inventor estadounidense Thomas Edison trabajaba en una cámara de cine. Usó un plástico llamado celuloide para cubrir la cinta. Edison hizo la película de 35 milímetros de ancho, una medida que se utiliza aun hoy; también perforó con agujeros los bordes de la cinta para que se pudiera enrollar en un carrete. Si has cargado una película en una cámara, seguramente has visto estos agujeros. A fines de los años veinte, los productores de cine agregaron otra cinta a la película para darle sonido.

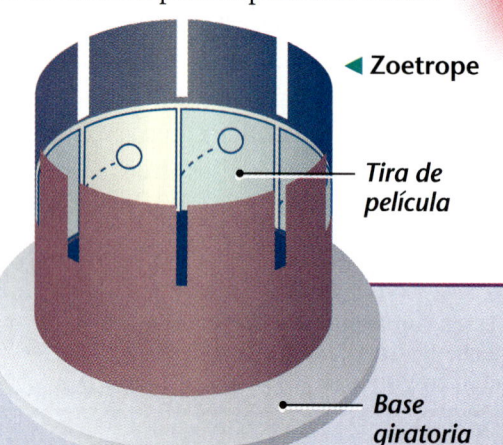

◀ Zoetrope

*Tira de película*

*Base giratoria*

### Actividad de ciencias

Haz tu propia película construyendo un zoetrope.

◆ Corta una tira de papel blanco de 45.5 cm por 7.5 cm. Marca la tira para hacer 8 cuadros iguales.

◆ Cerca del centro del primer cuadro, dibuja una imagen. Tu dibujo puede ser uno sencillo a línea de una persona, cosa o animal.

◆ Dibuja otra vez el mismo objeto en el segundo cuadro, pero cambia su posición ligeramente. Repite este paso hasta que hayas dibujado el objeto en cada marco. Recuerda cambiar su posición un poquito cada vez, como se muestra en la ilustración de abajo.

◆ Corta un pedazo de cartulina negra que mida 45.5 cm por 15 cm.

◆ Marca 8 cortes verticales en la mitad superior de la cartulina negra, separados 5.5 cm. Corta donde hiciste las marcas, haciendo cada uno de los cortes de 4 mm de ancho y 7.5 de profundo.

◆ Pega el papel negro en un círculo con los cortes en la parte superior.

◆ Pega la tira de imágenes en el círculo con ellas hacia dentro. Introduce la tira dentro del círculo negro para crear tu zoetrope.

◆ Coloca tu zoetrope en un tocadiscos o en una base giratoria. Céntralo. Mira la tira cuando gires el zoetrope. ¿Qué ves?

# Matemáticas

Los fabricantes de modelos construyeron cierto número de barcos a pequeña escala para usarse en la película TITANIC®.

## Hacer modelos

Un naufragio de un lujoso trasatlántico, un ardiente choque de un tren, una ciudad devastada por un terremoto, estas escenas se ven reales en la pantalla. Pero los productores de cine no hunden barcos o destruyen ciudades. Usan modelos o maquetas.

Con frecuencia en una película se usan varios modelos de diferentes tamaños. Los productores de la película TITANIC construyeron un modelo de un lado del enorme barco cercano a su tamaño verdadero. Flotó en un tanque tan grande como para contener 65 millones de litros de agua. Otro gran tanque tenía los modelos del tamaño de cuartos y cubiertas del barco. Estos modelos se utilizaron para escenas con actores.

En la cinta también se usaron modelos más pequeños del *Titanic* construidos a escala. Una escala es una proporción que relaciona las medidas de un modelo con el tamaño real de un objeto. Un modelo del *Titanic* tenía una escala de 1:20 (un metro en el modelo eran 20 metros del tamaño verdadero). Incluso así, tenía casi 14 metros de largo. El mobiliario y los cortinajes se añadieron para que pareciera real. Luego de filmarse las escenas en este modelo, imágenes creadas por computadora le añadieron color, rizos de humo de chimeneas y pasajeros

Los modelos deben ser a escala. Por ejemplo, si un carro mide 3.5 metros (350 centímetros) de largo, un modelo a escala de 1:16 sería de casi 22 centímetros. de largo. Un modelo más grande del carro sería, de 1:4, unos 87.5 centímetros de largo.

Los trucos de la cámara hacen que los modelos parezcan reales. Como las miniaturas pesan menos que los objetos reales, se mueven en forma diferente. En lugar de estrellarse con una pared, el modelo de un carro podría rebotar. Para resolver este problema, los directores fotografían miniaturas moviéndose con lentitud. Esto da la apariencia de que son objetos grandes y pesados. Otros trucos de la cámara pueden hacer que un modelo diminuto se vea más grande y más alejado.

### Actividad de matemáticas

Boceta una escena sencilla, como el interior de un cuarto o una parte de una ciudad. Escoge cuatro objetos en la escena y estima o mide el tamaño verdadero de cada uno. Los objetos pueden ser una silla, una persona, un carro o un rascacielos. (*Nota*: Un piso en un edificio moderno equivale a cuatro metros.) Decide la escala de tu modelo, como 1:4, 1:12, o 1:16. Después de determinar el tamaño real de los objetos, calcula el tamaño a escala de cada modelo.

## Estudios sociales

**Un viaje a la Luna, 1902**
*Esta antigua película francesa representa el sueño de un astrónomo. En el sueño, unos hombres viajan a la Luna dentro de una cápsula disparada por un gran cañón.*

**¡A ellos!, 1954**
*En esta cinta, las pruebas nucleares en el suroeste del territorio estadounidense produjeron, por mutación, unas hormigas gigantes.*

## Reflejo de los tiempos

Cuando los productores de cine buscan una idea para una película, piensan primero en qué le interesa ver al público. Los productores quieren saber qué es importante para la gente. Los avances científicos y tecnológicos, y los sucesos históricos recientes influyen en la gente. Las películas reflejan esos cambios en la vida de las personas.

Al iniciar este siglo, apenas comenzaban los vuelos. Las primeras películas de ciencia ficción de los años veinte y treinta eran pura fantasía.

Por la década de los 50', la tecnología de los vuelos espaciales se estaba desarrollando. En 1957, la Unión Soviética puso en órbita al *Sputnik*, el primer satélite, artificial. Poco después, Estados Unidos y la Unión Soviética competían en la exploración del espacio. Ambas naciones desarrollaban poderosas armas atómicas. La idea de una guerra nuclear atemorizó a la gente. Muchas películas de los 50' y 60' reflejaron esos temores. Varios monstruos aparecieron en las pantallas. La ciencia ficción resaltaba las invasiones extraterrestres.

La "carrera espacial" continuó durante los 60'. Astronautas estadounidenses y cosmonautas rusos lograron orbitar la Tierra. En julio de 1969, tres estadounidenses fueron las primeras personas en llegar a la Luna. Después, las sondas espaciales enviaron imágenes de otros planetas. Con estos vuelos la gente soñó con viajar al espacio. Al mismo tiempo, dio inicio el uso de las computadoras y algunas personas temieron que éstas controlaran a la gente. En la película *2001 Odisea del espacio*, de 1968, la computadora HAL hace justamente eso.

El interés en el espacio hace populares las películas de ciencia ficción en los 80' y 90'. En ese tiempo, las computadoras se convirtieron en parte de la vida

**E. T., 1982**
E. T., un extraterrestre varado en la Tierra, encuentra a un chico de 10 años, y se hacen amigos.

cotidiana. Ya no eran artefactos temibles. La tensión entre Estados Unidos y la Unión Soviética había disminuido. Las películas mostraban un futuro más optimista que las de los años 50'. En películas como *E.T.* y *Encuentros cercanos del tercer tipo*, los humanos mostraban más curiosidad que temor por los extraterrestres. La película *Hombres de negro* incluso ofrece una visión humorística.

## Actividad de estudios sociales

Piensa en películas que recientemente tú y tus compañeros hayan visto. Organiza equipos para que platiquen acerca de las conexiones entre esas cintas y sucesos vigentes. Piensa en los cambios globales en torno tuyo. ¿Cómo influyen en esas películas las pruebas espaciales, las exploraciones planetarias, las computadoras, los juegos de video, la internet y los hechos políticos?

### Relaciónalo

## Haz una película

Pon tus ideas cinematográficas en acción. Con tus compañeros, planeen una película corta. Si es posible, usen una cámara de video para hacerla. Utilicen lo que han aprendido del punto de vista, los modelos a escala y la edición.

◆ Piensen en un tema o suceso para la película. Como equipo, hagan el guión.

◆ En grupos pequeños hagan un *storyboard*: dibujos con las escenas clave de la cinta.

◆ Escojan director, actores, camarógrafos y editor.

◆ Otros grupos pueden diseñar la iluminación, los efectos sonoros, las maquetas, la utilería, los escenarios y la fotografía.

◆ Después de filmar y editar la película, exhíbanla a otros estudiantes de su escuela.

### Manual de destrezas

# Piensa como científico

Tal vez no lo sepas, pero todos los días piensas como científico. Cada vez que te haces una pregunta y examinas las respuestas posibles aplicas muchas de las mismas destrezas que los científicos. Algunas de esas destrezas se describen en esta página.

## Observar

**Observas** cada vez que reúnes información sobre el mundo con uno o más de tus cinco sentidos. Oír que ladra un perro, contar doce semillas verdes y oler el humo son observaciones. Para aumentar el alcance de los sentidos, los científicos tienen microscopios, telescopios y otros instrumentos con los que hacen observaciones más detalladas.

Las observaciones deben referirse a los hechos y ser precisas, un informe exacto de lo que tus sentidos detectan. Es importante escribir o dibujar cuidadosamente en un cuaderno las observaciones en la clase de ciencias. La información reunida en las observaciones se llama evidencia o dato.

## Inferir

Cuando explicas o interpretas una observación, **infieres**, o haces una inferencia. Por ejemplo, si oyes que tu perro ladra, infieres que hay alguien en la puerta. Para hacer esta inferencia, combinas las evidencias (tu perro ladra) con tu experiencia o conocimientos (sabes que el perro ladra cuando se acerca un desconocido) para llegar a una conclusión lógica.

Advierte que las inferencias no son hechos, sino solamente una de tantas explicaciones de tu observación. Por ejemplo, quizá tu perro ladra porque quiere ir de paseo. A veces resulta que las inferencias son incorrectas aun si se basan en observaciones precisas y razonamientos lógicos. La única manera de averiguar si una inferencia es correcta, es investigar más a fondo.

## Predecir

Cuando escuchas el pronóstico del tiempo, oyes muchas predicciones sobre las condiciones meteorológicas del día siguiente: cuál será la temperatura, si lloverá o no y si habrá mucho viento. Los meteorólogos pronostican el tiempo basados en sus observaciones y conocimientos de los sistemas climáticos. La destreza de **predecir** consiste en hacer una inferencia sobre un acontecimiento futuro basada en pruebas actuales o en la experiencia.

Como las predicciones son inferencias, a veces resultan falsas. En la clase de ciencias, puedes hacer experimentos para probar tus predicciones. Por ejemplo, digamos que predices que los aviones de papel más grandes vuelan más lejos que los pequeños. ¿Cómo pondrías a prueba tu predicción?

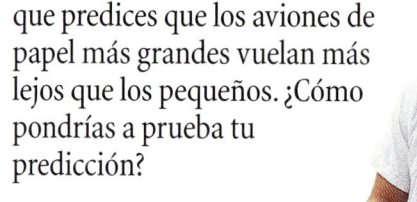

**ACTIVIDAD** Estudia la fotografía para responder las preguntas siguientes.

*Observar* Mira con atención la fotografía. Anota por lo menos tres observaciones.

*Inferir* Con tus observaciones, haz una inferencia de lo que sucedió. ¿Qué experiencias o conocimientos aprovechaste para formular tu inferencia?

*Predecir* Predice lo que ocurrirá a continuación. ¿En qué evidencias o experiencias basas tu predicción?

152 ◆ O

## Clasificar

¿Te imaginas cómo sería buscar un libro en la biblioteca si todos los tomos estuvieran puestos en los estantes sin ningún orden? Tu visita a la biblioteca sería cosa de todo un día. Por fortuna, los bibliotecarios agrupan los libros por tema o por autor. Agrupar los elementos que comparten algún parecido se llama **clasificar**. Puedes clasificar las cosas de muchas maneras: por tamaño, por forma, por uso y por otras características importantes.

Como los bibliotecarios, los científicos aplican la destreza de clasificar para organizar información y objetos. Cuando las cosas están distribuidas en grupos, es más fácil entender sus relaciones.

**ACTIVIDAD**
Clasifica los objetos de la fotografía en dos grupos, de acuerdo con la característica que tú escojas. Luego, elige otra característica y clasifícalos en tres grupos.

## Hacer modelos

¿Alguna vez has hecho un dibujo para que alguien entienda mejor lo que le dices? Ese dibujo es una especie de modelo. Los modelos son dibujos, diagramas, imágenes de computadora o cualquier otra representación de objetos o procesos complicados. **Hacer modelos** nos ayuda a entender las cosas que no vemos directamente.

Los científicos representan con modelos las cosas muy grandes o muy pequeñas, como los planetas del sistema solar o las partes de las células. En estos casos se trata de modelos físicos, dibujos o cuerpos sólidos que se parecen a los objetos reales. En otros casos son modelos mentales: ecuaciones matemáticas o palabras que describen el funcionamiento de algo.

**ACTIVIDAD**
Esta estudiante demuestra con un modelo las causas del día y la noche en la Tierra. ¿Qué representan la lámpara y la pelota de tenis?

## Comunicar

Te comunicas cuando hablas por teléfono, escribes una carta o escuchas al maestro en la escuela. **Comunicar** es el acto de compartir ideas e información con los demás. La comunicación eficaz requiere de muchas destrezas: escribir, leer, hablar, escuchar y hacer modelos.

Los científicos se comunican para compartir resultados, información y opiniones. Acostumbran comunicar su trabajo en publicaciones, por teléfono, en cartas y en la Internet. También asisten a reuniones científicas donde comparten sus ideas en persona.

**ACTIVIDAD**
En un papel, escribe con claridad las instrucciones detalladas para amarrarse las agujetas. Luego, intercámbialas con un compañero o compañera. Sigue exactamente sus instrucciones. ¿Qué tan bien pudiste amarrarte el zapato? ¿Cómo se hubiera comunicado con más claridad tu compañero o compañera?

MANUAL DE DESTREZAS

# Hacer mediciones

Cuando los científicos hacen observaciones, no basta decir que algo es "grande" o "pesado". Por eso, miden con sus instrumentos qué tan grandes o pesados son los objetos. Con las mediciones, los científicos expresan con mayor exactitud sus observaciones y comunican más información sobre lo que observan.

## Mediciones SI

La forma común de medir que utilizan los científicos de todo el mundo es el *Sistema Internacional de Unidades*, abreviado SI. Estas unidades son fáciles de usar porque se basan en múltiplos de 10. Cada unidad es 10 veces mayor que la inmediata anterior y un décimo del tamaño de la siguiente. En la tabla se anotan los prefijos de las unidades del SI más frecuentes.

| Prefijos comunes SI | | |
|---|---|---|
| **Prefijo** | **Símbolo** | **Significado** |
| kilo- | k | 1,000 |
| hecto- | h | 100 |
| deka- | da | 10 |
| deci- | d | 0.1 (un décimo) |
| centi- | c | 0.01 (un centésimo) |
| mili- | m | 0.001 (un milésimo) |

**Longitud** Para medir la longitud, o la distancia entre dos puntos, la unidad de medida es el **metro (m)**. Un metro es la distancia aproximada del suelo al pomo de la puerta. Las distancias mayores, como entre ciudades, se miden en kilómetros (km). Las longitudes más pequeñas se miden en centímetros (cm) o milímetros (mm). Para medir la longitud, los científicos usan reglas métricas.

| Conversiones comunes |
|---|
| 1 km = 1,000 m |
| 1 m = 100 cm |
| 1 m = 1,000 mm |
| 1 cm = 10 mm |

**ACTIVIDAD** En la regla métrica de la ilustración, las líneas largas son divisiones en centímetros, mientras que las cortas que no están numeradas son divisiones en milímetros. ¿Cuántos centímetros de largo tiene esta concha? ¿A cuántos milímetros equivale?

**Volumen líquido** Para medir el volumen de los líquidos, o la cantidad de espacio que ocupan, utilizamos una unidad de medida llamada **litro (L)**. Un litro es aproximadamente el volumen de un cartón de leche de tamaño mediano. Los volúmenes menores se miden en mililitros (mL). Los científicos tienen cilindros graduados para medir el volumen líquido.

| Conversión común |
|---|
| 1 L = 1,000 mL |

**ACTIVIDAD** El cilindro graduado de la ilustración está marcado con divisiones en mililitros. Observa que la superficie del agua del cilindro es curva. Esta curvatura se llama *menisco*. Para medir el volumen, tienes que leer el nivel en el punto más bajo del menisco. ¿Cuál es el volumen del agua en este cilindro graduado?

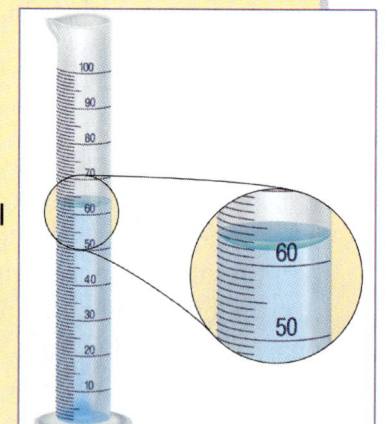

**Masa** Para medir la masa, o la cantidad de materia de los objetos, tomamos una unidad de medida conocida como **gramo (g)**. Un gramo es aproximadamente la masa de un sujetador de papeles. Las masas más grandes se miden en kilogramos (kg). Los científicos miden con básculas la masa de los objetos.

**Conversión común**
1 kg = 1,000 g

**Temperatura**
Para medir la temperatura de las sustancias, usamos la **escala Celsius**. La temperatura se mide con un termómetro en grados Celsius (°C). El agua se congela a 0°C y hierve a 100°C.

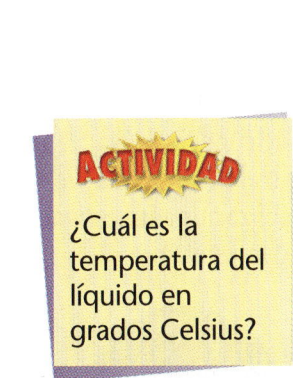

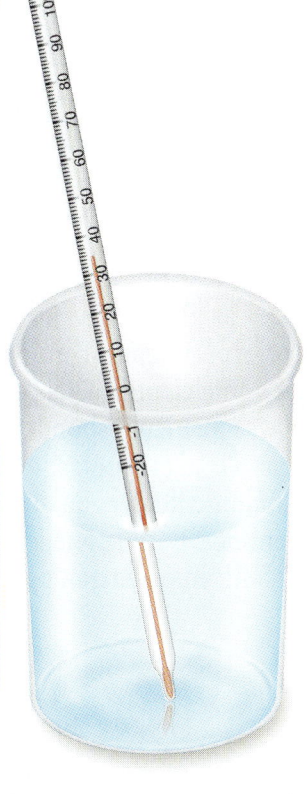

**ACTIVIDAD**
La báscula electrónica muestra la masa de una manzana en kilogramos. ¿Cuál es la masa de la manzana? Supón que una receta de puré requiere un kilogramo de manzanas. ¿Cuántas manzanas necesitarías?

**ACTIVIDAD**
¿Cuál es la temperatura del líquido en grados Celsius?

## Conversión de unidades SI

Para trabajar con el sistema SI, debes saber cómo convertir de unas unidades a otras. Esto requiere la destreza de **calcular**, o realizar operaciones matemáticas. Convertir unidades SI es igual que convertir dólares y monedas de 10 centavos, porque los dos sistemas se basan en múltiplos de diez.

Digamos que quieres convertir en metros una longitud de 80 centímetros. Sigue estos pasos para convertir las unidades.

1. Comienza por escribir la medida que quieres convertir; en este ejemplo, 80 centímetros.
2. Escribe el factor de conversión que representa la relación entre las dos unidades. En este ejemplo, la relación es *1 metro = 100 centímetros*. Escribe el factor como fracción. Asegúrate de poner en el denominador las unidades de las que conviertes (en este ejemplo, centímetros).
3. Multiplica la medición que quieres convertir por la fracción. Las unidades de esta primera medición se cancelarán con las unidades del denominador. Tu respuesta estará en las unidades a las que conviertes.

### Ejemplo

80 centímetros = \_\_\_\_?\_\_\_\_ metros

$$80 \text{ centímetros} \times \frac{1 \text{ metro}}{100 \text{ centímetros}} = \frac{80 \text{ metros}}{100}$$

$$= 0.8 \text{ metros}$$

**ACTIVIDAD**
Convierte las unidades siguientes.
1. 600 milímetros = _?_ metros
2. 0.35 litros = _?_ mililitros
3. 1,050 gramos = _?_ kilogramos

MANUAL DE DESTREZAS

O ◆ 155

# Realizar una investigación científica

En cierta forma, los científicos son como detectives que unen claves para entender un proceso o acontecimiento. Una forma en que los científicos reúnen claves es realizar experimentos. Los experimentos prueban las ideas en forma cuidadosa y ordenada. Sin embargo, no todos los experimentos siguen los mismos pasos en el mismo orden, aunque muchos tienen un esquema parecido al que se describe aquí.

## Plantear preguntas

Los experimentos comienzan planteando una pregunta científica. Las preguntas científicas son las que se pueden responder reuniendo pruebas. Por ejemplo, la pregunta "¿qué se congela más rápidamente, el agua dulce o el agua salada?" es científica, porque puedes realizar una investigación y reunir información para contestarla.

## Desarrollar una hipótesis

El siguiente paso es formular una hipótesis. Las **hipótesis** son predicciones acerca de los resultados de los experimentos. Como todas las predicciones, las hipótesis se basan en tus observaciones y en tus conocimientos o experiencia. Pero, a diferencia de muchas predicciones, las hipótesis deben ser algo que se pueda poner a prueba. Las hipótesis bien enunciadas adoptan la forma *Si… entonces…* y en seguida el planteaminto. Por ejemplo, una hipótesis sería "*si añado sal al agua dulce, entonces tardará más en congelarse*". Las hipótesis enunciadas de esta manera son un boceto aproximado del experimento que debes realizar.

## Crear un experimento

Enseguida, tienes que planear una forma de poner a prueba tu hipótesis. Debes redactarla en forma de pasos y describir las observaciones o mediciones que harás.

Dos pasos importantes de la creación de experimentos son controlar las variables y formular definiciones operativas.

### Controlar variables
En los experimentos bien planeados, tienes que cuidar que todas las variables sean la misma excepto una. Una **variable** es cualquier factor que pueda cambiarse en un experimento. El factor que modificas se llama **variable manipulada**. En nuestro experimento, la variable manipulada es la cantidad de sal que se añade al agua. Los demás factores son constantes, como la cantidad de agua o la temperatura inicial.

El factor que cambia como resultado de la variable manipulada se llama **variable de respuesta** y es lo que mides u observas para obtener tus resultados. En este experimento, la variable de respuesta es cuánto tarda el agua en congelarse.

Un **experimento controlado** es el que mantiene constante todos los factores salvo uno. Estos experimentos incluyen una prueba llamada de control. En este experimento, el recipiente 3 es el de control. Como no se le añade sal, puedes comparar con él los resultados de los otros experimentos. Cualquier diferencia en los resultados debe obedecer en exclusiva a la adición de sal.

### Formular definiciones operativas
Otro aspecto importante de los experimentos bien planeados es tener definiciones operativas claras. Las **definiciones operativas** son enunciados que describen cómo se va a medir cierta variable o cómo se va a definir. Por ejemplo, en este experimento, ¿cómo determinarás si el agua se congeló? Quizá decidas meter un palito en los recipientes al comienzo del experimento. Tu definición operativa de "congelada" sería el momento en que el palito dejara de moverse.

---

**PROCEDIMIENTO EXPERIMENTAL**

1. Llena 3 recipientes con agua fría de la llave.
2. Añade 10 gramos de sal al recipiente 1 y agita. Añade 20 gramos de sal al recipiente 2 y agita. No añadas sal al recipiente 3.
3. Coloca los tres recipientes en el congelador.
4. Revisa los recipientes cada 15 minutos. Anota tus observaciones.

---

## Interpretar datos

Las observaciones y mediciones que haces en los experimentos se llaman datos. Debes analizarlos al final de los experimentos para buscar regularidades o tendencias. Muchas veces, las regularidades se hacen evidentes si organizas tus datos en una tabla o una gráfica. Luego, reflexiona en lo que revelan los datos. ¿Apoyan tu hipótesis? ¿Señalan una falla en el experimento? ¿Necesitas reunir más datos?

## Sacar conclusiones

Las conclusiones son enunciados que resumen lo que aprendiste del experimento. Cuando sacas una conclusión, necesitas decidir si los datos que reuniste apoyan tu hipótesis o no. Tal vez debas repetir el experimento varias veces para poder sacar alguna conclusión. A menudo, las conclusiones te llevan a plantear preguntas nuevas y a planear experimentos nuevos para responderlas.

---

**ACTIVIDAD**

Al rebotar una pelota, ¿influye la altura de la cual la arrojas? De acuerdo con los pasos que acabamos de describir, planea un experimento controlado para investigar este problema.

---

**MANUAL DE DESTREZAS**

# Razonamiento crítico

¿Alguien te ha pedido consejo acerca de un problema? En tal caso, es probable que hayas ayudado a esa persona a pensar en el problema a fondo y de manera lógica. Sin saberlo, aplicaste las destrezas del razonamiento crítico, que consiste en reflexionar y emplear la lógica para resolver problemas o tomar decisiones. A continuación se describen algunas destrezas de razonamiento crítico.

## Comparar y contrastar

Cuando buscas las semejanzas y las diferencias de dos objetos, aplicas la destreza de **comparar y contrastar.** Comparar es identificar las semejanzas, o características comunes. Contrastar significa encontrar las diferencias. Analizar los objetos de este modo te servirá para descubrir detalles que en otro caso quizá omitirías.

**ACTIVIDAD**
Compara y contrasta los dos animales de la foto. Anota primero todas las semejanzas que veas y luego todas las diferencias.

## Aplicar los conceptos

Cuando recurres a tus conocimientos de una situación para entender otra parecida, empleas la destreza de **aplicar conceptos**. Ser capaz de transferir tus conocimientos de una situación a otra demuestra que realmente entiendes el concepto. Con esta destreza respondes en los exámenes las preguntas que tienen problemas distintos de los que estudiaste en clase.

**ACTIVIDAD**
Acabas de aprender que el agua tarda más en congelarse si se le mezclan otras sustancias. Con este conocimiento, explica por qué en invierno necesitamos poner en el radiador de los autos una sustancia llamada anticongelante.

## Interpretar ilustraciones

En los libros hay diagramas, fotografías y mapas para aclarar lo que lees. Estas ilustraciones muestran procesos, lugares e ideas de forma visual. La destreza llamada **interpretar ilustraciones** te sirve para aprender de estos elementos visuales. Para entender una ilustración, date tiempo para estudiarla junto con la información escrita que la acompañe. Las leyendas indican los conceptos fundamentales de la ilustración. Los nombres señalan las partes importantes de diagramas y mapas, en tanto que las claves explican los símbolos de los mapas.

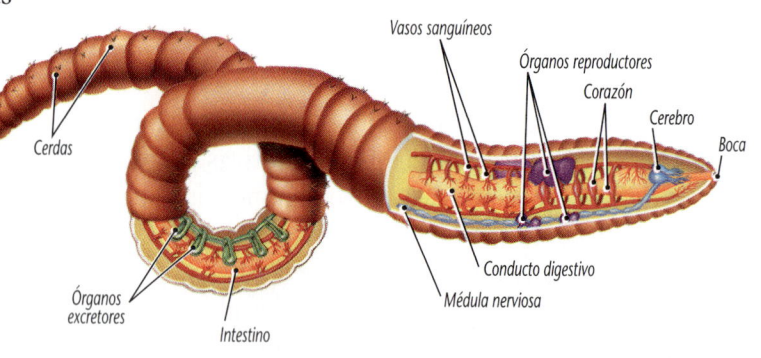

*Cerdas* — *Vasos sanguíneos* — *Órganos reproductores* — *Corazón* — *Cerebro* — *Boca* — *Conducto digestivo* — *Médula nerviosa* — *Órganos excretores* — *Intestino*

▲ **Anatomía interna de la lombriz de tierra**

**ACTIVIDAD**
Estudia el diagrama de arriba. Luego, escribe un párrafo breve donde expliques lo que aprendiste.

## Relacionar causa y efecto

Si un suceso es la causa de que otro ocurra, se dice que ambos tienen una relación de causa y efecto. Cuando determinas que hay tal relación entre dos sucesos, muestras una destreza llamada **relacionar causa y efecto**. Por ejemplo, si observas en tu piel una hinchazón roja y que te causa irritación, infieres que te picó un mosquito. La picadura es la causa y la hinchazón el efecto.

Es importante aclarar que aunque dos sucesos ocurran al mismo tiempo, no necesariamente generan una relación de causa y efecto. Los científicos se basan en la experimentación y en experiencias pasadas para determinar la existencia de una relación de causa y efecto.

**ACTIVIDAD**
Estás en un campamento y tu linterna dejó de funcionar. Haz una lista de las causas posibles del desperfecto. ¿Cómo determinarías la relación de causa y efecto que te ha dejado a oscuras?

## Hacer generalizaciones

Cuando sacas una conclusión acerca de todo un grupo basado en la información de sólo algunos de sus miembros, aplicas una destreza llamada **hacer generalizaciones**. Para que las generalizaciones sean válidas, la muestra que escojas debe ser lo bastante grande y representativa de todo el grupo. Por ejemplo, puedes ejercer esta destreza en un puesto de frutas si ves un letrero que diga "Pruebe algunas uvas antes de comprar". Si tomas unas uvas dulces, concluyes que todas las uvas son dulces y compras un racimo grande.

**ACTIVIDAD**
Un equipo de científicos necesita determinar si es potable el agua de un embalse grande. ¿Cómo aprovecharían la destreza de hacer generalizaciones? ¿Qué deben hacer?

## Formular juicios

Cuando evalúas algo para decidir si es bueno o malo, correcto o incorrecto, utilizas una destreza llamada **formular juicios**. Por ejemplo, formulas juicios cuando prefieres comer alimentos saludables o recoges la basura de un parque. Antes de formular el juicio, tienes que meditar en las ventajas y las desventajas de la situación y mostrar los valores y las normas que sostienes.

**ACTIVIDAD**
¿Hay que exigir a niños y adolescentes que porten casco al ir en bicicleta? Explica las razones de tu opinión.

## Resolver problemas

Cuando te vales de las destrezas de razonamiento crítico para resolver un asunto o decidir una acción, practicas una destreza llamada **resolver problemas**. Algunos problemas son sencillos, como la forma de convertir fracciones en decimales. Otros, como averiguar por qué dejó de funcionar tu computadora, son complicados. Algunos problemas complicados se resuelven con el método de ensayo y error —ensayas primero una solución; si no funciona, intentas otra—. Entre otras estrategias útiles para resolver problemas se encuentran hacer modelos y realizar una lluvia de ideas con un compañero en busca de soluciones posibles.

MANUAL DE DESTREZAS

O ◆ 159

# Organizar la información

A medida que lees este libro, ¿cómo puedes comprender toda la información que contiene? En esta página se muestran herramientas útiles para organizar la información. Se denominan *organizadores gráficos* porque te dan una imagen de los temas y de la relación entre los conceptos.

## Redes de conceptos

Las redes de conceptos son herramientas útiles para organizar la información en temas generales. Comienzan con un tema general que se descompone en conceptos más concretos. De esta manera, se facilita la comprensión de las relaciones entre los conceptos.

Para trazar una red de conceptos, se anotan los términos (por lo regular sustantivos) dentro de óvalos y se conectan con palabras de enlace. El concepto más general se pone en la parte superior. Conforme se desciende, los términos son cada vez más específicos. Las palabras de enlace, que se escriben sobre una línea entre dos óvalos, describen las relaciones de los conceptos que unen. Si sigues hacia abajo cualquier encadenamiento de conceptos y palabras de enlace, suele ser fácil leer una oración.

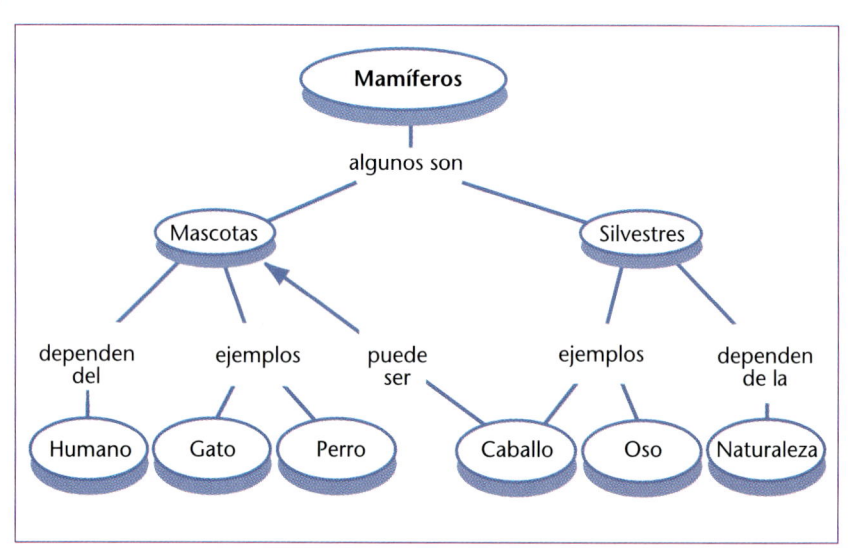

Algunas redes de conceptos comprenden nexos que vinculan un concepto de una rama con otro de una rama distinta. Estos nexos, llamados cruzados, muestran relaciones más complicadas entre conceptos.

## Tablas para comparar y contrastar

Las tablas para comparar y contrastar son herramientas útiles para clasificar las semejanzas y las diferencias entre dos o más objetos o sucesos. Las tablas proporcionan un esquema organizado para realizar comparaciones de acuerdo con las características que identifiques.

Para crear una tabla para comparar y contrastar, anota los elementos que vas a comparar en la parte superior. Enseguida, haz en la columna izquierda una lista de las características que formarán la base de tus comparaciones. Para terminar tu tabla,

| Característica | Béisbol | Baloncesto |
|---|---|---|
| Núm. de jugadores | 9 | 5 |
| Campo de juego | Diamante de béisbol | Cancha de baloncesto |
| Equipo | Bates, pelotas, manoplas | Canasta, pelota |

asienta la información sobre cada característica, primero de un elemento y luego del siguiente.

## Diagramas de Venn

Los diagramas de Venn son otra forma de mostrar las semejanzas y las diferencias entre elementos. Estos diagramas constan de dos o más círculos que se superponen parcialmente. Cada círculo representa un concepto o idea. Las características comunes, o semejanzas, se anotan en la parte superpuesta de ambos círculos. Las características únicas, o diferencias, se escriben en las partes de los círculos que no pertenecen a la zona de superposición.

Para trazar un diagrama de Venn, dibuja dos círculos superpuestos. Encabézalos con los nombres de los elementos que vas a comparar. En cada círculo, escribe las características únicas en las partes que no se superponen. Luego, anota en el área superpuesta las características compartidas.

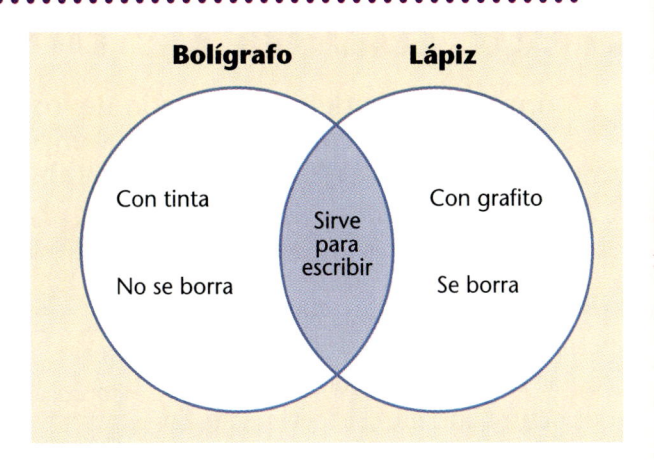

## Diagramas de flujo

Los diagramas de flujo ayudan a entender el orden en que ciertos sucesos ocurren o deben ocurrir. Sirven para esbozar las etapas de un proceso o los pasos de un procedimiento.

Para hacer un diagrama de flujo, escribe en un recuadro una descripción breve de cada suceso. Anota el primero en la parte superior de la hoja, seguido por el segundo, el tercero, etc. Para terminar, dibuja una flecha que conecte cada suceso en el orden en que ocurren.

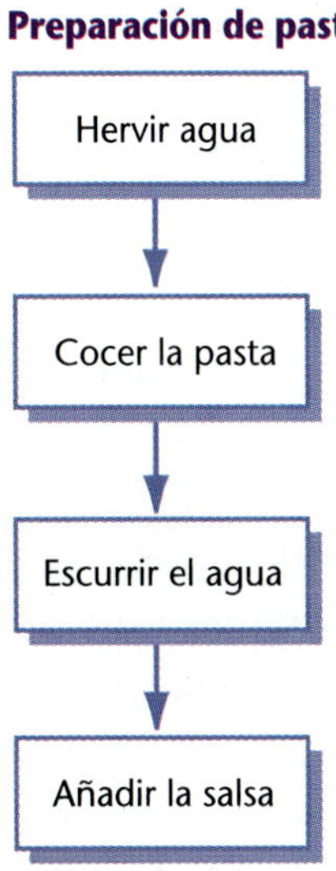

## Diagramas de ciclos

Los diagramas de ciclos muestran secuencias de acontecimientos continuas, o ciclos. Las secuencias continuas no tienen final, porque cuando termina el último suceso, el primero se repite. Como los diagramas de flujo, permiten entender el orden de los sucesos.

Para crear el diagrama de un ciclo, escribe en un recuadro una descripción breve de cada suceso. Coloca uno en la parte superior de la hoja, al centro. Luego, sobre un círculo imaginario y en el sentido de las manecillas del reloj, escribe cada suceso en la secuencia correcta. Dibuja flechas que conecten cada suceso con el siguiente, de modo que se forme un círculo continuo.

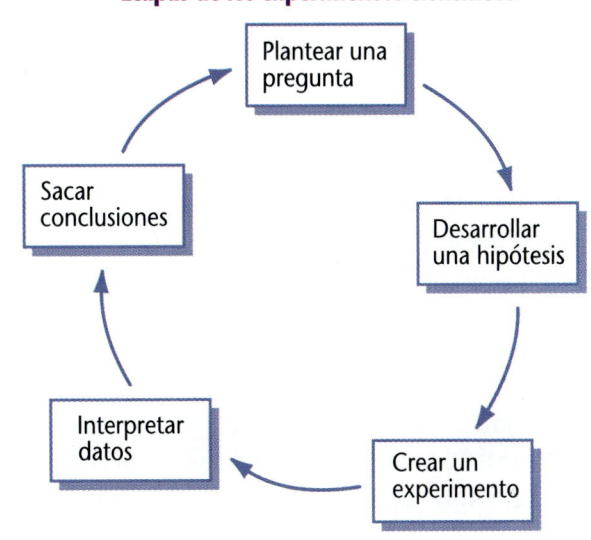

# Crear tablas de datos y gráficas

¿Cómo se entiende el significado de los datos de los experimentos científicos? El primer paso es organizarlos para comprenderlos. Para ello, son útiles las tablas de datos y las gráficas.

## Tablas de datos

Ya reuniste los materiales y preparaste el experimento. Pero antes de comenzar, necesitas planificar una forma de anotar lo que ocurre durante el experimento. En una tabla de datos puedes escribir tus observaciones y mediciones de manera ordenada.

Por ejemplo, digamos que un científico realizó un experimento para saber cuántas calorías queman sujetos de diversas masas corporales al realizar varias actividades. La tabla de datos muestra los resultados.

Observa en la tabla que la variable manipulada (la masa corporal) es el encabezado de una columna. La variable de respuesta (en el experimento 1, las calorías quemadas al andar en bicicleta) encabeza la siguiente columna. Las columnas siguientes se refieren a experimentos relacionados.

### CALORÍAS QUEMADAS EN 30 MINUTOS DE ACTIVIDAD

| Masa corporal | Experimento 1 Ciclismo | Experimento 2 Béisbol | Experimento 3 Ver televisión |
|---|---|---|---|
| 30 kg | 60 calorías | 120 calorías | 21 calorías |
| 40 kg | 77 calorías | 164 calorías | 27 calorías |
| 50 kg | 95 calorías | 206 calorías | 33 calorías |
| 60 kg | 114 calorías | 248 calorías | 38 calorías |

## Gráficas de barras

Para comparar cuántas calorías se queman al realizar varias actividades, puedes trazar una gráfica de barras. Las gráficas de barras muestran los datos en varias categorías distintas. En este ejemplo, el ciclismo, el béisbol y ver televisión son las tres categorías. Para trazar una gráfica de barras, sigue estos pasos.

1. En papel cuadriculado, dibuja un eje horizontal, o eje de las *x*, y uno vertical, o de las *y*.
2. En el eje horizontal, escribe los nombres de las categorías que vas a graficar. Escribe también un nombre para todo el eje.
3. En el eje vertical anota el nombre de la variable de respuesta. Señala las unidades de medida. Para crear una escala, marca el espacio equivalente a los números de los datos que reuniste.
4. Dibuja una barra por cada categoría, usando el eje vertical para determinar la altura apropiada. Por ejemplo, en el caso del ciclismo, dibuja la barra hasta la altura de la marca 60 en el eje vertical. Haz todas las barras del mismo ancho y deja espacios iguales entre ellas.
5. Agrega un título que describa la gráfica.

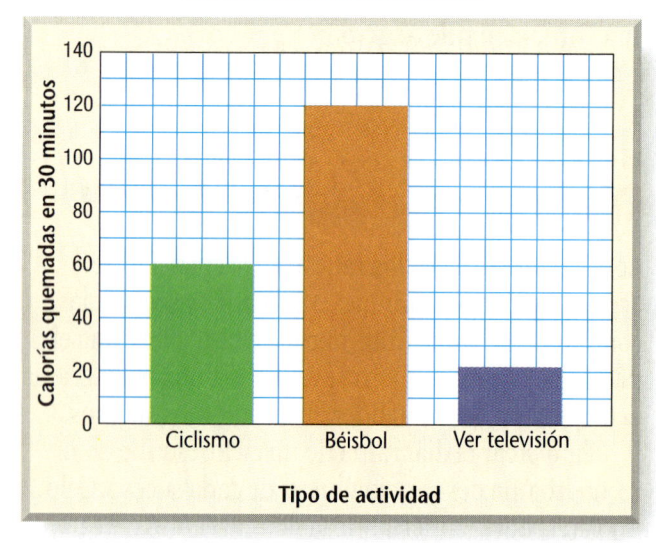

## Gráficas de líneas

Puedes trazar una gráfica de líneas para saber si hay una relación entre la masa corporal y la cantidad de calorías quemadas al andar en bicicleta. En estas gráficas, los datos muestran los cambios de una variable (la de respuesta) como resultado de los cambios de otra (la manipulada). Conviene trazar una gráfica de líneas cuando la variable manipulada es *continua*, es decir, cuando hay otros puntos entre los que estás poniendo a prueba. En este ejemplo, la masa corporal es una variable continua porque hay otros pesos entre los 30 y los 40 kilos (por ejemplo, 31 kilos). El tiempo es otro ejemplo de variable continua.

**Efecto de la masa corporal en las calorías quemadas al practicar el ciclismo**

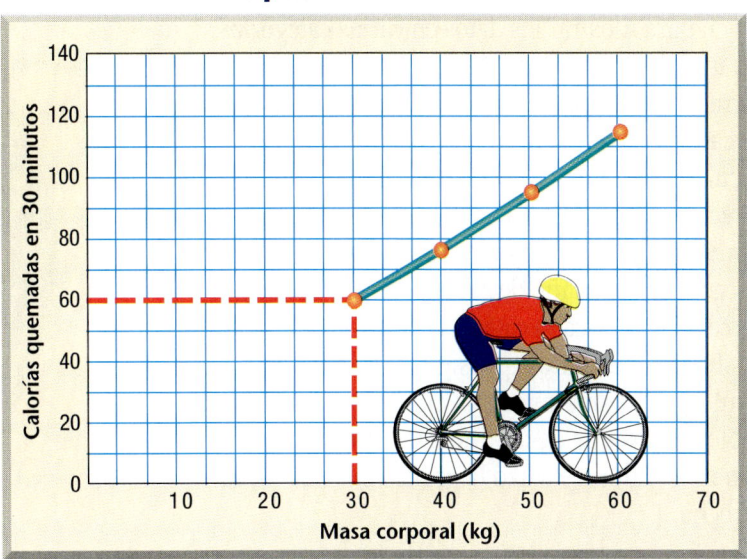

Las gráficas de líneas son herramientas poderosas, pues con ellas calculas las cifras de condiciones que no probaste en el experimento. Por ejemplo, con tu gráfica puedes estimar que una persona de 35 kilos quemaría 68 calorías al andar en bicicleta.

Para trazar una gráfica de líneas, sigue estos pasos.

1. En papel cuadriculado, dibuja un eje horizontal, o eje de las *x*, y uno vertical, o de las *y*.
2. En el eje horizontal, escribe el nombre de la variable manipulada. En el vertical, anota el nombre de la variable de respuesta y añade las unidades de medida.
3. Para crear una escala, marca el espacio equivalente a los números de los datos que reuniste.
4. Marca un punto por cada dato. En la gráfica de esta página, las líneas punteadas muestran cómo marcar el punto del primer dato (30 kilogramos y 60 calorías). En el eje horizontal, sobre la marca de los 30 kilos, proyecta una línea vertical imaginaria. Luego, dibuja una línea horizontal imaginaria que se proyecte del eje vertical en la marca de las 60 calorías. Pon el punto en el sitio donde se cruzan las dos líneas.
5. Conecta los puntos con una línea continua. (En algunos casos, tal vez sea mejor trazar una línea que muestre la tendencia general de los puntos graficados. En tales casos, algunos de los puntos caerán arriba o abajo de la línea.)
6. Escribe un título que identifique las variables o la relación de la gráfica.

**ACTIVIDAD**
Traza gráficas de líneas con los datos de la tabla de los experimentos 2 y 3.

**ACTIVIDAD**
Acabas de leer en el periódico que en la zona donde vives cayeron 4 centímetros de lluvia en junio, 2.5 centímetros en julio y 1.5 centímetros en agosto. ¿Qué gráfica escogerías para mostrar estos datos? Traza tu gráfica en papel cuadriculado.

**MANUAL DE DESTREZAS**

# Gráficas circulares

Como las gráficas de barras, las gráficas circulares sirven para mostrar los datos en varias categorías separadas. Sin embargo, a diferencia de las gráficas de barras, sólo se trazan cuando tienes los datos de *todas* las categorías que comprende tu tema. Las gráficas circulares se llaman a veces gráficas de pastel, porque parecen un pastel cortado en rebanadas. El pastel representa todo el tema y las rebanadas son las categorías. El tamaño de cada rebanada indica qué porcentaje tiene cada categoría del total.

La tabla de datos que sigue muestra los resultados de una encuesta en la que se pidió a 24 adolescentes que declararan su deporte favorito. Con esos datos, se trazó la gráfica circular de la derecha.

**Deportes que prefieren los adolescentes**

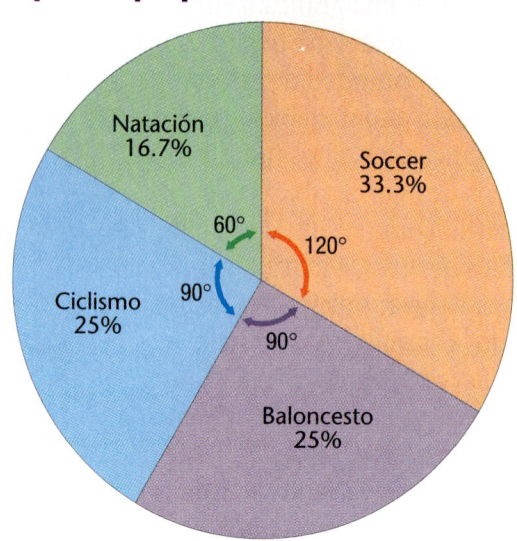

- Natación 16.7% (60°)
- Soccer 33.3% (120°)
- Ciclismo 25% (90°)
- Baloncesto 25% (90°)

### DEPORTES FAVORITOS

| Deporte | Número de estudiantes |
|---|---|
| Soccer | 8 |
| Baloncesto | 6 |
| Ciclismo | 6 |
| Natación | 4 |

Para trazar una gráfica circular, sigue estos pasos.

1. Dibuja un círculo con un compás. Marca el centro con un punto. Luego, traza una línea del centro a la parte superior.
2. Para determinar el tamaño de cada "rebanada", establece una proporción en la que $x$ sea igual al número de grados de la rebanada (NOTA: Los círculos tienen 360 grados). Por ejemplo, para calcular el número de grados de la rebanada del "soccer", plantea la relación siguiente:

$$\frac{\text{estudiantes que prefieren el soccer}}{\text{número total de estudiantes}} = \frac{x}{\text{número total de grados del círculo}}$$

$$\frac{8}{24} = \frac{x}{360}$$

Haz la multiplicación cruzada y resuelve $x$.

$$24x = 8 \times 360$$
$$x = 120$$

La rebanada de "soccer" tendrá 120 grados.

3. Mide con un transportador el ángulo de la primera rebanada. La línea de 0° es la que trazaste hasta la parte superior del círculo. Dibuja una línea que vaya del centro del círculo al extremo del ángulo que mediste.
4. Prosigue alrededor del círculo, midiendo cada rebanada con el transportador. Comienza en el borde de la rebanada anterior para que no se superpongan. Cuando termines, el círculo debe estar completo.
5. Determina el porcentaje del círculo que representa cada rebanada. Para ello, divide el número de grados de cada rebanada entre los grados del círculo (360) y multiplica por 100. En el caso de la rebanada del "soccer", calcula el porcentaje como sigue:

$$\frac{120}{360} \times 100\% = 33.3\%$$

6. Colorea cada rebanada. Escribe el nombre de la categoría y el porcentaje que representa.
7. Escribe el título de la gráfica circular.

**ACTIVIDAD**

En un salón de 28 estudiantes, 12 van a la escuela en autobús, 10 caminan y 6 van en bicicleta. Traza una gráfica circular para mostrar estos datos.

# Seguridad en el laboratorio

**APÉNDICE A**

## Símbolos de seguridad

*Estos símbolos te alertan de posibles daños en el laboratorio y te recuerdan que trabajes con cuidado.*

**Gafas de protección** Usa siempre estas gafas para protegerte los ojos en cualquier actividad que requiera sustancias químicas, flamas o calor o bien la posibilidad de que se rompan cristales.

**Delantal** Ponte el delantal para proteger de daños tu piel y tu ropa.

**Frágil** Trabajas con materiales que se pueden romper, como recipientes de cristal, tubos de vidrio, termómetros o embudos. Maneja estos materiales con cuidado. No toques los vidrios rotos.

**Guantes térmicos** Ponte un guante de cocina o alguna otra protección para las manos cuando manipules materiales calientes. Las parrillas, el agua o los cristales calientes pueden causar quemaduras. No toques objetos calientes con las manos desnudas.

**Caliente** Toma los objetos de vidrio calientes con abrazaderas o tenazas. No toques objetos calientes con las manos desnudas.

**Objeto filoso** Las tijeras puntiagudas, los escalpelos, las navajas, las agujas, los alfileres y las tachuelas son filosos. Pueden cortar o pincharte la piel. Dirige siempre los bordes filosos lejos de ti y de los demás. Usa instrumentos afilados según las instrucciones.

**Descarga eléctrica** Evita la posibilidad de descargas eléctricas. Nunca uses equipo eléctrico cerca del agua ni cuando el equipo o tus manos estén húmedos. Verifica que los cables no estén enredados ni que puedan hacer que alguien tropiece. Desconecta el equipo cuando no esté en uso.

**Corrosivo** Trabajas con ácido u otra sustancia química corrosiva. No dejes que salpique en tu piel, ropa ni ojos. No inhales los vapores. Cuando termines la actividad, lávate las manos.

**Veneno** No permitas que ninguna sustancia química tenga contacto con la piel ni inhales los vapores. Cuando termines la actividad, lávate las manos.

**Ten cuidado** Cuando un experimento requiere actividad física, toma tus precauciones para que no te lastimes ni lesiones a los demás. Sigue las instrucciones del maestro. Avísale si hay alguna razón por la que no puedas participar en la actividad.

**Precaución con los animales** Trata con cuidado a los animales vivos para no hacerles daño ni que te lastimes. El trabajo con partes de animales o animales conservados también requiere cuidados. Cuando termines la actividad, lávate las manos.

**Precaución con las plantas** Maneja las plantas en el laboratorio o durante el trabajo de campo sólo como te lo indique el maestro. Avísale si eres alérgico a ciertas plantas que se van a usar en una actividad. No toques las plantas nocivas, como la hiedra, el roble o el zumaque venenosos ni las que tienen espinas. Cuando termines la actividad, lávate las manos.

**Flamas** Es posible que trabajes con flamas de mecheros, velas o cerillos. Anúdate por atrás el cabello y la ropa sueltos. Sigue las instrucciones de tu maestro sobre cómo encender y extinguir las flamas.

**No flamas** Es posible que haya materiales inflamables. Verifica que no haya flamas, chispas ni otras fuentes expuestas de calor.

**Vapores** Cuando haya vapores venenosos o desagradables, trabaja en una zona ventilada. No inhales los vapores directamente. Prueba los olores sólo cuando el maestro lo indique y efectúa un movimiento de empuje para dirigir el vapor hacia tu nariz.

**Desechos** Es preciso desechar en forma segura las sustancias químicas y los materiales de la actividad. Sigue las instrucciones de tu maestro.

**Lavarse las manos** Cuando termines la actividad, lávate muy bien las manos con jabón antibacteriano y agua caliente. Frota los dos lados de las manos y entre los dedos. Enjuaga por completo.

**Normas generales de seguridad** Es posible que veas este símbolo cuando ninguno de los anteriores aparece. En este caso, sigue las instrucciones concretas que te proporcionen. También puede ser que veas el símbolo cuando te pidan que establezcas tu propio procedimiento de laboratorio. Antes de proseguir, pide a tu maestro que apruebe tu plan.

O ♦ 165

# APÉNDICE A

## Reglas de seguridad en ciencias

*Para que estés preparado y trabajes con seguridad en el laboratorio, repasa las siguientes reglas de seguridad. Luego, vuélvelas a leer. Asegúrate de entenderlas y seguirlas todas. Pide a tu maestro que te explique las que no comprendas.*

### Normas de atuendo

1. Para evitar lesiones oculares, ponte las gafas de protección siempre que trabajes con sustancias químicas, mecheros, objetos de vidrio o cualquier cosa que pudiera entrar en los ojos. Si usas lentes de contacto, avísale a tu maestro o maestra.
2. Ponte un delantal o una bata cuando trabajes con sustancias corrosivas o que manchen.
3. Si tienes el cabello largo, anúdalo por atrás para alejarlo de sustancias químicas, flamas o equipo.
4. Quítate o anuda en la espalda cualquier prenda o adorno que cuelgue y que pueda entrar en contacto con sustancias químicas, flamas o equipo. Súbete o asegura las mangas largas.
5. Nunca lleves zapatos descubiertos ni sandalias.

### Precauciones generales

6. Lee varias veces todas las instrucciones de los experimentos antes de comenzar la actividad. Sigue con cuidado todas las directrices escritas y orales. Si tienes dudas sobre alguna parte de un experimento, pide a tu maestro que te ayude.
7. Nunca realices actividades que no te hayan encargado o que no estén autorizadas por el maestro. Antes de "experimentar" por tu cuenta, pide permiso. Nunca manejes ningún equipo sin autorización explícita.
8. Nunca realices las actividades de laboratorio sin supervisión directa.
9. Nunca comas ni bebas en el laboratorio.
10. Conserva siempre limpias y ordenadas todas las áreas del laboratorio. Lleva al área de trabajo nada más que cuadernos, manuales o procedimientos escritos de laboratorio. Deja en la zona designada cualesquiera otros artículos, como bolsas y mochilas.
11. No juegues ni corretees.

### Primeros auxilios

12. Informa siempre de todos los incidentes y lesiones a tu maestros no importa si son insignificantes. Notifica de inmediato sobre cualquier incendio.
13. Aprende qué debes hacer en caso de accidentes concretos, como que te salpique ácido en los ojos o la piel (enjuaga los ácidos con abundante agua).
14. Averigua la ubicación del botiquín de primeros auxilios, pero no lo utilices a menos que el maestro te lo ordene. En caso de una lesión, él deberá aplicar los primeros auxilios. También puede ser que te envíe por la enfermera de la escuela o a llamar a un médico.
15. Conoce la ubicación del equipo de emergencia, como el extintor y los artículos contra incendios y aprende a usarlos.
16. Conoce la ubicación del teléfono más cercano y a quién llamar en caso de emergencia.

### Medidas de seguridad con fuego y fuentes de calor

17. Nunca uses ninguna fuente de calor, como velas, mecheros y parrillas, sin gafas de protección.
18. Nunca calientes nada a menos que te lo indiquen. Sustancias que frías son inofensivas, pueden volverse peligrosas calientes.
19. No acerques al fuego ningún material combustible. Nunca apliques una flama ni una chispa cerca de una sustancia química combustible.
20. Nunca pases las manos por las flamas.
21. Antes de usar los mecheros de laboratorio, verifica que conoces los procedimientos adecuados para encenderlos y graduarlos, según te enseñó tu maestro. Nunca los toques, pues pueden estar calientes, y nunca los descuides ni los dejes encendidos.
22. Las sustancias químicas pueden salpicar o salirse de tubos de ensayo calientes. Cuando calientes una sustancia en un tubo de ensayo, fíjate que la boca del tubo no apunte hacia alguien.
23. Nunca calientes líquidos en recipientes tapados. Los gases se expanden y pueden hacer estallar el recipiente.
24. Antes de tomar un recipiente que haya sido calentado, acércale la palma de la mano. Si sientes el calor en el dorso, el recipiente está demasiado caliente para asirlo. Usa un guante de cocina para levantarlo.

# APÉNDICE A

## Uso seguro de sustancias químicas

25. Nunca mezcles sustancias químicas "por diversión". Puedes producir una mezcla peligrosa y quizás explosiva.
26. Nunca acerques la cara a un recipiente que contiene sustancias químicas. Nunca toques, pruebes ni aspires una sustancia a menos que lo indique el maestro. Muchas sustancias químicas son venenosas.
27. Emplea sólo las sustancias químicas que requiere la actividad. Lee y verifica dos veces las etiquetas de las botellas de suministro antes de vaciarlas. Toma sólo lo que necesites. Cuando no uses las sustancias, cierra los recipientes que las contienen.
28. Desecha las sustancias químicas según te instruya tu maestro. Para evitar contaminarlas, nunca las devuelvas a sus recipientes originales. Nunca te concretes a tirar por el fregadero o en la basura las sustancias químicas y de otra clase.
29. Presta atención especial cuando trabajes con ácidos y bases. Vierte las sustancias sobre el fregadero o un recipiente, nunca sobre tu superficie de trabajo.
30. Si las instrucciones son que huelas una sustancia, efectúa un movimiento giratorio con el recipiente para dirigir los vapores a tu nariz; no los inhales directamente.
31. Cuando mezcles un ácido con agua, vacía primero el agua al recipiente y luego agrega el ácido. Nunca pongas agua en un ácido.
32. Extrema los cuidados para no salpicar ningún material del laboratorio. Limpia inmediatamente todos los derrames y salpicaduras de sustancias químicas con mucha agua. Enjuaga de inmediato con agua todo ácido que caiga en tu piel o ropa y notifica enseguida a tu maestro de cualquier derrame de ácidos.

## Uso seguro de objetos de vidrio

33. Nunca fuerces tubos ni termómetros de vidrio en topes de hule y tapones de corcho. Si lo requiere la actividad, pide a tu maestro que lo haga.
34. Si usas un mechero de laboratorio, coloca una malla de alambre para impedir que las flamas toquen los utensilios de vidrio. Nunca los calientes si el exterior no está completamente seco.
35. Recuerda que los utensilios de vidrio calientes parecen fríos. Nunca los tomes sin verificar primero si están calientes. Usa un guante de cocina. Repasa la regla 24.
36. Nunca uses objetos de vidrio rotos o astillados. Si algún utensilio de vidrio se rompe, díselo a tu maestra y deséchalo en el recipiente destinado a los vidrios rotos. Nunca tomes con las manos desnudas ningún vidrio roto.
37. Nunca comas ni bebas en un artículo de vidrio de laboratorio.
38. Limpia a fondo los objetos de vidrio antes de guardarlos.

## Uso de instrumentos filosos

39. Maneja con mucho cuidado los escalpelos y demás instrumentos filosos. Nunca cortes el material hacia ti, sino en la dirección opuesta.
40. Si te cortas al trabajar en el laboratorio, avisa de inmediato a tu maestra o maestro.

## Precauciones con animales y plantas

41. Nunca realices experimentos que causen dolor, incomodidad o daños a mamíferos, aves, reptiles, peces y anfibios. Esta regla se aplica tanto en la escuela como en casa.
42. Los animales se manipulan sólo si es absolutamente indispensable. Tu maestro te dará las instrucciones sobre cómo manejar las especies llevadas a la clase.
43. Si eres alérgico a ciertas plantas, mohos o animales, díselo a tu maestro antes de iniciar la actividad.
44. Durante el trabajo de campo, protégete con pantalones, mangas largas, calcetines y zapatos cerrados. Aprende a reconocer las plantas y los hongos venenosos de tu zona, así como las plantas con espinas, y no las toques.
45. Nunca comas parte alguna de plantas u hongos desconocidos.
46. Lávate bien las manos después de manipular animales o sus jaulas. Lávate también después de las actividades con partes de animales, plantas o tierra.

## Reglas al terminar experimentos

47. Cuando termines un experimento, limpia tu área de trabajo y devuelve el equipo a su lugar.
48. Elimina materiales de desecho de acuerdo con las instrucciones de tu maestro.
49. Lávate las manos después de cualquier experimento.
50. Cuando no los uses, apaga siempre los quemadores y las parrillas. Desconecta las parrillas y los equipos eléctricos. Si usaste un mechero, ve que también esté cerrada la válvula de alimentación del gas.

O ◆ 167

# Glosario

## A

**acústica** Estudio de cómo los sonidos pueden escucharse mejor en un teatro o una sala en particular. (p. 58)

**amplitud** La máxima distancia a que se alejan las partículas de un medio desde su posición de reposo, como una onda pasa a través de un medio. (p. 19)

**amplitud modulada** Método de transmisión radiofónica que opera cambiando la amplitud de la onda. (p. 97)

**ángulo de incidencia** El que la onda que llega forma al chocar con una línea imaginaria perpendicular a la superficie del nuevo medio. (p. 24)

**ángulo de reflexión** El que forma la onda reflejada y el plano imaginario perpendicular a la superficie del nuevo medio. (p. 24)

**antinodo** Punto de máxima amplitud de una onda estacionaria. (p. 28)

## B

**bastones** Células de la retina que detectan la luz tenue. (p. 131)

**bioluminiscencia** Luz producida por reacciones químicas de ciertos organismos. (p. 93)

## C

**cámara** Instrumento óptico que usa lentes para que la luz fije la imagen de un objeto. (p. 135)

**canal auditivo** Conducto estrecho que va de la parte externa del oído humano hasta cerca del tímpano. (p. 63)

**cóclea** Cavidad llena de líquido, atrás del oído interno. (p. 63)

**color secundario** Color producido por la combinación en igual cantidad de dos colores primarios cualesquiera. (p. 125)

**colores complementarios** Dos colores que, al combinarse, producen luz blanca o pigmento negro. (p. 126)

**colores primarios** Tres colores que pueden usarse para formar otro color. (p. 125)

**compresión** Parte de una onda longitudinal en la que las partículas de un medio están más juntas. (p. 17)

**conos** Celdas de la retina que detectan el color. (p. 131)

**córnea** Capa transparente de la superficie frontal del ojo. (p. 130)

**cresta** Punto más elevado de una onda transversal. (p. 16)

## D

**decibel** (dB) Unidad de medida del volumen. (p. 47)

**definición operativa** Enunciación que describe cómo debe medirse una variable particular o cómo se define un término. (p. 157)

**densidad** Proporción de la masa de una sustancia con su volumen. (43)

**difracción** Curvatura de las ondas alrededor de una barrera. (p. 25)

**disonancia** Sonido que se produce cuando se tocan al mismo tiempo dos notas que no tienen relación musical. (p. 55)

## E

**efecto Doppler** El aparente cambio de frecuencia de un sonido cuya fuente se mueve en relación con el escucha. (p. 50)

**efecto fotoeléctrico** Movimiento de los electrones de una sustancia cuando la luz la ilumina. (p. 79)

**elasticidad** Facultad de volver un material a su condición original después de haber sido torcido o botado. (p. 43)

**energía** Capacidad para ejecutar un trabajo. (p. 14)

**espectro electromagnético** (electromagnetic spectrum) Banda de ondas electromagnéticas colocadas en cierto orden. (p. 81)

**espectroscopio** Instrumento que sirve para observar los diferentes colores de la luz producidos por diferentes fuentes. (p. 90)

**espejismo** Imagen de un objeto distante causada por la refracción de la luz en el aire al variar la temperatura. (p. 119)

**espejo cóncavo** Espejo que tiene su superficie curvada hacia adentro. (p. 115)

**espejo convexo** Espejo que tiene su superficie curvada hacia afuera. (p. 116)

**espejo plano** Espejo que produce una imagen virtual derecha del mismo tamaño que el objeto. (p. 114)

**experimento controlado** Aquél en que todos sus factores, excepto uno, se mantienen constantes. (p. 157)

### F

**fibra óptica** Hilo de vidrio o plástico extenso y delgado que puede transportar luz a través de largas distancias sin permitir que se opaque. (p. 140)

**fotón** Partícula o paquete de energía luminosa. (p. 79)

**frecuencia** Número de ondas completas que cruza un punto dado en cierta cantidad de tiempo. (p. 22)

**frecuencia modulada** Método de transmisión radiofónica al cambiar la frecuencia de las ondas. (p. 98)

### H

**hertzio** (Hz) Unidad de medida de la frecuencia. (p. 22)

**hipermetropía** Condición que hace ver nebulosos los objetos cercanos. (p. 132)

**hipótesis** Suposición del resultado de un experimento. (p. 157)

**holograma** Fotografía tridimensional formada por la interferencia de dos haces de rayos láser. (p. 140)

### I

**iluminado** Palabra con que se describe el objeto que es visible porque refleja la luz. (p. 90)

**imagen** Copia de un objeto, formada por el reflejo o la refracción de los rayos de luz. (p. 114)

**imagen real** La invertida que se forma donde se encuentran los rayos de luz. (p.115)

**imagen virtual** Imagen irreal formada donde los rayos de luz parecen encontrarse o de donde vienen. (p. 114)

**índice de refracción** Cantidad de inclinación de un rayo de luz cuando pasa de un medio a otro. (p. 118)

**infrasonido** Ondas sonoras con frecuencia inferior a 20 Hz. (p. 48)

**intensidad** La cantidad de energía conducida por una onda a través de la unidad de área en un segundo. (p. 46)

**interferencia** Interacción entre ondas que se encuentran. (p. 26)

**interferencia constructiva** La que se presenta cuando dos ondas se combinan y producen otra de mayor amplitud. (p. 26)

**interferencia destructiva** La que se presenta cuando dos ondas se combinan y producen otra de menor amplitud. (p. 27)

**iris** Músculo de color que rodea la pupila del ojo. (p. 130)

### L

**laringe** Dos capas de tejido que constituyen la caja de la voz. (p. 41)

**láser** Aparato que produce luz coherente. (p. 137)

**lente** Pieza curvada de cristal u otro material transparente empleada para refractar la luz. (p. 120)

**lente cóncavo** Lente que tiene más delgado el centro que los bordes. (p. 120)

**lente convexo** Lente más grueso del centro que de los bordes. (p. 120)

**lente objetivo** Lente que acumula la luz reflejada por un objeto y forma una imagen real. (p. 134)

**lente ocular** Lente que amplifica la imagen formada por el objetivo. (p. 134)

**localización por eco** Uso del reflejo de las ondas sonoras para navegar y localizar la presa. (p. 68)

**longitud de onda** Distancia entre dos partes correspondientes de una onda. (p. 21)

**luminoso** Palabra con que se describe un objeto visible a causa de la luz que emite. (p. 90)

**luz de tungsteno-halógeno** bombilla que contiene un filamento de tungsteno y un gas halógeno para producir luz. (p. 93)

**luz de vapor de sodio** bombilla que contiene sodio sólido y gases de neón y argón para producir luz. (p. 92)

**luz fluorescente** Luz que brilla cuando la corriente eléctrica genera ondas ultravioleta al chocar contra la capa que cubre un tubo por dentro. (p. 91)

**luz incandescente** Luz que brilla cuando algo en su interior se calienta. (p. 90)

**luz neón** Tubos de vidrio llenos con gas neón para producir luz. (p. 92)

**luz polarizada** Luz que vibra en una sola dirección. (p. 78)

**luz visible** Ondas electromagnéticas que percibe el ojo humano. (p. 86)

### M

**medio** Material a través del cual viaja una onda. (p. 15)

**microondas** Ondas de radio con la más corta longitud y la mayor frecuencia. (p. 81)

**microscopio** Instrumento óptico que amplifica la imagen de objetos pequeños. (p. 135)

**miopía** Condición que hace ver borrosos los objetos lejanos. (p. 132)

**música** Conjunto de tonos y semitonos combinados para producir efectos placenteros al oído. (p. 54)

### N

**nervio óptico** Nervio grueso y corto que lleva las sensaciones del ojo al cerebro. (p. 131)

**nodo** Punto de cero amplitud en una onda estacionaria. (p. 28)

### O

**oído medio** Espacio posterior al tímpano. (p. 63)

**onda** Alteración que conduce energía de un lugar a otro. (p. 14)

**onda estacionaria** Onda que surge para permanecer en un sitio, aunque en realidad son dos ondas interfiriendo al pasar una a través de la otra. (p. 27)

**onda longitudinal** Onda que mueve el medio paralelamente en la dirección en que ella se mueve. (p. 16)

**onda mecánica** Onda que requiere un medio a través del que pueda trasladarse. (p. 15)

**onda primaria** Onda sísmica longitudinal. (p. 33)

**onda secundaria** Onda sísmica transversa. (p. 33)

**onda sísmica** Onda producida por un terremoto. (p. 33)

**onda superficial** Onda que se presenta en la superficie, entre dos medios. (p. 17)

**onda transversa** Onda que mueve el medio en dirección perpendicular a la que ella se dirige. (p. 16)

**ondas de radio** Ondas electromagnéticas con mayor longitud y menor frecuencia. (p. 81)

**ondas electromagnéticas** Ondas transversales que transfieren electricidad y energía magnética. (p. 77)

**opaco** (opaque) Material que refleja o absorbe toda la luz que choca en él. (p. 112)

### P

**pigmento** Sustancia oscura que sirve para colorear otros materiales. (p. 126)

**pulso** Cambio regular de intensidad cuando se tocan dos sonidos de distinta frecuencia simultáneamente. (p. 59)

**punto focal** Sitio donde los rayos de luz se juntan o parecen juntarse después de ser reflejados (o refractados) por un espejo (o una lente). (p. 115)

**pupila** Orificio por el que entra la luz al ojo. (p. 130)

### R

**radar** Sistema de detección por el reflejo de ondas de radio. (p. 82)

**radiación electromagnética** Energía transferida por ondas electromagnéticas. (p. 77)

**rarefacción** Parte de una onda longitudinal donde las partículas del medio están más alejadas. (p. 17)

**rayo** Línea recta usada para representar una onda de luz. (p. 113)

**rayos gamma** Las ondas electromagnéticas con menor longitud y mayor frecuencia: (p. 88)

**rayos infrarrojos** Ondas electromagnéticas con más alta frecuencia y menor longitud que las del radio. (p. 83)

**rayos ultravioleta** Ondas electromagnéticas con frecuencia más alta que la luz visible, pero más baja que los rayos X. (p. 86)

**rayos X** Ondas electromagnéticas con frecuencia más alta que la luz ultravioleta, pero menor que los rayos gamma. (p. 87)

**reflejo** El rebote de una onda cuando golpea una superficie a través de la cual no puede pasar. (p. 24)

**reflejo interno total** Reflejo completo de la luz en la superficie interior de un medio. (p. 142)

**reflejo regular** Reflejo que ocurre cuando rayos paralelos de luz chocan con una superficie suave y todos se reflejan con el mismo ángulo. (p. 113)

**reflejo difuso** Reflexión que se presenta cuando los rayos de luz chocan con una superficie desigual y todos se reflejan en ángulos diferentes. (p. 113)

**refracción** Flexión de las ondas al penetrar en un medio diferente. (p. 25)

**resonancia** Aumento de amplitud de vibración que ocurre cuando una vibración externa se une a la frecuencia natural del objeto. (p. 28)

**resonancia magnética** (IRM) Proceso en el que se usan las ondas de radio para fotografiar el interior del cuerpo humano. (p. 83)

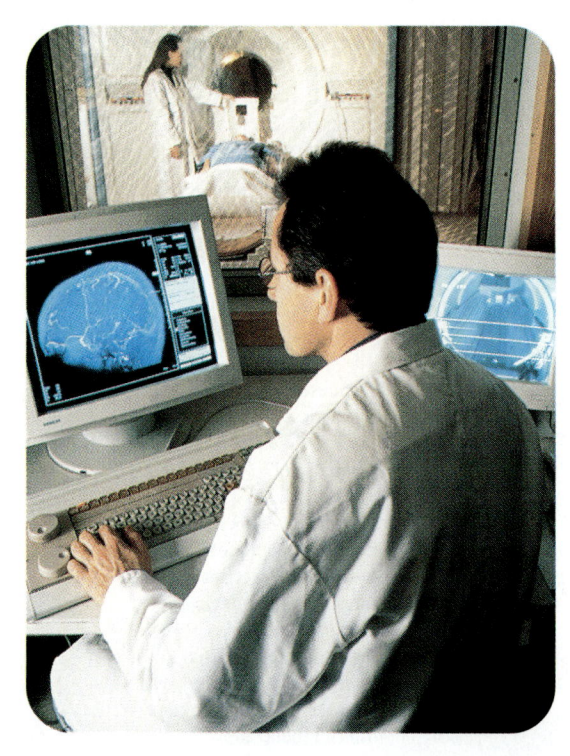

**respuesta variable** Factor que se modifica como resultado del cambio de la variable manipulada en un experimento. (p. 157)

**retina** Capa de células que cubre la parte interior del globo del ojo. (p. 131)

**ruido** Mezcla de ondas sonoras sin tono identificable y desagradables al oído. (p. 55)

## S

**seno** La parte más baja de una onda transversa. (p. 16)

**sismógrafo** Instrumento que sirve para detectar y medir terremotos. (p. 34)

**sonar** Sistema para detectar ondas sonoras reflejadas. (p. 67)

**sonido** Alteración que se desplaza como onda longitudinal a través de un medio. (p. 40)

**sonograma** Imagen formada por una máquina de ultrasonido. (p. 69)

## T

**telescopio** Instrumento óptico que amplifica la imagen de objetos lejanos. (p. 134)

**telescopio de reflexión** El que tiene un espejo cóncavo que capta la luz de objetos lejanos. (p. 134)

**telescopio de refracción** El que tiene dos lentes convexas para formar imágenes. (p. 134)

**termograma** Imagen que muestra, en diferentes colores, regiones con distintas temperaturas. (p. 85)

**timbre** Cualidad principal del sonido. (p. 53)

**tímpano** Pequeña y tensa membrana, como la de un tambor, en el oído. (p. 63)

**tono** Percepción de la frecuencia de un sonido. (p. 48)

**translúcido** Material que dispersa la luz que lo atraviesa. (p. 112)

**transparente** Material que conduce la luz. (p. 112)

**tsunami** Ola en el océano producida por un terremoto submarino. (p. 33)

## U

**ultrasonido** Ondas sonoras con frecuencias superiores a 20,000 Hz. (48)

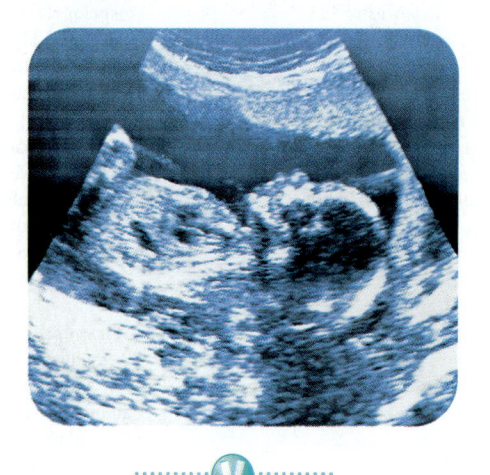

## V

**variable** Cualquier factor que puede cambiar durante un experimento. (p. 157)

**variable manipulada** Factor que el científico cambia durante un experimento (p. 157)

**vibración** Movimiento repetido de "atrás hacia adelante" o de "arriba hacia abajo". (p. 15)

**volumen** Percepción de la intensidad de un sonido. (p. 47)

# Índice

**acústica** 58
**amplificación de la luz** 137
**amplitud** 19-20, 26, 46-47, 49, 58
**amplitud modulada** (AM radio) 97
**ángulo de incidencia** 24, 142
**ángulo de reflexión** 24
**animales,** sonidos que oyen los 68-69
**antenas de plato** 103
**antinodos** 28
**año nuevo chino** 13
**aplicar conceptos,** destreza de 158
**arco iris** 119

**bailarina con listón** 18
**barrera del sonido**
 ilustración 51
 romper la 9, 44
**bioluminiscencia** 93

**calcular distancias** 67
**calcular,** destreza de 155
**cámaras** 135, 139
**campo eléctrico** 77
**campo magnético** 77
**campos eléctrico y magnético** 77
**canal auditivo** 63
**carrera espacial** 150
**celuloide** 148
**cirugía** 139
**clasificar,** destreza de 153
**cóclea** (del oído humano) 63
**colores**
 arco iris 119
 combinar 125-126
 complementarios 126
 objetos bajo luz blanca 124
 objetos bajo luz de color 124
 objetos que reflejan la luz 123
 objetos vistos con filtros 125
 primarios (de luz) 125, 127
 secundarios (de luz) 125, 127
**Comisión Federal de Comunicaciones** 97
**comparar y contrastar,** destreza de 158
**compresiones** 17, 41, 47
**comunicación inalámbrica** 96
**comunicar,** destreza de 153
**cono oscilante** 47
**controlar variables,** destreza de 157
**corregir la visión** 131
 hipermetropía 131
 miopía 131
**crear experimentos,** destreza de 157
**crear imágenes por resonancia magnética** 83
**crestas** (de las ondas) 16, 28
**cualidad del sonido** 53
 armónico 53
 timbre 53
 tono fundamental 53
**cuarteto coral** 48
**cuerda de guitarra** 41, 46
**cuerdas vocales** 41
**cuero de tambor** 47
**curvatura** (de las ondas) 25-26

**Darden, Dr. Christine Mann** 8-11
**decibeles** (dB) 47
**definiciones operativas** 157
**densidad** 43
**desarrollar una hipótesis** 156
**destreza de razonamiento crítico** 158-159
**destrezas, proceso de la ciencia** 152-154
**diagramas de ciclos** 161
**diagramas de flujo** 161
**diagramas de Venn** 161
**difracción** 25-26
**discos compactos** 138-139
**disonancia,** definición de 55
**Doppler, Christian** 50

**eco** 66
**Edison, Thomas** 91, 148
 bombilla 91
 cámara de cine 148
**efecto Doppler** 50-51, 82-83
**efecto fotoeléctrico** 79
**elasticidad** 43
**electrones** 79
**energía** 14, 40, 46-47
**era supersónica** 44
**espectro electromagnético** 81, 84
 IRM 83
 luz visible 80, 85-86, 90-93
 microondas 82
 ondas de radio 81, 82
 radar 82
 rayos gamma 88
 rayos infrarrojos 84-85
 rayos ultravioleta 86-87
 rayos X 87
**espectroscopio** 91
**espejismos** 119
**espejos** 112-116
 cóncavo 115, 120
 convexo 116
 de telescopio 134
 plano 114
**espejos cóncavos** 115, 120
**espejos convexos** 116
**estallido sónico** 8-9, 51
**estribo** (del oído humano) 63-64
**experimento controlado** 157
**experimentos,** *véase* investigación científica

**fibras ópticas** 140
 comunicaciones 141, 142
 medicina 142
**flauta diapasón** 8-49, 53
**formular definiciones operativas** 157
**formular juicios,** destreza de 159
**fotones** 79, 137
**frecuencia** 28, 48-50
 portadora 97
 resonante 53
**frecuencia modulada** (FM radio) 98

**gases,** sonido en 43
**gimnasia rítmica** 18

**gráficas** 162-164
**Green, Andy** 44
**Grupo de Estallido Sónico** 8

**hacer generalizaciones,** destreza de 159
**hacer modelos,** destreza de 149, 153
**halógeno** 93
**Hertz, Heinrich** 22, 100
**hertz** (Hz) 22, 48, 97
**hipermetropía** 132
**hipótesis** 156
**holografía** 140
**holograma** 140

**iluminar**
 bioluminiscencia 93
 con vapor de sodio 92
 de halógeno de tungsteno 93
 fluorescente 91
 incandescente 90-91
 neón 92
**imagen** 114
 real 115, 121
 virtual 114-116, 121
**imágenes,** cómo se mueven 148
**índice de refracción** 118
**inferir,** destreza de 152
**infrasonido** 48, 68
**instrumentos ópticos** 138-139
**intensidad** 46-47
**interacciones de las ondas** (gráfica) 28
**interferencia** 26
 constructiva 26, 58
 de ondas sonoras 58
 destructiva 27-28
**interferencia constructiva** 26
**interferencia destructiva** 27-28
**interpretar datos,** destreza de 157
**interpretar ilustraciones,** destrezas de 157
**investigación científica** 156-157

**kilohertz** (kHz) 97
**Krakatoa** (volcán) 32

**laringe** 41
**lásers** 136-141
 discos compactos 138
 uso de 138
**lente objetivo** 134
**lente ocular** 134
**lentes** 120-121
 cóncava 121
 convexa 120
 en el ojo 131
**lentes cóncavas** 121
**lentes convexas** 120-121
**ley de la reflexión** 24
**líquidos, sonido a través de** 41, 43
**localización por eco** 68-69
**longitud de onda** 21, 22-23, 26
**longitud de onda**
 del sonido 41
 fórmulas 22
**luces de halógeno de tungsteno** 93

**luz**
  absorbida  112
  polarizada  78
  reflejada  112
  transmitida  112
  velocidad de la  78
  ver la  129
  visible  80, 81, 85-86, 90-93
**luz coherente**  137
**luz incoherente**  137
**luz polarizada**  78
**luz visible**  80, 85-86, 90-93

**Marconi, Guglielmo**  100
**martillo** (del oído humano)  63-64
**Maxwell, James Clerk**  100
**medio**  15, 25, 40-41
  afectar la velocidad del sonido  42-43
  aire  40
  carencia de  77
  causas del desvío la luz  118
  de transmitir compresiones/rarefacciones  42
  densidad del  43
  elasticidad del  43
  luz que pasa a través del  117-118
  temperatura del  43
**medir,** destreza de  154
**megahertz** (MHz)  97
**método científico** *Véase* también
     investigación científica
**microondas**  81
**microscopios**  135
**miopía**  132
**modelos a escala**  149
**muelles**  17
**música**  47
  arpa  56
  cantante de ópera  49
  clarinete  57
  corno francés  57
  cuerda de violín  53
  cuerdas  54
  cuerdas vocales (caja vocal)  41
  cuero de tambor  47
  disonancia  55
  efecto Doppler  50-51
  flauta  53
  flauta diapasón  48
  hacer  54
  instrumentos de viento de metal y madera  54-55
  percusión  55
  piano  49
  ruido, definición de  55
  tambores  40-41, 55
  teclado eléctrico  57
  violín  56

**NASA**  8-11
**nebulosa Trifidia**  133
**nervio óptico**  131
**neutralizar sonidos**  58
**nodos**  28

**oído**
  externo  62
  interno  63
  medio  63
**ojo humano**  130
  córnea  130
  cristalino  131
  iris  130
  pupila  130
  retina  131
**onda**  14
  diagramas  18
  medios  15
  ondas mecánicas  15
  vibración  15
**onda de choque**  51
**ondas**
  amplitud de  19-20, 26, 46-47
  causas de las  15
  combinaciones de  17
  compresiones  19-20
  crestas de las  16, 19
  curvatura de las  25-26
  electromagnéticas  76-80
  en posición de reposo  18-19
  estacionarias  27
  frecuencia de las  22-23
  interacción entre las  24-29
  longitudinales  16, 19-20
  mecánicas  15
  muelles  17
  propiedades de las  18
  rarefacciones  17, 19
  rebote hacia atrás de las  24
  reflexión de las  24
  seno de las  16, 19, 26-17
  sísmicas  32-34
  sonido (Véase también ondas sonoras)
  superficiales  16-17
  transversales  16, 19, 21, 33, 77
  velocidad de las  22-23
  vibración  15, 22
  y energía  14
**ondas de radio**  81
**ondas electromagnéticas**  77, 80
**ondas estacionarias**  27
**ondas longitudinales**  33, 40-41
**ondas mecánicas**  15
**ondas sísmicas**  32-34
  detectar  34
  primarias (ondas P.)  33
  secundarias (ondas S.)  33
  superficie  33
**ondas sonoras**  40-42, 46-54
  combinaciones de  52-54
  interferencia  58
  reflexión de  66
**ondas superficiales**  17
**ondas transversas**  16, 19, 21, 33, 77
**órbita geosincrónica**  101

**partículas**  78
**películas**  146-151

**pérdida del oído**  64
**pigmentos**
  colores primarios de  127
  colores secundarios de  127
  mezclar  126
**prismas**  118
**plantear preguntas,** destreza de  156
**polarización**  78
**predecir,** destreza de  152
**pulsaciones**  59
**punto de vista**  147
**punto focal**  115

**radar**  82
**radiación electromagnética**  77, 140
**radio**  96-98
  AM  97-98
  FM  98
  satélites para  102-103
**radio de cristal**  104
**radiolocalizadores**  100-101
**rarefacciones**  17, 41, 47
**rayos gamma**  88
**rayos infrarrojos**  83-85
**rayos ultravioleta**  86-87
**rayos X**  87
**red de conceptos**  160
**reflexión**  24, 113
  ángulo de incidencia  24
  ángulo de reflexión  24
  de ondas sonoras  66
  difuso e regular  113
  espejos  112-116
  interna total  142
  ley de  24
**reflexión interna total**  142
**refracción**  25
  curvatura de las ondas  25
  curvatura de los rayos  119
  de la luz  117
  índice de  118
  prismas  118
**relacionar causa y efecto,** destreza de  159
**resolver problemas,** destreza de  159
**resonancia**  28-29, 49
**resplandor**  112
**romper la barrera del sonido**  44
**ruido,** definición de  55

**sacar conclusiones**  157
**satélites**  102-103
**seguridad en el laboratorio**  165-167
**senos** (de las ondas)  16, 28
**sismógrafo**  34
**sismos,** origen de los  32-33
**Sistema de Posicionamiento Mundial**
     (SPM)  103
**sólidos,** sonido a través de los  41, 43
**sonar**  67
  calcular distancias  67
  distancia  67
  navegación  67

**sonido**
  cómo oyes 62
  cómo se curva 42
  cómo se producen los sonidos 40-41
  cómo viaja 40
  cualidad del 53
  definición de 40
  en sólidos y líquidos 41
  frecuencia y tono 48-49
  intensidad 46-47
  propiedades del 46
  resonancia 49
  velocidad del 42, 44
  volumen 46-47
  y las ondas longitudinales 40
**sonograma** 69
**Sputnik I** 101

**tablas de datos** 162
**tablas para comparar y contrastar** 160
**tambores** 55
  vibraciones de 40-41
**teléfonos celulares** 99, 101

**telescopio espacial Hubble** 139
**telescopios** 133-134
  de reflexión 134
  de refracción 134
**televisión** 96-99
  satélites para 102
  UHF (frecuencia ultra alta) 99
  VHF (frecuencia muy alta) 99
**temperatura** 43
  medir la 155
**termograma** 85
**Thrust** (carro de propulsión a chorro) 44
**timbre** 53, 55
**tímpano** 63
**TITANIC** (película) 149
**tono** 48-51
  cambiar 50-51
  tono fundamental 53
**transbordador espacial** 8
**translúcido,** definición de 112
**transparente,** definición de 112
**tsunamis** 33
**túneles de viento** 11

**ultrasonido** 48, 68-70
**unidades de medida** 154-155
**unidades de medida SI** 154-155

**variable de respuesta** 157
**variable manipulada** 157
**variables** 157
**velocidad** (de las ondas) 18, 22-23, 25
**velocidad** (del sonido) 8-9, 11, 44
**vibración** 15, 28-29, 40, 47
  de los instrumentos musicales 54-55
  de sismos 32
  de una cuerda 49
  del vidrio 49
**volumen** 46-47
**volumen,** medir el 154

**Yeager, Chuck** 44
**yunque** (del oído humano) 63, 64

# Reconocimientos

## Ilustración

**Carmella M. Clifford:** 63tl
**Kathy Dempsey:** 20ctr, 30, 45, 60, 94, 122, 128
**John Edwards & Associates:** 15, 16, 17, 25, 26, 37, 41t, 50, 51, 104, 105, 106
**David Fuller:** 100br
**Andrea Golden:** 148
**Jared Lee:** 42, 62, 76
**Martucci Design:** 81, 162, 163, 164
**Matt Mayerchak:** 36, 72, 108, 160, 161
**William McAllister:** 96
**Fran Milner:** 130, 131t, 145
**Morgan Cain & Associates:** 19, 20, 21, 24, 27, 28b, 33, 41ctr, 47, 48, 53, 59, 67, 84-85, 103, 154, 155,
**Ortelius Design Inc.:** 100tl, bl, 101bl, br, 138, 139
**Matthew Pippin:** 10, 28-29
**Precision Graphics:** 77, 90, 97, 98, 101t, 113, 114, 115, 116, 118, 119, 120, 121, 127, 132, 134, 135, 136, 137, 140, 142
**Tim Spransy:** 66
**J/B Woolsey Associates:** 63tr, 78, 79, 82, 102, 158,

## Fotografía

**Investigación fotográfica** - Paula Wehde
**Portada -** horn, John Martucci; background, Alfred Pasieka/Science Photo Library/Photo Researchers

### Naturaleza de las ciencias
**Páginas 8t,** Rob Trubia/Westlight; **8b,** Courtesy of Christine Darden; **9t,** HO/AP/Wide World Photos; **9b,** Uniphoto; **11l,** AP/Wide World Photos; **11r,** Courtesy of Christine Darden.

### Capítulo 1
**Páginas 12-13,** Jim Pickerell/Folio, Inc.; **14t,** Richard Haynes; **14b,** Rob Gilley/Adventure Photo & Film; **16,** Richard Megna/Fundamental Photographs; **18t,** Richard Haynes; **18b,** Chris Cole/Duomo; **21, 24, 30, 31,** Richard Haynes; **32b,** Lynette Cook/Science Photo Library/Photo Researchers; **34t,** Andrew Ratkino/TSI; **34 inset,** Russell D. Curtis/Photo Researchers; **35,** Chris Cole/Duomo.

### Capítulo 2
**Páginas 38-39,** Bob Kramer /The Picture Cube; **40,** Richard Haynes; **41,** Russell D. Curtis/Photo Researchers; **43,** Russ Lappa; **44t,** The Granger Collection, NY; **44b,** Eric Risberg/AP Wide World Photos; **45, 46,** Richard Haynes; **48,** Matt Bostick; **49t,** Mark C. Burnett/Stock Boston; **49b,** Martin Bough/Fundamental Photographs; **52t,** Richard Haynes; **52b,** Cosmo Condina/TSI; **54,** Michael Newman/PhotoEdit; **55,** Stanley Rowin/The Picture Cube; **56l,** Spencer Grant/The Picture Cube; **56r,** Nancy Brown/The Stock Market; **56-57,** Peter Saloutos/The Stock Market; **56-57t,** Doug Martin/Photo Researchers; **57r,** PhotoDisc Inc.; **57b,** Index Stock; **58,** David Ball/The Stock Market; **59,** Neil Nissing/ FPG International; **60-61, 62,** Richard Haynes; **64,** Stephen Frisch/Stock Boston; **65,** Michael Newman/PhotoEdit; **67,** Corbis; **68t,** Mitch Reardon/Photo Researchers; **68b,** Francois Gohier/Photo Researchers; **69t,** Merlin D. Tuttle, Bat Conservation International/Photo Researchers; **69b,** Charles Gupton/The Stock Market, **69 inset,** Telegraph Color Library/FPG International; **70 all,** Richard Megna/Fundamental Photographs; **71,** Martin Bough/Fundamental Photographs.

### Capítulo 3
**Páginas 74-75,** Alex Bartel/Science Photo Library/Photo Researchers; **76, 79t,** Richard Haynes; **79b,** Russ Lappa; **80,** Richard Haynes; **82,** Matthew McVay/TSI; **83l,** Jim Roshan; **83r,** Eric Miller/Liaison International; **83b,** Vecto Verso/Leo de Wys, Inc.; **85,** Alfred Pasieka/Science Photo Library/Photo Researchers; **86t,** Fundamental Photographs; **86b,** Ron Sutherland/Science Photo Library/Photo Researchers; **87,** RNHRD NHS Trust/TSI; **88,** Alfred Pasieka/Science Photo Library/Photo Researchers; **89,** Nordion/Visuals Unlimited; **91,** Bill Horsman/Stock Boston; **92t, 98** Kunio Owaki/The Stock Market; **92b,** Phil Degginger; **93t,** Aneal E. Vohra/Unicorn Stock Photos; **93b,** Charles Seaborn/TSI; **95,** Richard Haynes; **97,** Russ Lappa; **99,** Bruce Forster/TSI; **101,** AP/Wide World Photos; **102,** David Ducros/Science Photo Library/Photo Researchers; **106,** Richard Haynes; **107,** Jim Roshan.

### Capítulo 4
**Páginas 110-111,** Arthur Gurmankin/Mary Morina/Visuals Unlimited; **112t,** Russ Lappa; **112b,** Andy Levin/Photo Researchers; **113l,** Coco McCoy/Rainbow; **113m,** Michael A. Keller Studios LTD./The Stock Market; **113r,** Skip Moody/Rainbow; **114 both,** Corel Corp.; **115, 116,** PhotoDisc Inc.; **117t,** Richard Haynes; **117b,** Russ Lappa; **118,** Peter A. Simon/The Stock Market; **119t,** John Kieffer/Peter Arnold; **119b,** John M. Dunay IV/Fundamental Photographs; **120 both,** David Parker/Photo Researchers; **121,** Richard Megna/Fundamental Photographs; **122,** Russ Lappa; **123t,** Richard Haynes; **123b,** David Young-Wolff/PhotoEdit; **124tl,** Breck P. Kent; **124b,** Grant Heilman Photography; **125 both,** Michael Dalton/Fundamental Photographs; **126l** Ralph C. Eagle/Photo Researchers; **126 inset,** Jerome Wexler/Photo Researchers; **126r, 127 both,** Russ Lappa; **128,** Richard Haynes; **129,** John Coletti/Stock Boston; **130 both,** L.V. Bergman & Associates; **132,** PhotoDisc Inc.; **133t,** Richard Haynes; **133b,** Camerique, Inc./The Picture Cube; **135t,** Richard T. Nowitz/Photo Researchers; **135b,** Jan Hinsch/Science Photo Library/Photo Researchers; **138t,** Corbis; **138b,** Scala/Art Resource, NY; **139t** Grant Heilman Photography; **139m,** Corbis; **140,** Blair Seitz/Photo Researchers; **141tl,** Jon Goell/The Picture Cube; **141tr,** Bob Daemmrich/Stock Boston; **141ml,** E.R. Degginger; **141m,** Grant Heilman Photography; **141mr,** Spencer Grant/Photo Researchers; **141bl,** E.R. Degginger; **141br,** Will & Deni Mcintyre/Photo Researchers; **143,** Blair Seitz/Photo Researchers.

### Exploración interdisciplinaria
**Página 146,** Everett Collection, Inc.; **147,** Hans W. Silvester/Rapho/Liaison International; **149l,** TITANIC (c) 1997 Twentieth Century Fox Film Corporation and Paramount Pictures Corporation. All rights reserved.; **149r,** Photofest; **150l,** The Kobal Collection; **150r,** Photofest; **150b, 150-151b,** Russ Lappa; **151,** The Kobal Collection.

### Manual de destrezas
**Página 152,** Mike Moreland/Photo Network; **153t,** Foodpix; **153m,** Richard Haynes; **153b,** Russ Lappa; **156,** Richard Haynes; **158,** Ron Kimball; **159,** Renee Lynn/Photo Researchers.

## Versión en español

**Editorial Compuvisión México**